Alexander Sadebec

Gustav Rose's Elemente der Krystallographie

Alexander Sadebec

Gustav Rose's Elemente der Krystallographie

ISBN/EAN: 9783743346123

Hergestellt in Europa, USA, Kanada, Australien, Japan

Cover: Foto ©Paul-Georg Meister /pixelio.de

Manufactured and distributed by brebook publishing software (www.brebook.com)

Alexander Sadebec

Gustav Rose's Elemente der Krystallographie

Gustav Rose's

Elemente der Krystallographie.

Dritte Auflage

neu bearbeitet und vermehrt

von

Alexander Sadebeck.

Mit neun lithographirten Doppeltafeln.

Berlin, 1873.
Ernst Siegfried Mittler und Sohn,
Königliche Hofbuchhandlung.
Kochstrasse 69.

Mit Vorbehalt des Uebersetzungsrechts.

Vorrede.

Herr G. Rose hatte schon seit langer Zeit, nachdem die zweite Auflage vergriffen war, die Absicht, eine dritte zu veranstalten, wurde aber daran durch andere wichtige Arbeiten verhindert. Um jedoch dem fühlbaren Bedürfniss nach einer neuen Auflage abzuhelfen, übergab er mir die Herausgabe derselben.

Ich übernahm dies mit grosser Freude, da ich sowohl bei meinem ersten Studium der Krystallographie als auch während meiner Lehrtbätigkeit die Vortheile der Rose'schen Darstellungsweise erkannt und würdigen gelernt hatte.

Desshalb stellte ich mir auch die Aufgabe, mich streng an die Rose'sche Methode zu halten, was mir dadurch sehr erleichtert wurde, dass Herr G. Rose schon vieles für diese Auflage vorgearbeitet hatte und dass er die von mir neu bearbeiteten Kapitel die Güte hatte mit mir durchzusehen.

Der alte Plan ist unverändert beibehalten worden, im einzelnen aber weiter, streng auf der alten Grundlage ausgeführt.

Die einfachen Formen sind sämmtlich, so weit man sie beobachtet hat, aufgeführt und die Beispiele dazu nicht bloss aus den natürlich vorkommenden Krystallen genommen, sondern auch aus den auf künstlichem Wege dargestellten Salzen.

Die Krystallographie ist aus dem Studium der Mineralogie hervorgegangen, das Studium der in den Laboratorien dargestellten Salze hat aber die Kenntniss der Formen vermehrt und so uns einfache Formen kennen gelehrt, die bei den Mineralien nicht beobachtet waren.

Neu hinzugefügt sind im regulären System die tetartoëdrischen Formen; im quadratischen die hemiëdrischen; im hexagonalen die hexagonal-hemiëdrischen und trapezoëdrischen; im rhombischen die hemiëdrischen. Die mit hemiëdrischen Formen zusammen vorkommenden holoëdrischen sind als scheinbar holoëdrische und als Grenzformen der hemiëdrischen dargestellt. Auch die Combinationen sind sehr vermehrt. Desshalb reichten auch die früheren Figuren nicht mehr aus und es sind 86 neue Zeichnungen hinzugefügt, welche ich in Nachahmung der alten Zeichnungen mit möglicher Sorgfalt ausgeführt habe, da richtige Zeichnungen dem Anfänger das Studium sehr erleichtern.

Die Bezeichnungsmethode von Weiss ist beibehalten, nicht aber die Namen, die Weiss den Krystallisationssystemen gegeben hat, sondern statt deren sind die jetzt allgemein üblichen angenommen. Jedoch sind die Namen von Weiss auch angeführt und erklärt.

Die Uebersicht der Mineralien nach den Krystallformen ist in sofern verändert, als keine chemischen Unterabtheilungen angegeben und die einzelnen Mineralien in jedem Krystallsystem einfach hintereinander aufgeführt sind, geordnet nach G. Rose's krystallochemischem Mineralsystem.

Die Uebersicht der Zonen in den einzelnen Krystallsystemen ist fortgelassen worden, weil sich die Zonenverbände besser durch Linear-Projectionen anschaulich machen lassen.

Diese Projectionen sind einem zweiten Theil der Elemente vorbehalten, in welchem auch die Zwillinge, die hemimorphen Krystalle, die Berechnung, Zeichnung und die Verzerrungen der Krystalle abgehandelt werden sollen, sowie die verschiedenen, sonst noch üblichen Bezeichnungsweisen.

Ich kann mir es nicht versagen auch an dieser Stelle meinem hochverehrten Lehrer Herrn G. Rose meinen Dank für die Uebertragung der Herausgabe dieser dritten Auflage sowie für die thätige Theilnahme auszusprechen.

Kiel, im Juli 1873.

Alexander Sadebeck.

Nachruf.

Den 15. Juli ist Gustav Rose dahingeschieden, ein schwerer Verlust für die Wissenschaft, für Alle, die ihn kannten. Ihm gebührt der Ruhm, der Erste in seiner Wissenschaft gewesen zu sein, die Mineralogie auf neue Wege geleitet und gerade für die häufigsten Mineralien eine richtige Erkenntniss geschaffen zu haben. Ausgestattet mit einer feinen, kritischen Beobachtungsgabe, legte er seine Resultate in einer Form nieder, die sich durch Klarheit und Schärfe der Darstellungsweise auszeichnet.

Seine epochemachende Wirksamkeit konnte sich schon bei seinen Lebzeiten der Anerkennung nicht entziehen, ohne dass er danach haschte, wurden ihm die höchsten Auszeichnungen zu Theil. Es war ihm vergönnt zu sehen, wie die Jünger der Wissenschaft auf der von ihm geschaffenen Grundlage fort arbeiteten, und hervorragende Träger der Wissenschaft rühmen sich seine Schüler zu sein.

Seine Schöpfungen sichern ihm einen unvergänglichen Namen in der Wissenschaft, sein edler, milder und wohlwollender Charakter wird Allen, die mit ihm in persönlichem Verkehr standen, unvergesslich bleiben; ein leuchtendes Vorbild als Gelehrter und Mensch wird er fortleben!

Mir war es vergönnt, sieben Jahre in fast täglichem wissenschaftlichem Verkehr mit ihm zu leben, damit betraut zu werden, das einzige von ihm vorhandene Lehrbuch neu zu ediren. Durch diesen ehrenvollen Auftrag gerade in der letzten Zeit ihm näher gerückt, wurde ich durch seine Vorarbeiten und thätige Theilnahme an dem Werk erst recht überzeugt, wie sehr er Inhalt und Form beherrschte. Dieses Werk, dessen Vollendung noch eine Freude des Lebens für ihn sein sollte, ist nun das erste Todtenopfer geworden.

Und dennoch fügt es sich schön, dass eben dieses Buch, welches am frühesten seinen Namen und seine Lehre verbreitete, unmittelbar nach seinem Tode wiedererstebt: ein sicheres Zeichen, dass der Tod seiner Wirksamkeit überhaupt kein Ziel gesetzt hat.

Kiel, im Juli 1873.

A. Sadebeck.

Inhalt.

	Seite
Allgemeine Betrachtungen über die Krystallformen	1
Flächen, Kanten, Ecken, Schnitte	1
Einfache und zusammengesetzte Formen	2
Geschlossene und ungeschlossene Formen	4
Holoëdrische und hemiëdrische Formen	5
Axen	5
Vielaxige und einaxige Formen	6
Bezeichnung der einfachen Formen	7
Beschreibung der zusammengesetzten Formen	8
Zonen	11
Krystallisationssysteme	12
Einfache und zusammengesetzte Formen der verschiedenen Krystallisationssysteme	15
I. Reguläres Krystallisationssystem	15
A. Holoëdrische Formen	16
1. Das Oktaëder	16
2. Das Hexaëder	16
3. Das Dodekaëder	17
4. Die Ikositetraëder	19
5. Die Triakisoktaëder	24
6. Die Tetrakishexaëder	27
7. Die Hexakisoktaëder	30
Allgemeine Betrachtungen über die holoëdrischen Formen des regulären Krystallisationssystems	34
B. Hemiëdrische Formen	36
1. Das Tetraëder	36
2. Die Triakistetraëder	38

	Seite
3. Die Deltoëder	42
4. Die Hexakistetraëder	43
5. Die Pentagondodekaëder	46
6. Die Diploëder	50
Allgemeine Betrachtungen über die hemiëdrischen Formen des regulären Krystallisationssystems	53
1. Geneigtflächige Hemiëdrie	53
2. Parallelflächige Hemiëdrie	55
C. Tetartoëdrie	56
II. Quadratisches Krystallysationssystem	58
A. Holoëdrische Formen	59
1. Die Quadratoktaëder	59
2. Die gerade Endfläche	65
3. Die quadratischen Prismen	66
4. Die Dioktaëder	68
5. Die achtseitigen Prismen	70
Allgemeine Betrachtungen über die holoëdrischen Formen des quadratischen Krystallisationssystems	71
B. Hemiëdrische Formen	74
1. Quadrattetraëder	74
2. Quadratisches Skalenoëder	75
Allgemeine Betrachtungen über die hemiëdrischen Formen des quadratischen Krystallisationssystems	76
a) Geneigtflächige Hemiëdrie	76
b) Parallelflächige Hemiëdrie	77
III. Hexagonales Krystallisationssystem	78
A. Holoëdrische Formen	79
1. Die Hexagondodekaëder	79
2. Die gerade Endfläche	82
3. Die sechsseitigen Prismen	82
4. Die Didodekaëder	84
5. Die zwölfseitigen Prismen	85
Allgemeine Betrachtungen über die holoëdrischen Formen des hexagonalen Krystallisationssystems	86
B. Hemiëdrische Formen	88
1. Die Rhomboëder	88
2. Die Skalenoëder	97
Allgemeine Betrachtungen über die hemiëdrischen Formen des hexagonalen Krystallisationssystems	103

  a) Rhomboëdrische Hemiëdrie 103
  b) Hexagonale Hemiëdrie 106
 C. Tetartoëdrische Formen 107
  1. Trigonoëder 107
  2. Dreiseitige Prismen 108
  3. Trapezoëder 108
  4. Symmetrisch-sechsseitige Prismen 110
  Allgemeine Betrachtungen über die tetartoëdrischen Formen des hexagonalen Krystallisationssysteme 111

IV. **Rhombisches Krystallisationssystem** 112
 A. Holoëdrische Formen 113
  1. Die Rhombenoktaëder 113
  2. Die rhombischen Prismen 116
   1. Die verticalen Prismen 116
   2. Die horizontalen Prismen 118
    a) Längsprismen 118
    b) Querprismen 119
  3. Die einzelnen Flächen 123
   1. Die Längsfläche 123
   2. Die Querfläche 123
   3. Die gerade Endfläche 123
  Allgemeine Betrachtungen über die holoëdrischen Formen des rhombischen Krystallisationssystems 126
 B. Hemiëdrische Formen 128
  Rhombische Tetraëder 128

V. **Monoklinisches Krystallisationssystem** 129
  1. Die rhombischen Prismen 135
  2. Die einzelnen Flächen 136
  Vorkommende Combination des monoklinischen Systems . 137
   1. Combinationen der rhombischen Prismen unter einander 137
   2. Combinationen der einzelnen Flächen unter einander 140
   3. Combinationen der rhombischen Prismen und einzelnen Flächen 141

VI. **Triklinisches Krystallisationssystem** 144
  1. Flächen, die gegen alle drei Axen geneigt sind . . 147
  2. Flächen, die gegen zwei Axen geneigt sind 147
  3. Flächen, die gegen eine Axe geneigt sind 149

Tabellarische Uebersicht der Mineralien nach den Krystallisationssystemen 151

Allgemeine Betrachtungen über die Krystallformen.

Flächen. Ecken. Kanten. Schnitte.

Die Krystalle sind von geraden*) Ebenen, Flächen genannt, begränzt; zwei Flächen, welche sich schneiden, bilden eine Kante, drei oder mehrere Flächen, welche in einem Punkt zusammentreffen, eine Ecke.

Flächen, welche physikalisch gleich beschaffen sind, und gegeneinander eine gleiche Neigung haben, heissen gleichnamig; Flächen, bei denen dies nicht der Fall ist, heissen ungleichnamig. Die gleichnamigen Flächen sind bei vollkommen regelmässiger Ausbildung geometrisch gleich und congruent**).

Eine Kante, welche von gleichnamigen Flächen gebildet wird, nennt man gleichflächig, welche von ungleichnamigen Flächen gebildet wird, ungleichflächig. Gleichflächige Kanten und ungleichflächige, welche von je zwei gleichnamigen Flächen gebildet werden und bei denen die Flächen eine gleiche Neigung haben, heissen gleiche; wenn sie von verschiedenen Flächen gebildet sind, ungleiche, selbst wenn sie einen gleichen Winkel haben.

Die Ecken werden unterschieden nach der Anzahl der in ihnen zusammenstossenden Flächen in drei-, vier-, sechs ...

---

*) Zuweilen kommen bei den Krystallen gekrümmte Flächen vor, in Folge von Störungen in der Bildung oder späteren Einwirkungen.

**) Bei den Krystallen haben die gleichnamigen Flächen oft eine sehr verschiedene Gestalt aus einem später vorzuführenden Grunde.

flächige. Eine Ecke, welche von gleichnamigen Flächen gebildet wird, heisst gleichflächig, im entgegengesetzten Falle ungleichflächig. Eine Ecke, in welcher die zusammenstossenden Kanten gleich sind, heisst gleichkantig im entgegengesetzten Falle ungleichkantig, letztere werden nach der Zahl der verschiedenen Kanten zweierlei-, dreierlei-, viererlei-kantig genannt und wenn die abwechselnden Kanten gleich sind, symmetrisch. Ecken, welche von einer gleichen Zahl gleichnamiger Flächen gebildet worden, heissen gleiche, welche von einer ungleichen Zahl von Flächen oder von ungleichnamigen Flächen gebildet werden, ungleiche Ecken.

Schnitt heisst derjenige Theil einer durch eine Form gelegten Ebene, welcher innerhalb der Form enthalten ist.

Einfache und zusammengesetzte Formen.

Die verschiedenen Krystallformen unterscheiden sich wesentlich dadurch von einander, dass ihre Flächen entweder alle gleichnamig, oder dass sie zum Theil oder (abgesehen von den parallelen) gänzlich untereinander ungleichnamig sind. Man nennt die ersteren einfache, die letzteren zusammengesetzte Formen. Das Oktaëder (Fig. 1), welches von acht gleichseitigen Dreiecken begränzt ist, das Hexaëder (Fig. 14), welches von sechs Quadraten, oder das Hexagondodekaëder (Fig. 121), welches von zwölf gleichschenkligen Dreiecken begränzt ist, werden daher einfache Formen, die gewöhnlichste Form der Bleiglanzkrystalle (Fig. 3), welche von acht gleichseitigen Dreiecken und sechs Quadraten, oder der Quarzkrystalle (Fig. 122), welche von zwölf gleichschenkligen Dreiecken und sechs Rechtecken begränzt ist, zusammengesetzte Formen genannt.

Die einfachen Formen unterscheiden sich durch die Zahl, Gestalt und gegenseitige Neigung der Flächen, und haben danach ein sehr verschiedenes Ansehn. Immer aber ist die Lage der Flächen gegen den Mittelpunkt nach einem bestimmten Symmetriegesetz geordnet. Alle Flächen, Kanten und Ecken haben ihre parallelen, oder verlieren dieselben nach bestimmten Gesetzen; es finden sich meistens an einem Ende dieselben Flächen, Kanten und Ecken, wie an dem andern, daher genügen in der Regel die Flächen des einen Endes zur Bestimmung des Krystalls. Die einfachen Formen haben theils gleiche Kanten und Ecken, z. B. das Oktaëder, Hexaëder, theils zweierlei Kanten und Ecken, z. B. das Hexagondodekaëder, oder dreierlei, z. B. das Hexakisoktaëder (Fig. 34). Der Begriff der einfachen Formen der Krystallographie kommt also nicht mit dem der regulären Körper der Geometrie überein. Manche einfache Formen haben bei ungleichen Ecken noch gleiche Kanten, wie das Dodekaëder (Fig. 7), andere bei ungleichen Ecken auch ungleiche Kanten, wie das Hexagondodekaëder; die Ecken sind aber in diesem Fall in der Regel symmetrisch. Man benennt die einfachen Formen nach der Zahl und Gestalt ihrer Flächen, oder nach anderen bestimmten Eigenthümlichkeiten. Nach dem Namen der Formen benennt man auch die Flächen, die sie begränzen, und nennt die Flächen des Oktaëders daher Oktaëderflächen, die Flächen des Rhomboëders Rhomboëderflächen u. s. w. Bei den Zeichnungen bezeichnet man immer die gleichnamigen Flächen mit gleichen Buchstaben.

Denkt man sich bei einer zusammengesetzten Form die einen oder die andern gleichnamigen Flächen so weit vergrössert, dass sie den Raum allein begränzen und die ungleichnamigen Flächen aus der Begränzung ganz verdrängt sind, so erhält man daraus eine einfache Form. Vergrössert man z. B. auf die angegebene Weise bei der Form des Bleiglanzes (Fig. 3) die dreiseitigen Flächen, so erhält man das Oktaëder (Fig. 1), vergrössert man die vierseitigen, so erhält man das Hexaëder (Fig. 14). Die zusammengesetzte Form entsteht daher aus der Verbindung von zwei oder mehreren, oder überhaupt von so vielen einfachen Formen, als sie ungleichnamige Flächen enthält. Keine dieser einfachen Formen erscheint in der zusammengesetzten natürlich ganz vollständig, sondern eine jede lässt nur Theile ihrer Flächen in der äusseren Begränzung wahrnehmen, die von einander ganz oder zum Theil durch die Theile der Flächen der übrigen Formen getrennt sind[*]); aber

---

[*]) In der äusseren Begränzung einer zusammengesetzten Form sind von den Flächen einer jeden, der in ihr enthaltenen einfachen Form immer nur die Theile zu sehen, die, wenn man die Flächen der andern vergrösserte, von denselben bedeckt würden; so dass der Raum, den die zusammengesetzte Form einnimmt, nur der ist, den die darin enthaltenen einfachen Formen zugleich begränzen.

die einer bestimmten einfachen Form zugehörigen Flächen sind in den verschiedenen Fällen bald grösser oder herrschen mehr vor, bald sind sie kleiner oder finden sich nur untergeordnet.

Da die zusammengesetzte Form eine Verbindung von einfachen ist, so nennt man sie auch im Allgemeinen eine Combination; die unsymmetrischen Kanten, worin die Flächen zweier einfachen Formen bei ihr zum Durchschnitt kommen, heissen Combinationskanten, und die Ecken, worin die Flächen zweier oder mehrerer einfachen Formen sich treffen, Combinationsecken. Eine bestimmte Combination bezeichnet man durch die Namen der einfachen Formen, die in ihr enthalten sind, wobei man den Namen derjenigen einfachen Form, deren Flächen vorherrschen, vorsetzt, die Namen der anderen, die nur untergeordnet vorkommen, nachfolgen lässt, auch wenn es besonders darauf ankommt, dies Verhältniss ausdrücklich anführt. So sind die Fig. 2, 3, 13 verschiedene Combinationen des Hexaëders, Fig. 14, und des Oktaëders, Fig. 1; Fig. 3 ist eine solche Combination im Gleichgewicht beider Formen, Fig. 13 mit vorherrschenden Hexaëderflächen, Fig. 2 mit vorherrschenden Oktaëderflächen.

Geschlossene und ungeschlossene Formen.

Unter den verschiedenen gleichnamigen Flächen einer zusammengesetzten Form kommen oft solche vor, die für sich allein den Raum nicht vollständig begränzen. Von der Art sind z. B. die sechs vierseitigen Flächen in der Form des Quarzes (Fig. 122); sie bilden für sich allein ein reguläres sechsseitiges Prisma, welches an beiden Seiten offen ist, also nur nach 2 Dimensionen begrenzt, dagegen die zwölf dreiseitigen Flächen des oberen und unteren Endes, hinreichend vergrössert, sich zuletzt in Kanten schneiden, und eine den Raum von allen Seiten begränzende Form, das Hexagondodekaëder (Fig. 121), bilden. So finden sich auch Flächen, die, ihre parallele ausgenommen, gar keine gleichnamigen haben, und daher den Raum nur nach einer Dimension begränzen, Flächenräume; wie z. B. die Fläche c bei der in Fig. 166 dargestellten Krystallform des Schwerspaths. Man nennt solche einfache Formen, die für sich allein den Raum vollständig begränzen, geschlossene Formen; solche, die ihn nicht vollständig begränzen, ungeschlossene Formen. Letztere können natürlich nicht allein vorkommen, sondern erscheinen immer in Combination mit anderen geschlossenen oder ungeschlossenen Formen. Es giebt aber viele zusammengesetzte Formen, die, wie Fig. 166, gar keine geschlossenen, sondern nur ungeschlossene einfache Formen enthalten.

Holoëdrische und hemiëdrische Formen.

Die meisten der einfachen Formen erleiden zuweilen eine eigenthümliche Veränderung, die darin besteht, dass die halbe Anzahl ihrer Flächen, oder der vierte Theil so gross wird, dass die übrigen ganz aus der Begränzung verschwinden. Dies Grösserwerden und Verschwinden geschieht nach ganz bestimmten Gesetzen, die besser bei den einzelnen Formen selbst erklärt werden können. Es entstehen indessen dadurch Formen, die nur die Hälfte oder ein Viertel der Flächen haben, als die ursprünglichen, und die man, im Gegensatze dieser letzteren, hemiëdrische und tetartoëdrische Formen (Hälftflächner oder Viertelflächner), wie diese holoëdrische Formen nennt.

Axen.

In einer jeden einfachen Form lassen sich gewisse ideale Linien annehmen, die durch den Mittelpunkt derselben gehen, und um welche die Flächen symmetrisch vertheilt sind. Solche Linien nennt man Axen. Sie verbinden je zwei entgegengesetzte Ecken oder die Mittelpunkte je zweier gegenüberliegender Flächen oder Kanten und werden darnach Eckenaxen, Flächenaxen und Kantenaxen genannt.

Axen heissen gleichartig, wenn die Stellen, an denen sie sich endigen, gleich, ungleichartig, wenn jene Stellen ungleich sind. Die Flächenaxen einer einfachen Form sind daher stets untereinander gleichartig, die Eckenaxen aber sowohl, als die Kantenaxen, oft ungleichartig. Bei dem Hexaëder (Fig. 14) z. B., das lauter gleiche Ecken hat, sind auch die vorhandenen Eckenaxen sämmtlich gleichartig; bei dem Hexagondodekaëder (Fig. 121) aber, welches theils sechsflächige, theils vierflächige Ecken und zweierlei Kanten hat, sind auch die Ecken- und Kantenaxen zweierlei Art.

Die durch je zwei Axen bestimmten Schnitte werden **Haupt-Schnitte** genannt.

Vielaxige und einaxige Formen.

Die Axen einer und derselben Art, die bei einer einfachen Form vorkommen, finden sich theils in mehrfacher, theils nur in einfacher Zahl. Bei gewissen Formen finden sich gar keine einzelnen Axen, wie z. B. bei dem Hexaëder (Fig. 14), welches vier untereinander gleichartige Eckenaxen, drei gleichartige Flächenaxen und sechs gleichartige Kantenaxen hat. Andere Formen haben dagegen einzelne Axe die nicht ihres gleichen haben, wie die Hexagondodekaëder (Fig. 121), bei welchen die einzelne Axe die ist, welche die sechsflächigen Ecken verbindet, und noch andere Formen haben mehrere einzelne Axen, wie die Rhombenoktaëder (Fig. 157), welche drei einzelne Axen, nämlich die dreierlei Eckenaxen haben. Man nennt nun die Formen, deren verschiedene Arten von Axen sämmtlich in mehrfacher Zahl vorkommen, **vielaxige Formen**, die, welche eine oder mehrere einzelne Axen haben, **einaxige Formen**.

Bei der Beschreibung und Vergleichung der einfachen Formen giebt man denselben stets eine bestimmte Stellung, und stellt sie so, dass eine ihrer Axen vertical steht, eine andere darauf rechtwinklige oder schiefwinklige Axe dem Beobachter zugekehrt ist. Die verticale Axe nennt man nun die **Hauptaxe**, die übrigen **Nebenaxen**. Bei den vielaxigen Formen hat unter den Axen gleicher Art keine einen Vorzug vor der anderen; man nimmt daher eine beliebig zur Hauptaxe an, und kann sie stets beliebig mit einer andern gleicher Art vertauschen. Bei den einaxigen Formen dagegen, die nur eine einzelne Axe haben, ist diese vor allen übrigen Axen ausgezeichnet, und wird daher auch zur Hauptaxe genommen. Bei den übrigen einaxigen Formen wird eine ihrer einzelnen Axen zur Hauptaxe genommen; es ist hier, wie bei den vielaxigen Formen, gleichgültig, welche, nur muss die einmal gewählte Hauptaxe für die ganze Betrachtung beibehalten, und darf nicht beliebig mit einer andern einzelnen Axe vertauscht werden. Hierauf gründet sich die Eintheilung der einaxigen Formen in solche **mit absoluter und mit relativer Hauptaxe.**

Da bei den einaxigen Formen die Haupt- und Nebenaxen verschieden sind, so sind auch die Ecken und Kanten, die an den Hauptaxen liegen, von den übrigen Ecken und Kanten verschieden. Man nennt daher die ersteren **Endecken** und **Endkanten,** die übrigen **Seitenecken** und **Seitenkanten.** Bei den vielaxigen Formen, wo Haupt- und Nebenaxen gleich sind, kann ein solcher Unterschied unter den Ecken und Kanten auch nicht gemacht werden. Die vielaxigen Formen sind demnach auch sämmtlich geschlossene Formen, und nur unter den einaxigen kommen ungeschlossene Formen vor.

Die Hauptschnitte sind bei den vielaxigen Formen unter einander gleich, bei den einaxigen verschieden, man nennt dann **Querschnitt** denjenigen, welcher senkrecht gegen die Hauptaxe geführt wird, **basischen Schnitt,** welcher durch die Nebenaxen geht. Bei rechtwinkligen Axen fallen Querschnitt und basischer Schnitt zusammen.

Bezeichnung der einfachen Formen.

Da die Lage jeder Ebene mathematisch bestimmt ist, wenn wenigstens drei Punkte in ihr bestimmt sind, die nicht in einer geraden Linie liegen, so ist also auch die Lage einer Fläche einer einfachen Form bestimmt, wenn man die Punkte angiebt, in welchen diese Fläche oder ihre Verlängerung von gewissen Axen, deren wenigstens drei dazu nöthig sind, oder von ihren Verlängerungen getroffen werden. Man bestimmt diese Punkte, indem man die **verhältnissmässige** Länge der Theile dieser Axen angiebt, die zwischen der Fläche oder ihrer Verlängerung und dem Mittelpunkt der Form enthalten sind, und bezeichnet dazu die Axen mit bestimmten Buchstaben. Dadurch ist aber zu gleicher Zeit die Form selbst bestimmt, denn da alle Flächen einer einfachen Form gleichnamig sind, so schneiden sie auch die verschiedenen Axen alle auf eine gleiche Weise und man kann somit das Zeichen einer Fläche auf die ganze Form anwenden.

Bei den vollkommen regelmässigen einfachen Formen liegen sämmtliche Flächen gleich weit vom Mittelpunkt der Form entfernt und haben deshalb eine gleiche geometrische Gestalt. Derartige Formen werden den krystallographischen Betrachtungen zu Grunde gelegt*).

Beschreibung der zusammengesetzten Formen.

Man geht hierbei von der in der Combination enthaltenen vorherrschenden Form aus, und giebt an, wie die Flächen der untergeordnet vorkommenden Formen, die Abänderungsflächen an der Stelle der Kanten und Ecken der vorherrschenden Form erscheinen.

Wenn statt einer Kante der herrschenden Form eine ihr parallele Abänderungsfläche vorhanden ist, die mit den beiden Flächen dieser Kante parallele Kanten bildet, so nennt man die Kante abgestumpft, und die Abänderungsfläche die Abstumpfungsfläche der Kante. Sind ihre Neigungen gegen die Flächen der Kante, als deren Abstumpfungsfläche sie erscheint, gleich, so ist die Abstumpfungsfläche gerade, sind sie ungleich, so ist sie schief. So sind z. B. in Fig. 16 die Flächen d gerade Abstumpfungsflächen der Kanten des Hexaëders a; in Fig. 74 die Flächen $^1/_3 d$ schiefe Abstumpfungsflächen dieser Kanten.

Auf eine gleiche Weise kommen die Ecken der herrschenden Form abgestumpft vor, und die Abstumpfungsflächen sind gerade oder schief, je nachdem sie mit den Flächen der Ecke gleiche oder ungleiche Winkel bilden. Die Flächen o in Fig. 13 z. B. sind gerade Abstumpfungsflächen der Ecken des Hexaëders; die Flächen d in Fig. 75 aber schiefe Abstumpfungsflächen der Ecken U des Pentagondodekaëders (Fig. 73).

---

*) Bei den Krystallen liegen die einzelnen Flächen einer einfachen Form meist verschieden weit vom Mittelpunkt entfernt, parallel der entsprechenden Fläche der vollkommen regelmässigen Form entweder dem Mittelpunkt genähert oder von demselben entfernt, woraus sich die schon oben erwähnte verschiedene geometrische Gestalt gleichnamiger Flächen erklärt.

Durch die parallele Verschiebbarkeit der Flächen erleiden die Kantenwinkel, von denen man bei der Bestimmung der Formen ausgehen muss, keinerlei Veränderungen.

Liegt die schiefe Abstumpfungsfläche einer Ecke an einer gleichflächigen Kante, so dass sie mit den beiden Flächen der Kante gleiche Winkel bildet; so nennt man die Abstumpfungsfläche auf dieser Kante gerade aufgesetzt; wenn sie mit den Flächen einer Kante ungleiche Winkel bildet, so nennt man sie auf dieser Kante schief angesetzt. Z. B. bei Fig. 75 ist die vorn oben liegende Fläche d auf der verticalen Kante der Flächen $1/2 d$ gerade aufgesetzt, auf den schieflaufenden Kanten rechts und links schief aufgesetzt. Eben so ist eine Abstumpfungsfläche auf einer Fläche gerade aufgesetzt, wenn die ebenen Winkel auf dieser Fläche an beiden Enden der Combinationskante gleich sind; sie ist schief aufgesetzt, wenn diese Winkel ungleich sind. Die ebenen Winkel sind auf der vorn oben liegenden Fläche $1/2 d$ an beiden Enden der horizontalen Combinationskante mit d gleich, mithin ist d auf dieser Fläche $1/2 d$ gerade aufgesetzt; an den verticalen Flächen $1/2 d$ aber sind die ebenen Winkel an beiden Enden der Combinationskante mit d ungleich, mithin ist d auf diesen Flächen schief aufgesetzt.

Wenn statt einer Kante der Grundform zwei der Kante parallele und untereinander gleichnamige Abänderungsflächen vorhanden sind, die gegen die Flächen der Kante eine gleiche Lage haben, so sagt man: die Kante ist zugeschärft, und nennt die beiden Abänderungsflächen Zuschärfungsflächen, und die Kante, die sie untereinander bilden, Zuschärfungskante*). So ist Fig. 32 ein Hexaëder (Fig. 14), das an den Kanten durch die Flächen $1/3 d$ zugeschärft ist. Zwei ungleichnamige Flächen, die sich an der Stelle einer Kante finden, werden nicht Zuschärfungsflächen, sondern zwei schiefe Abstumpfungsflächen genannt.

Auf eine gleiche Weise kann auch eine Ecke zugeschärft sein, im Fall sie vierflächig ist. Man hat dann die Lage der Zuschärfung noch näher anzugeben, ob sie auf zwei gegenüberliegenden Kanten oder Flächen gerade aufgesetzt ist. So stellt z. B. Fig. 79 ein Oktaëder (Fig. 1) dar, das an den Ecken

---

*) Der Ausdruck Zuschärfung ist im Gegensatze von dem Ausdruck Abstumpfung zu nehmen, und in so fern passend, da sonst allerdings die Zuschärfungskante stumpfer ist, als die Kante, an deren Stelle sie getreten ist.

durch die Flächen $\frac{1}{2}d'$ so zugeschärft ist, dass die Zuschärfungsflächen auf zwei gegenüberliegenden Kanten gerade aufgesetzt sind.

Wenn statt einer Ecke der herrschenden Form eine andere stumpfere vorhanden ist, so nennt man die Ecke zugespitzt, und die Abänderungsflächen Zuspitzungsflächen der Ecken[*]). Die Zuspitzungsflächen sind entweder in derselben oder in der doppelten oder halben Anzahl vorhanden, wie die Flächen der Ecke, und sind theils auf den Flächen, theils auf den Kanten der Ecke gerade aufgesetzt. So stellt Fig. 15 ein Hexaëder (Fig. 14) dar, dessen Ecken durch die Flächen $\frac{1}{2}o$ dreiflächig so zugespitzt sind, dass die Zuspitzungsflächen auf den Flächen des Hexaëders gerade aufgesetzt sind; Fig. 29 ein Oktaëder mit vierflächiger Zuspitzung der Ecken, so dass die Zuspitzungsflächen $\frac{1}{2}d$ auf den Kanten des Oktaëders gerade aufgesetzt sind; Fig. 37 ein Hexaëder dessen Ecken sechsflächig durch die Flächen n so zugespitzt sind, dass 2 Flächen an einer Kante des Hexaëders liegen und ihre Kanten mit den Hexaëderflächen untereinander gleich sind; Fig. 139 ein Skalenoëder wie Fig. 138, dessen sechsflächige symmetrische Endecken dreiflächig zugespitzt sind so, dass die Zuspitzungsflächen r auf den abwechselnden stumpfen Endkanten gerade aufgesetzt sind.

Man bedient sich der Ausdrücke Zuschärfung und Zuspitzung auch bei prismatischen Krystallen, um die Art anzugeben, wie sie an den Enden mit Flächen begränzt sind. Eine Zuschärfung wird durch zwei, eine Zuspitzung durch drei oder mehrere gleichnamige Flächen gebildet; und man hat auch hier anzugeben, ob die Zuschärfung oder Zuspitzung auf den Kanten oder Flächen gerade aufgesetzt ist. So stellen z. B. die Fig. 103 und 104 zwei quadratische Prismen vor, die an den Enden mit einer vierflächigen Zuspitzung versehen sind; die Zuspitzungsflächen o sind bei Fig. 103 auf den Flächen, bei Fig. 104 auf den Kanten des Prisma's gerade aufgesetzt. Fig. 169 ist ein an den scharfen Kanten durch die Flächen c gerade abgestumpftes rhombisches Prisma f, das an den Enden durch

---

[*]) Der Ausdruck Zuspitzung ist ebenfalls nur im Gegensatze von dem Ausdruck Abstumpfung zu nehmen.

die auf den Abstumpfungsflächen *c* gerade aufgesetzten Flächen ½*d* zugeschärft ist.

Unter den Zuschärfungen des Endes von prismatischen Krystallen kommen auch schiefe Zuschärfungen vor, und man hat dann die Lage der Zuschärfungskante gegen andere Flächen und Kanten näher zu bestimmen. Fig. 183 ist z. B. ein an den scharfen Seitenkanten durch die Flächen *b* gerade und stark abgestumpftes rhombisches Prisma *g* und an den Enden mit schieflaufender, gegen die stumpfe Seitenkante des Prisma's geneigter Endkante versehen.

Sind die prismatischen Krystalle an den Enden mit einer einzelnen Fläche begrenzt, so bildet diese die **Endfläche**; sie macht mit den Seitenflächen der prismatischen Krystalle rechte oder schiefe Winkel, und heisst danach gerade oder schief, ist aber in letzterem Fall nicht selten auf anderen Kanten oder Flächen gerade aufgesetzt. Fig. 166 ist ein niedriges rhombisches Prisma mit gerader Endfläche *c*; bei Fig. 186 ist ½*d* eine schiefe Endfläche, die auf der stumpfen Seitenkante des Prisma's *g* gerade aufgesetzt ist, Fig. 178 ein rectanguläres Prisma mit schiefer Endfläche *c*, welche auf der vorderen Fläche *a* des Prisma's gerade aufgesetzt ist.

Zonen.

Eine Reihe von Flächen einer zusammengesetzten Form, welche alle einer bestimmten Linie parallel gehen, nennt man eine **Zone**, und diese Linie selbst, in Bezug auf diese Zone, ihre **Zonenaxe**. Eine solche Zone bilden z. B. Fig. 122 die Flächen *g* beim Quarz untereinander, ferner in derselben Figur 2 parallele Flächen *g* und der auf diesen oben und unten aufgesetzten Flächen *r*, oder Fig. 142 die Flächen *g* beim Kalkspath untereinander oder Fig. 65 und 68 die Fläche *d* links oben mit dem rechts davon liegenden *o* und *a* beim Borazit. Die Flächen einer Zone können sich also, wie aus diesen Beispielen ersichtlich ist, bald in Kanten schneiden, bald nur in Punkten berühren, bald ganz von einander getrennt sein. Im ersteren Falle werden sie untereinander parallele Kanten bilden, woran man die Glieder einer und derselben Zone leicht erkennen kann, in den beiden anderen Fällen werden sie um die Zonenaxe gedreht sämmtlich das Licht reflectiren.

Da die Lage einer Ebene durch 2 gerade Linien bestimmt ist, so ist auch eine Fläche durch Angabe zweier Zonen bestimmt, desshalb ist die Untersuchung der Zonen bei den Krystallen von der grössten Wichtigkeit.

Durch jede zu einer Krystallform hinzutretende Form entstehen neue Zonen, welche dann wieder zur Entwickelung weiterer hinzutretender Formen beitragen.

Krystallisationssysteme.

Wenn zwei holoëdrische Formen zusammen vorkommen, so beobachtet man stets, dass gleiche Stellen einer einfachen Form durch die Flächen einer anderen, die mit ihr in Combination tritt, auf gleiche Weise, die ungleichen aber auf ungleiche Weise verändert werden. Die Kanten und Ecken der einfachen Formen sind demnach stets gerade, die Combinationskanten und Ecken aber schief abgestumpft, und findet sich eine Kante oder Ecke, die noch andere gleichartige hat, abgestumpft, so kommen auch alle übrigen auf eine gleiche Weise abgestumpft vor. So müssen beim Hexaëder die Kanten immer gerade abgestumpft sein und wenn eine abgestumpft wird, so müssen es auch alle übrigen, dasselbe gilt von den Ecken.

Durch hemiëdrische Formen werden nur die abwechselnden Stellen der holoëdrischen Form in gleicher Weise verändert, so werden beim Hexaëder die abwechselnden Ecken durch das Tetraëder abgestumpft.

Die Flächen der untergeordneten Formen treten also desshalb ganz symmetrisch zu der herrschenden hinzu, und müssen auch mit dieser ein gleiches Symmetriegesetz und gleiche Axen haben, die mit denen der herrschenden Form in Zahl, Lage und gegenseitiger Grösse übereinkommen. Formen, die ein verschiedenes Symmetriegesetz und verschiedene Axen haben, wie z. B. das Hexaëder (Fig. 14) und das Hexagondodekaëder (Fig. 121), können nie zusammen vorkommen. Diese wichtige Beobachtung zieht unter den vorkommenden Krystallformen scharfe Grenzen, und macht es möglich, die überaus grosse Mannigfaltigkeit derselben, nach der Art, wie sie zusammen vorkommen, in einige wenige Gruppen zusammenzufassen. Man nennt diese Gruppen Krystallisationssysteme, und versteht also darunter einen Ingriff von Formen, die einem gleichen Symmetriegesetz unterworfen sind, welches auf den Beziehungen der Axen beruht.

Man hat bis jetzt folgende sechs Krystallisationssysteme unterschieden:

    1) das reguläre,
    2) das quadratische,
    3) das hexagonale,
    4) das rhombische,
    5) das monoklinische,
    6) das triklinische*).

Die zu diesen Krystallisationssystemen gehörenden Formen sind ausgezeichnet:

1) die des regulären: durch drei Axen, die untereinander rechtwinklig und gleichartig sind;

2) des quadratischen: durch drei Axen, die untereinander rechtwinklig sind und von denen nur zwei untereinander gleichartig sind und verschieden von der dritten;

3) des hexagonalen: durch vier Axen, von denen drei

---

*) Nach Weiss heissen diese Systeme:
    1) das reguläre,
    2) das zwei- und einaxige,
    3) das drei- und einaxige,
    4) das ein- und einaxige,
    5) das zwei- und eingliedrige,
    6) das ein- und eingliedrige.

Nach Mohs:
    1) das tessularische,
    2) das pyramidale,
    3) das rhomboëdrische,
    4) das orthotype,
    5) das hemiorthotype,
    6) das anorthotype.

Nach Naumann:
    1) das tesserale,
    2) das tetragonale,
    3) das hexagonale,
    4) das rhombische,
    5) das monoklinoëdrische,
    6) das triklinoëdrische.

Die Namen des zweiten, dritten und vierten Krystallisationssystems rühren von Breithaupt her.

gleich sind und sich unter 60° schneiden, die vierte verschieden und auf der Ebene der drei anderen rechtwinklig;

4) des **rhombischen**: durch drei Axen, die sämmtlich ungleichartig, aber unter einander rechtwinklig geneigt sind;

5) des **monoklinischen**: durch drei Axen, die sämmtlich ungleichartig sind und von denen zwei untereinander schiefwinklig, beide aber gegen die dritte rechtwinklig geneigt sind;

6) des **triklinischen**: durch drei Axen, die sämmtlich ungleichartig und untereinander schiefwinklig geneigt sind*).

Das erste dieser Krystallisationssysteme enthält die vielaxigen Formen, das zweite und dritte die einaxigen Formen mit absoluter Hauptaxe, das vierte, fünfte und sechste die einaxigen Formen mit relativer Hauptaxe. Die Axen, die zur Charakterisirung der Formen eines Krystallisationssystems dienen, nimmt man auch zur Bezeichnung der einzelnen Formen und Flächen.

---

*) Mitscherlich hat beim unterschwefflichtsaurem Kalk noch ein 7. Krystallisationssystem beschrieben, das diklinische, derselbe hat sich jedoch später als triklinisch herausgestellt; Mohs hat es das hemianorthotype und Naumann das diklinoëdrische System genannt. Es ist charakterisirt durch drei Axen, die sämmtlich ungleichartig und gegeneinander schiefwinklig geneigt sind, aber zwei Axenebenen stehen aufeinander rechtwinklig. Da jedoch die Symmetrie dieselbe ist, wie beim triklinischen System, muss man, wenn Krystalle mit derartigen Axen noch gefunden werden sollten, dieselben zum triklinischen System stellen, ebenso die von G. vom Rath beschriebenen Oligoklaskrystalle vom Vesuv, bei welchen die drei Axenebenen untereinander schiefwinklig geneigt sind, zwei Axen aber auf einander rechtwinklig stehen.

Einfache und zusammengesetzte Formen der verschiedenen Krystallisationssysteme.

I.
Reguläres Krystallisationssystem.

Die zu diesem System gehörenden Formen sind durch drei Axen ausgezeichnet, die sämmtlich untereinander gleichartig und rechtwinklig sind. Sie haben deshalb unter allen Formen die grösste Symmetrie. Man stellt sie so, dass eine der drei rechtwinkligen Axen zur Hauptaxe genommen, und von den beiden anderen eine dem Beobachter zurückgekehrt wird. Die drei rechtwinkligen Axen werden die oktaëdrischen oder Grundaxen genannt, und bei der Bezeichnung der einzelnen Formen und Flächen dieses Systems werden ihre Hälften vom Mittelpunkt aus gerechnet mit a bezeichnet[*]). Unter den übrigen Axen, die sich bei den Formen dieses Krystallisationssystems finden, sind besonders noch 2 andere Arten von Axen ausgezeichnet, in denen die einen 4 an der Zahl in der Mitte zwischen je 3 oktaëdrischen liegen, die anderen, 6 an der Zahl in der Mitte zwischen je 2 oktaëdrischen. Die ersteren werden die rhomboëdrischen genannt und schneiden sich unter Winkeln von $109° 28'$ und $72° 32'$, die anderen die prismatischen schneiden sich unter $90°$ und $60°$; je zwei in einem durch 2 oktaëdrische Axen gelegten Schnitt liegende prismatische Axen schneiden sich unter $90°$, je zwei, welche in verschiedenen derartigen Schnitten liegen, unter $60°$.

---

[*]) Sie werden im folgenden kurz Axen genannt

A. Holoëdrische Formen.

1. Das Oktaëder.

Das Oktaëder, Fig. 1, hat 8 Flächen, 12 Kanten und 6 Ecken.

Die Flächen sind gleichseitige Dreiecke, die Kanten gleich, die Ecken gleich und vierflächig.

Die 3 Axen sind die Eckenaxen des Oktaëders, die 4 rhomboëdrischen Axen die Flächenaxen und die 6 prismatischen die Kantenaxen.

Das Oktaëder ist als die Grundform des regulären Systems anzusehen, da seine Flächen die Endpunkte der 3 Grundaxen verbinden, also in gleicher Entfernung vom Mittelpunkt schneiden, daher das krystallographische Zeichen:

$$(a : a : a)*)$$

Neigung zweier in der Oktaëderecke gegenüberliegender

Flächen: Kanten:
70° 32′   90°.

Neigung der Flächen in den Kanten:
109° 28′.

Beispiele von Mineralien, bei denen das Oktaëder selbständig vorkommt, sind: Gold, Spinell, Magneteisenerz, Flussspath, Rothkupfererz.

2. Das Hexaëder.

Syn. Würfel.

Das Hexaëder, Fig. 14, hat 6 Flächen, 12 Kanten und 8 Ecken.

Die Flächen sind Quadrate, die Kanten gleich, ebenso die Ecken und dreiflächig.

---

*) In manchen Fällen kann es von Interesse sein, jede der acht Flächen des Oktaëders besonders zu bezeichnen. Man bezeichnet dann die vordere Hälfte der dem Beobachter zugekehrten horizontalen Axe mit $a_{,}$, die hintere mit $a'_{,}$, die rechte Hälfte der dem Beobachter parallelen horizontalen Axe mit $a_{,,}$, die linke mit $a'_{,,}$, die obere Hälfte der vertikalen Axe mit $a_{,,,}$, die untere derselben mit $a'_{,,,}$; die Bezeichnung der acht Flächen des Oktaëders ist dann folgende:

1) $(a_{,} : a_{,,} : a_{,,,})$ 5) $(a_{,} : a_{,,} : a'_{,,,})$
2) $(a'_{,} : a_{,,} : a_{,,,})$ 6) $(a'_{,} : a_{,,} : a'_{,,,})$
3) $(a'_{,} : a'_{,,} : a_{,,,})$ 7) $(a'_{,} : a'_{,,} : a'_{,,,})$
4) $(a_{,} : a'_{,,} : a_{,,,})$ 8) $(a_{,} : a'_{,,} : a'_{,,,})$

Die 3 Axen sind die Flächenaxen, die 4 rhomboëdrischen sind die Eckenaxen und die 6 prismatischen die Kantenaxen.
Neigung der Flächen in den Kanten:
90°.
Jede Fläche schneidet also eine der Axen rechtwinklig, und ist den beiden anderen parallel, ihr Zeichen daher
$$(a : \infty\, a : \infty\, a).$$
Beispiele: Flussspath, Steinsalz.

Oktaëder und Hexaëder stehen also in dem Verhältniss zu einander, dass die Eckenaxen der einen Form die Flächenaxen der andern sind oder die Flächen der einen auf den Eckenaxen der andern rechtwinklig stehen. Daraus folgt, dass die Neigung der Flächen beider Formen zu ihren Flächen- und Eckenaxen gleich ist, zu den Flächenaxen = 90°, für die Eckenaxen findet das Verhältniss von Sin.: Cos. = $\sqrt{1/2} : 1 = 1 : \sqrt{2}$ statt, woraus sich ein Winkel 35° 15' 52" ergiebt.

Vorkommende Combinationen.

Oktaëder und Hexaëder. Die Flächen der einen Form erscheinen in diesen Combinationen als Abstumpfungsflächen der Ecken der andern (Fig. 2, 3, 13). Sind die Abstumpfungsflächen so gross, dass sie sich in einem Punkte berühren (Fig. 3), so heisst diese Combination der Mittelkrystall zwischen Oktaëder und Hexaëder, oder schlechtweg der Mittelkrystall. Beispiele solcher Combinationen finden sich besonders beim Bleiglanz.

3. Das Dodekaëder.

Syn.: Rhombendodekaëder. Granatoëder.

Das Dodekaëder (Fig. 7) hat 12 Flächen, 24 Kanten und 14 Ecken.

Die Flächen sind Rhomben mit Winkeln von 109° 28' und 70° 32', da sich ihre Diagonalen wie $1 : \sqrt{2}$ verhalten.

Die Kanten sind gleich.

Die Ecken sind zweierlei Art: 6 Ecken A liegen wie die Ecken beim Oktaëder, sind vierflächig und in ihnen stossen die Rhomben mit den spitzen Winkeln zusammen; 8 Ecken O liegen wie die Ecken beim Hexaëder, sind dreiflächig und in ihnen stossen die stumpfen Winkel der Rhomben zusammen; wegen dieser Lage nennt man die ersteren auch die Oktaederecken, die letzteren die Hexaederecken des Dodekaeders.

Die Axen gehen durch die vierkantigen Ecken, die rhomboëdrischen Axen durch die dreikantigen Ecken des Dodekaeders und die prismatischen sind die Flächenaxen.

Der durch zwei Grundaxen gelegte Schnitt ist ein Quadrat, ein durch den Mittelpunkt gehender und auf einer rhomboëdrischen Axe senkrechter Schnitt ein regelmässiges Hexagon.

Die längeren Diagonalen der Flächen verbinden die Oktaederecken, die kürzeren die Hexaederecken; erstere haben daher eine gleiche Lage wie die Kanten des Oktaeders, letztere wie die Kanten des Hexaeders, und eine jede Fläche des Dodekaeders ist daher sowohl einer Oktaederkante, als auch einer Hexaederkante parallel; sie schneidet nur zwei Axen und diese gleich, während sie der dritten parallel ist; ihr Zeichen ist also:
$$(a : a : \infty a).$$

Neigung zweier in der Oktaederecke gegenüberliegender
Flächen: Kanten:
90° 109° 28'.

Neigung der Flächen in den Kanten:
120°.

Beispiele: Granat, Haüyn, Sodalith, Rothkupfererz.

Vorkommende Combinationen.

1) **Dodekaëder und Oktaëder.**

Die Flächen des Dodekaeders bilden am Oktaeder gerade Abstumpfungsflächen der Kanten (Fig. 4, Spinell von Ceylon); die Flächen des Oktaeders am Dodekaeder gerade Abstumpfungsflächen der Hexaederecken (Fig. 8, Magneteisenerz von Normarken in Schweden).

2) **Dodekaëder und Hexaëder.**

Die Flächen des Dodekaeders bilden am Hexaeder gerade Abstumpfungsflächen der Kanten (Fig. 16, Flussspath von Drammen in Norwegen); die Flächen des Hexaeders am Dodekaeder gerade Abstumpfungsflächen der Oktaederecken (Fig. 68, ohne die Flächen o, Granat vom Vesuv).

3) **Dodekaëder, Hexaëder und Oktaëder.**

Diese 3 Formen kommen häufig zusammen vor, und in den

Combinationen, die sie bilden, herrschen bald die Flächen der einen, bald die der andern vor.

Die Combination dieser Formen mit vorherrschenden Oktaëderflächen findet sich beim Bleiglanz von Harzgerode, beim Alaun u. s. w. (Fig. 5).

Mit vorherrschenden Hexaëderflächen findet sie sich beim Flussspath (Fig. 65, wenn man sich alle Hexaëderecken der Flächen *d* so abgestumpft denkt, wie es in der Figur nur die abwechselnden sind.

Mit vorherrschenden Dodekaëderflächen kommt sie beim Golde aus Brasilien vor (Fig. 68, wenn man sich sämmtliche Hexaëderecken wie in Fig. 13 abgestumpft denkt).

Kommen Oktaëder und Hexaëder im Gleichgewicht vor, so erscheinen die Flächen des Dodekaëders als Abstumpfungsflächen der Ecken des Mittelkrystalls (Fig. 6, Speisskobalt von Riechelsdorf in Hessen).

4. Die Ikositetraëder.

Die Ikositetraëder (Fig. 19 und 20) haben 24 Flächen, 48 Kanten und 26 Ecken.

Die Flächen sind Deltoide*), die Kanten sind zweierlei, 24 längere *D* entsprechen in ihrer Lage paarweise den Kanten des Oktaëders und 24 kürzere *F* paarweise den Kanten des Hexaëders.

Die Ecken sind dreierlei: 6 Ecken *A* (Oktaëderecken) liegen wie die Ecken des Oktaëders; sie sind vierflächig und gleichkantig und die 4 Flächen stossen in ihnen mit den spitzesten Winkeln zusammen; 8 Ecken *O* (Hexaëderecken) liegen wie die Ecken des Hexaëders; sie sind dreiflächig und gleichkantig, die drei Flächen stossen in ihnen mit den stumpfesten Winkeln zusammen; 12 Ecken liegen wie die Ecken des Mittelkrystalls; sie sind vierflächig und symmetrisch, die vier Flächen stossen in ihnen mit den mittleren Winkeln zusammen.

---

*) Ein Deltoid (Taf. IX. Fig. 1) ist ein Trapezoid, welches zwei ungleiche Paare gleicher Seiten hat; die von den gleichen Seiten eingeschlossenen Winkel *D* und *C* sind untereinander ungleich, die von den ungleichen Seiten eingeschlossenen Winkel *E* untereinander gleich. Die Diagonale, welche die ungleichen Winkel verbindet, theilt das Deltoid in zwei ungleichartige congruente Dreiecke, die Diagonale, welche die gleichen Winkel verbindet, in zwei ungleiche aber gleichschenklige Dreiecke.

Die Axen gehen durch die gleichkantig vierkantigen Ecken, die rhomboëdrischen durch die dreikantigen und die prismatischen durch die symmetrisch vierkantigen.

Der durch 2 Grundaxen gelegte Schnitt ist ein symmetrisches Achteck.

Die Diagonalen, welche die gleichen Flächenwinkel und folglich auch die symmetrischen Ecken verbinden, haben eine gleiche Lage wie die Kanten des Mittelkrystalls zwischen Oktaëder und Hexaëder; die Flächen der verschiedenen Ikositetraëder sind daher diesen Kanten parallel und liegen zwischen den Flächen des Oktaëders und Hexaëders. Je näher sie den Flächen des Oktaëders liegen, je mehr werden auch die Ikositetraëder, denen sie angehören, im Allgemeinen das Ansehn eines Oktaëders haben, je näher sie den Flächen des Hexaëders liegen, je mehr werden die Ikositetraëder das Ansehn eines Hexaëders haben.

Die Flächen der Ikositetraëder gehörig verlängert gedacht, schneiden alle drei Axen, aber nur zwei gleich, die dritte verschieden, und diese dritte so, dass sie stets kleiner ist, als jede der beiden anderen, also ist das allgemeine Zeichen:

$$(a:a:\tfrac{1}{m}a).$$

Man kennt folgende Arten von Ikositetraëdern:

1) $(a:a:{}^3/_4 a) = {}^3/_4 o$ Bleiglanz,
2) $(a:a:{}^2/_3 a) = {}^2/_3 o$ -
3) $(a:a:{}^1/_2 a) = {}^1/_2 o$ Granat,
4) $(a:a:{}^3/_8 a) = {}^3/_8 o$ Flussspath,
5) $(a:a:{}^1/_3 a) = {}^1/_3 o$ Spinell,
6) $(a:a:{}^2/_7 a) = {}^2/_7 o$ Magneteisenerz,
7) $(a:a:{}^1/_4 a) = {}^1/_4 o$ Bleiglanz,
8) $(a:a:{}^1/_5 a) = {}^1/_5 o$ -
9) $(a:a:{}^1/_6 a) = {}^1/_6 o$ -
10) $(a:a:{}^2/_{15} a) = {}^2/_{15} o$ -
11) $(a:a:{}^1/_{12} a) = {}^1/_{12} o$ -

Neigung der Flächen

in den Kanten D:	in den Kanten F:
${}^3/_4 o = 118° \ 4'$	$166° \ 4'$
${}^2/_3 o = 121° \ 58'$	$160° \ 15'$
${}^1/_2 o = 131° \ 49'$	$146° \ 27'$

³⁄₈ o = 141° 18'	134° 2'
¹⁄₃ o = 144° 54'	129° 31'
²⁄₇ o = 149° 17'	124° 9'
¹⁄₄ o = 152° 44'	120° 0'
¹⁄₅ o = 157° 49'	114° 3'
¹⁄₆ o = 161° 20'	110° 0'
²⁄₁₅ o = 164° 57'	105° 57'
¹⁄₁₂ o = 170° 30'	99° 52'

Neigung zweier in einer Oktaëderecke gegenüberliegender

Flächen.	Kanten.
³⁄₄ o = 86° 35'	106° 16'
²⁄₃ o = 93° 22'	112° 37'
¹⁄₂ o = 109° 28'	126° 52'
³⁄₈ o = 124° 7'	138° 53'
¹⁄₃ o = 129° 31'	143° 8'
²⁄₇ o = 135° 58'	148° 7'
¹⁄₄ o = 141° 3'	151° 56'
¹⁄₅ o = 148° 23'	157° 23'
¹⁄₆ o = 153° 28'	161° 6'
²⁄₁₅ o = 158° 37'	164° 49'
¹⁄₁₂ o = 166° 33'	170° 28'

Die häufigsten sind:
 a. $(a:a:\frac{1}{2}a)$ Granat, Analcim, Silberglanz.
 b. $(a:a:\frac{1}{3}a)$ Spinell, Magneteisenerz, Silber.

 a. Das Ikositetraëder $\frac{1}{2}$ o (Fig. 19). Die dreierlei Winkel der Flächen desselben (Taf. IX, Fig. 1) betragen: die einzelnen 117° 2' und 78° 28', und jeder der gepaarten 82° 15'. Die Diagonalen, welche die ungleichen Winkel verbinden, werden von denen, welche die gleichen Winkel verbinden, in ¹⁄₃ ihrer Länge geschnitten; erstere haben eine gleiche Lage wie die Kanten des Dodekaëders, die letzteren wie bei allen Ikositetraëdern eine gleiche Lage, wie die Kanten des Mittelkrystalls.

Vorkommende Combinationen.

1) ¹⁄₂ o und Dodekaëder.

Die Flächen dieses Ikositetraëders bilden am Dodekaëder die geraden Abstumpfungsflächen der Kanten (Fig. 10, Granat (Melanit) von Frascati bei Rom); die Flächen des Dodekaëders an diesem Ikositetraëder die Abstumpfungsflächen der symmetrischen Ecken (Granat (Grossular) vom Wilui-Fluss in Sibirien, Salmiak von Duttweiler).

2) ½ o und Hexaëder.

Die Flächen dieses Ikositetraëders bilden an den Ecken des Hexaëders dreiflächige Zuspitzungen, deren Flächen auf den Flächen des Hexaëders gerade aufgesetzt sind (Fig. 15, Analcim vom Fassa-Thal in Tyrol und von den Cyclopen); umgekehrt die Flächen des Hexaëders gerade Abstumpfungsflächen der Oktaëderecken (Analcim vom Fassa-Thale).

3) ½ o, Oktaëder und Hexaëder.

Die Flächen dieses Ikositetraëders erscheinen an der Combination des Oktaëders mit dem Hexaëder (Fig. 2) untergeordnet als schiefe Abstumpfungsflächen der Combinationskanten (Fig. 11, Rothkupfererz von Gumeschewskoj bei Katharinenburg).

4) ½ o, Oktaëder, Dodekaëder und Hexaëder.

Die Flächen dieses Ikositetraëders erscheinen an der Combination des Oktaëders mit dem Dodekaëder Fig. 4 als schwache Abstumpfungsflächen der vorhandenen Kanten des Dodekaëders; die Flächen des Hexaëders als schwache Abstumpfungen der durch die Flächen dieses Ikositetraëders gebildeten Ecken (Fig. 12, Rothkupfererz von Gumeschewskoj).

b. Das Ikositetraëder ⅓ o (Fig. 20). Seine Flächen sind unter einem stumpferen Winkel gegen die Grundaxen geneigt, als die von $(a:a:½a)$, daher treten in Vergleich mit dieser Form seine Oktaëderecken weniger, seine Hexaëderecken dagegen mehr hervor. Es hat die bemerkenswerthen Eigenschaften, dass die Neigung in den Kanten F' ebenso gross ist, als die Neigung zweier in einer Oktaëderecke einander gegenüberliegender Flächen = 129° 31′ 16″.

Eine weitere bemerkenswerthe Eigenschaft ergiebt sich aus der Vergleichung der Winkel der durch 2 Grundaxen gelegten Schnitte von $(a:a:½a)$ und $(a:a:a⅓)$, der Winkel in der Oktaëderecke des erstern beträgt 126° 52′ 12″, des letztern 143° 7′ 48″, sie ergänzen sich also zu 270°, der Summe je zweier anschliessenden Winkel in jedem symmetrischen Achteck. Die beiden Schnitte sind also einander gleich und haben nur eine verschiedene Lage, wo bei dem einen der stumpfere Winkel liegt, liegt bei dem andern der spitzere.

Das Ikositetraëder $(a:a:\frac{1}{3}a)$ findet sich zwar im Allgemeinen häufiger als $(a:a:\frac{1}{2}a)$, kommt jedoch viel seltener selbstständig vor; gewöhnlich erscheint es nur in Combination mit andern Formen und in diesen auch meistens nur untergeordnet.

Beispiele: Gold von Veröspatak, Silber von Kongsberg.

Vorkommende Combinationen.

1) $\frac{1}{3}o$ und Dodekaëder.

Die Flächen $(a:a:\frac{1}{3}a)$ bilden an den Oktaëderecken des Dodekaëders vierflächige Zuspitzungen, deren Flächen auf den Kanten des Dodekaëders' gerade aufgesetzt sind (Fig. 9, ohne die Flächen o, Flussspath vom Baveno).

2) $\frac{1}{3}o$ und Hexaëder.

Die Flächen $(a:a:\frac{1}{3}a)$ bilden an den Ecken des Hexaëders ähnliche dreiflächige Zuspitzungen, wie die Flächen von $(a:a:\frac{1}{2}a)$ in der Fig. 15 dargestellten Combination, nur sind die Zuspitzungen des Ikasitetraëders $(a:a:\frac{1}{2}a)$ spitzer[*]) (Flussspath von Gersdorf bei Freiberg).

3) $\frac{1}{3}o$ und Oktaëder.

Die Flächen $(a:a:\frac{1}{3}a)$ bilden an den Ecken des Oktaëders vierflächige Zuspitzungen, deren Flächen auf den Flächen des Oktaëders gerade aufgesetzt sind (Fig. 22, Magneteisenerz von Traversella). Die Zuspitzungen sind niedriger, als die, welche $(a:a:\frac{1}{2}a)$ bilden würde. Die Flächen des Oktaëders bilden an $(a:a:\frac{1}{3}a)$ gerade Abstumpfungsflächen der Hexaëderecken (Fig. 21, Gold von Veröspatak, Silber von Kongsberg).

4) $\frac{1}{3}o$, Dodekaëder und Oktaëder.

In den Combinationen dieser 3 Formen herrschen bald die Flächen des Dodekaëders, bald die des Oktaëders vor.

Die Combination dieser Formen mit vorherrschenden Dodekaëderflächen findet sich beim Magneteisenerz von Traversella (Fig. 9).

Die Combination mit vorherrschendem Oktaëder kommt beim Ceylanit vom Vesuv vor (Fig. 18). Die Kanten, welche eine Fläche $(a:a:\frac{1}{3}a)$ mit den angränzenden Dodekaëderflächen macht, divirgiren nach den Oktaëderecken.

---

[*]) Die Längen der rhomboëdrischen Axen von Oktaëder : $(a:a:\frac{1}{2}a)$ $(a:a:\frac{1}{3}a)$: Hexaëder sind $= 1:3/2:9/5:3$.

5) $\frac{1}{3}o$, Dodekaëder und Hexaëder.

In dieser Combination herrschen meistentheils die Flächen des Hexaëders. Die Flächen des Dodekaëders bilden die Abstumpfungen der Kanten, die Flächen $(a:a:\frac{1}{3}a)$ die Zuspitzungen der Ecken. Die Kanten, welche eine Fläche $(a:a:\frac{1}{3}a)$ mit den angrenzenden Dodekaëderflächen bildet, convergiren nach den Hexaëderecken. (Fig. 17, Flussspath von Kongsberg.)

c. Von den übrigen Ikositetraëdern sind die beiden $(a:a:\frac{3}{4}a)$ und $(a:a:\frac{2}{3}a)$ dem Oktaëder ähnlicher, als $(a:a:\frac{1}{3}a)$, sie kommen beim Bleiglanz an der Combination des Oktaëders und Hexaëders (Fig. 2) vor und erscheinen als schiefe Abstumpfungen der Combinationskanten.

In derselben Weise treten auch die oben noch angeführten Ikositetraëder beim Bleiglanz auf, welche dem Hexaëder ähnlicher sind, als $(a:a:\frac{1}{3}a)$.

5. Die Triakisoktaëder.

Syn. Pyramidenoktaëder.

Die Triakisoktaëder (Fig. 25) sind von 24 gleichschenkligen Dreiecken begränzt und haben 36 Kanten und 14 Ecken.

Die Kanten sind zweierlei Art: 12 längere D entsprechen in ihrer Lage den Kanten des Oktaëders und 24 kürzere G liegen zu 3 über einer Fläche des eingeschriebenen Oktaëders; in den ersteren stossen die Flächen mit der Basis der Dreiecke zusammen, in den letzteren mit den Schenkeln.

Die Ecken sind ebenfalls zweierlei: 6 derselben A (Oktaëderecken), 8flächig und symmetrisch, entsprechen in ihrer Lage den Ecken des Oktaëders, und 8 Ecken O (Hexaëderecken), 3flächig und 3kantig, liegen über den Mittelpunkten der Oktaëderflächen. Die Grundaxen gehen durch die Oktaëderecken, die rhomboëdrischen durch die Hexaëderecken und die prismatischen durch die Mittelpunkte der längeren Kanten.

Der Hauptschnitt ist ein Quadrat.

Man kann die Triakisoktaëder als Oktaëder betrachten, auf deren Flächen dreiseitige Pyramiden von gleichen Grundflächen mit den Oktaëderflächen aufgesetzt sind, und hat ihnen nach dieser Beschaffenheit auch ihren Namen gegeben. Auch das Dodekaëder kann man als ein solches Triakisoktaëder betrachten; welches sich nur dadurch von den anderen unterscheidet, dass bei ihm die Flächen zweier verschiedener Pyramiden, die in einer Oktaëderkante zusammenstossen, in eine Ebene (die Dodekaëderfläche) fallen. Die Flächen der verschiedenen Triakisoktaëder liegen demnach zwischen den Flächen des Oktaëders und des Dodekaëders; je näher an den ersteren, desto mehr werden die Triakisoktaëder, denen sie angehören, im Allgemeinen das Ansehn des Oktaëders haben; je näher an den letzteren, desto mehr werden die Triakisoktaëder das Ansehn des Dodekaëders haben; die bekannten Triakisoktaëder haben indessen immer mehr das Ansehn des Oktaëders.

Die Flächen der Triakisoktaëder schneiden wie die der Ikositetraëder zwei Axen in gleicher Entfernung und die dritte verschieden; aber diese letztere ist hier stets grösser, als die der beiden gleichen, das allgemeine Zeichen ist mithin:

$$(a : \tfrac{1}{m}a : \tfrac{1}{m}a).$$

Es finden sich besonders 4 Arten von Triakisoktaëdern, deren Zeichen sind:

1) $(a : {}^2\!/_3 a : {}^2\!/_3 a) = {}^3\!/_2 o$ Granat von Brosso.
2) $(a : {}^3\!/_5 a : {}^3\!/_5 a) = {}^5\!/_3 o$ Magneteisenerz.
3) $(a : {}^1\!/_2 a : {}^1\!/_2 a) = 2 o$ Bleiglanz, Rothkupfererz.
4) $(a : {}^1\!/_3 a : {}^1\!/_3 a) = 3 o$ Bleiglanz, Flussspath.*)

Neigung der Flächen

in den Kanten D:	in den Kanten G:
1) 129° 31′	162° 40′
2) 134° 1′	158° 46′
3) 141° 3′	152° 44′
4) 153° 28′	142° 8′

Die Höhen der dreiseitigen Pyramiden dieser Triakisoktaëder und des Dodekaëders betragen $1/8$, $2/13$, $1/5$, $3/7$ und $1/2$ von der halben rhomboëdrischen Axe des eingeschriebenen Oktaëders.

Bei dem Triakisoktaëder $3/2 o$ haben die Höhen der Flächen eine gleiche Lage wie die Kanten F des Ikositetraëders $(a : a : 1/2 a)$, bei $2 o$ wie die Kanten F von $(a : a : 1/3 a)$; letzteres ist in Fig. 24 dargestellt.

---

*) Beobachtet ist ausserdem noch $(a : {}^{64}\!/_{65}a : {}^{64}\!/_{65}a)$ beim Alaun; nach approximativen Messungen Formen mit $4/5 a$, $4/7 a$, $1/4 a$ beim Bleiglanz.

Die Triakisoktaëder kommen nur in Combinationen mit anderen Formen vor und in diesen meistentheils untergeordnet.*)

Vorkommende Combinationen.

1) Das Triakisoktaëder $3/2\,o$, das Ikositetraëder $1/2\,o$ und Dodekaëder.

Die Flächen dieses Triakisoktaëders erscheinen untergeordnet an der Combination des Dodekaëders mit dem Ikositetraëder (Fig. 10) als gerade Abstumpfungsflächen der vorhandenen Theile der stumpferen Kanten F des Ikositetraëders (Fig. 23, Granat von Brosso).

2) Das Triakisoktaëder $3\,o$ und Oktaëder.

Die Flächen des ersteren bilden Zuschärfungen der Kanten des Oktaëders (Fig. 26, Flussspath von Kongsberg in Norwegen).

3) Das Triakisoktaëder $3\,o$, Dodekaëder und Oktaëder.

Die Flächen dieses Triakisoktaëders erscheinen untergeordnet an der Combination des Dodekaëders mit dem Oktaëder (Fig. 8) als schiefe Abstumpfungsflächen der Combinationskanten (Fig. 28, Rothkupfererz von Gumeschewskoj).

4) Die Triakisoktaëder $2\,o$ und $3\,o$, das Hexaëder und Oktaëder.

Die beiden Triakisoktaëder finden sich theils an den Combinationen des Hexaëders und Oktaëders, mit vorherrschendem Hexaëder (Fig. 13), theils mit vorherrschendem Oktaëder (Fig. 2).

Am ersteren bilden die Flächen der Triakisoktaëder $3\,o$ schiefe, auf den Kanten des Hexaëders gerade aufgesetzte Abstumpfungsflächen der Combinationsecken; die Flächen des Triakisoktaëders $2\,o$ schiefe Abstumpfungsflächen der Kanten zwischen die Flächen des andern Triakisoktaëders und des Oktaëders (Fig. 24, Bleiglanz von Andreasberg am Harz und Wittichen in Baden).

An dem Oktaëder bildet das Triakisoktaëder $3\,o$ die schon beschriebenen Zuschärfungen der Kanten und das Triakisok-

---

*) Beim Diamant kommen Triakisoktaëder vollständig vor, aber nicht als einfache holoëdrische Formen, sondern als Combination zweier Deltoëder (vgl. unten S. 42).

taëder 2 *o* Abstumpfungen dieser Combinationskanten (Fig. 27, Bleiglanz von Harzgerode).

6. Die Tetrakishexaëder.

Syn. Pyramidenwürfel.

Die Tetrakishexaëder (Fig. 31) sind von 24 gleichschenkligen Dreiecken begrenzt, und haben 36 Kanten und 14 Ecken.

Die Kanten sind zweierlei Art: 12 längere *F* entsprechen in ihrer Lage den Kanten des Hexaëders; 24 kürzere *G* liegen zu vier über den Flächen des eingeschriebenen Hexaëders; in den ersteren stossen die Flächen mit der Basis, in den letzteren mit den Schenkeln zusammen.

Die Ecken sind auch zweierlei: 8 derselben *O* (Hexaëderecken) sechsflächig und symmetrisch, entsprechen in ihrer Lage den Ecken des Hexaëders und 6 *A* (Oktaëderecken) vierkantig und gleichflächig den Mittelpunkten der Hexaëderflächen.

Die Grundaxen gehen durch die Oktaëderecken, die rhomboëdrischen durch die Hexaëderecken und die prismatischen durch die Mittelpunkte der längern Kante.

Der Hauptschnitt ist ein symmetrisches Achteck, der rhomboëdrische Querschnitt ein Sechseck.

Die Tetrakishexaëder sind gleichsam Hexaëder, auf deren Flächen vierseitige Pyramiden, von gleichen Grundflächen mit den Hexaëderflächen, aufgesetzt sind. Auch das Dodekaëder kann man als ein Tetrakishexaëder betrachten, bei welchem nur die Flächen zweier verschiedenen Pyramiden, die in einer Hexaëderkante zusammenstossen, in eine Ebene (die Dodekaëderfläche) zusammenfallen. Die Flächen der verschiedenen Tetrakishexaëder liegen demnach zwischen den Flächen des Hexaëders und des Dodekaëders; je näher an den ersteren, desto mehr werden die Tetrakishexaëder, denen sie angehören, das Ansehn des Hexaëders haben; je näher an den letzteren, desto mehr werden die Tetrakishexaëder das Ansehn des Dodekaëders haben.

Die Flächen der Tetrakishexaëder sind wie beim Dodekaëder einer der drei Axen parallel, während sie die anderen nicht gleich, wie beim Dodekaëder, sondern verschieden schneiden; das allgemeine Zeichen ist mithin:

$$(a : \tfrac{1}{m} a : \infty\, a.)$$

Man kennt 6 Arten von Tetrakishexaëdern, deren Zeichen sind:
1. $(a : \frac{2}{3} a : \infty a)$ = $\frac{2}{3} d$, Granat, Blende.
2. $(a : \frac{1}{2} a : \infty a)$ = $\frac{1}{2} d$, - - Kupfer.
3. $(a : \frac{2}{5} a : \infty a)$ = $\frac{2}{5} d$, Kupfer, Flussspath.
4. $(a : \frac{1}{3} a : \infty a)$ = $\frac{1}{3} d$, Amalgam, Flussspath, Fahlerz.
5. $(a : \frac{1}{4} a : \infty a)$ = $\frac{1}{4} d$, Blende.
6. $(a : \frac{1}{5} a : \infty a)$*) = $\frac{1}{5} d$, Rothkupfererz.

Neigung der Flächen

	in den Kanten F:	in den Kanten G:	in den Ecken A:
1. von	157° 23'	133° 49'	112° 37'
2. „	143° 8'	143° 8'	126° 52'
3. „	133° 36'	149° 33'	136° 24'
4. „	126° 52'	154° 9'	143° 8'
5. „	118° 4'	160° 15'	151° 56'
6. „	112° 37'	164° 3'	157° 23'

Die Höhen der vierseitigen Pyramiden bei dem Dodekaëder und diesen Tetrakishexaëdern über den Hexaëderflächen betragen $\frac{2}{3}$, $\frac{1}{2}$, $\frac{2}{5}$, $\frac{1}{3}$, $\frac{1}{4}$ und $\frac{1}{5}$ in Bezug auf die Länge der Grundaxen des eingeschriebenen Hexaëders.

Die Höhen der Flächen entsprechen in ihrer Lage den längeren Kanten der Ikositetraëder, welche mit den Tetrakishexaëdern einen gleichen Coëficienten m haben, so dass natürlich der Hauptschnitt bei beiden gleich ist, z. B. bei $(a : a : \frac{1}{2} a)$ gleich dem bei $(a : \frac{1}{2} a : \infty a)$, bei $(a : \frac{1}{3} a : a)$ gleich dem bei $(a : \frac{1}{3} a : \infty a)$ u. s. w.

Das Tetrakishexaëder $(a : \frac{1}{2} a : \infty a)$ ist noch dadurch ausgezeichnet, dass der Winkel der beiderlei Kanten gleich gross ist, so dass der rhomboëdrische Querschnitt ein reguläres Sechseck ist. Die Tetrakishexaëder $\frac{1}{2} d$ und $\frac{1}{3} d$ kommen am häufigsten vor und finden sich auch allein vollständig, $\frac{1}{2} d$ am Kupfer aus Cornwall und vom Lake superior, am Gold aus dem Ural, $\frac{1}{3} d$ beim Flussspath aus Derbyshire.

Vorkommende Combinationen.

1) Das Tetrakishexaëder $\frac{2}{3} d$, Ikositetraëder $\frac{1}{2} o$ und Dodekaëder.

---
*) Nauman giebt noch $(a : \frac{4}{5} a : \infty a)$ und $(a : \frac{2}{7} a : \infty a)$ an.

Die Flächen des Tetrakishexaëders erscheinen untergeordnet an der Combination des Dodekaëders mit dem Ikositetraëder (Fig. 10) als Zuspitzungs-Flächen der Oktaëderecken des Ikositetraëders; die Zuspitzungs-Flächen sind auf den Flächen des Dodekaëders gerade aufgesetzt, und die Combinationskanten mit den angrenzenden Flächen des Ikositetraëders convergiren nach der Oktaëderecke zu (Granat von Friedberg in Oesterreichisch-Schlesien).

2) Das Tetrakishexaëder $\frac{1}{2}d$, Ikositetraëder $\frac{1}{2}o$ und Dodekaëder.

Die Flächen des erstern erscheinen untergeordnet an der Combination des Ikositetraëders (wie Fig. 10, nur dass in diesem Falle gewöhnlich die Ikositetraëderflächen vorherrschen) als Abstumpfungsflächen der längeren Kanten des Ikositetraëders (Fig. 30, Granat von Dognatzka im Bannat).

3) Das Tetrakishexaëder $\frac{1}{2}d$ und Hexaëder.

Die Flächen des Tetrakishexaëders treten gewöhnlich untergeordnet zum Hexaëder hinzu und bilden an dieser Form Zuschärfungen der Kanten (Fig. 32, Flussspath von Alston Moor in Cumberland). Seltener herrschen die Flächen des Tetrakishexaëders vor, in welchem Fall dann die Flächen des Hexaëders als Abstumpfungsflächen der Ecken erscheinen (Flussspath von Zinnwald in Böhmen).

4) Das Tetrakishexaëder $\frac{2}{5}d$, Hexaëder, Dodekaëder und Oktaëder.

Das Hexaëder herrscht gewöhnlich vor, die Flächen des Oktaëders und Dodekaëders erscheinen als gerade Abstumpfungsflächen seiner Ecken und Kanten, und die Flächen des Tetrakishexaëders als schiefe Abstumpfungsflächen seiner Combinationskanten mit dem Dodekaëder (Fig. 33, Kupfer von Bogoslowsk im Ural, grüner Flussspath aus England).

5) Das Tetrakishexaëder $\frac{1}{3}d$ findet sich in derselben Combination am Flussspath von Alston Moor in Cumberland.

6) Das Tetrakishexaëder $\frac{1}{5}d$ ebenso am Rothkupfer-Erz von Gumeschewskoj im Ural.

7) Das Tetrakishexaëder $\frac{1}{3}d$ und Oktaëder.

Die Flächen des Tetrakishexaëders bilden eine vierflächige, auf den Kanten des Oktaëders gerade aufgesetzte Zuspitzung der Ecken (Fig. 29, Flussspath bei Altenberg in Sachsen).

7. Die Hexakisoktaëder.

Syn. 48 Flächner, Tetrakisdodekaëder (Pyramidengranatoëder) z. Th.

Die Hexakisoktaëder (Fig. 34, 35) sind von 48 ungleichseitigen Dreiecken begrenzt, und haben 72 Kanten und 26 Ecken.

Die Kanten sind dreierlei, 24 mittlere D liegen wie die längsten Kanten der Ikositetraëder paarweise über den Kanten des eingeschriebenen Oktaëders, 24 kürzeste F wie die kürzeren Kanten der Ikositetraëder paarweise über den Kanten des eingeschriebenen Hexaëders und 24 längste G wie die symmetrischen Diagonalen der Flächen der Ikositetraëder, also wie die Kanten der Triakisoktaëder.

Die Ecken sind ebenfalls dreierlei, sämmtlich symmetrisch und liegen wie die Ecken der Ikositetraëder, 6 achtflächige A (Oktaëderecken); 8 sechsflächige O (Hexaëderecken) und 12 vierflächige E (mittlere Ecken).

Die Axen gehen durch die Oktaëderecken, die rhomboëdrischen Axen durch die Hexaëderecken und die prismatischen durch die mittleren Ecken.

Der Hauptschnitt ist ein symmetrisches Achteck.

Die Flächen der Hexakisoktaëder schneiden alle drei Axen und alle drei ungleich; das allgemeine Zeichen ist daher:

$$(a : \tfrac{1}{n} a : \tfrac{1}{m} a).$$

Bekannt sind folgende:
1) $(a : \tfrac{1}{2} a : \tfrac{1}{3} a) = s$ Granat,
2) $(a : \tfrac{1}{3} a : \tfrac{1}{4} a) = u$ „ Amalgam,
3) $(a : \tfrac{1}{3} a : \tfrac{1}{5} a) = t$ Magneteisenerz,
4) $(a : \tfrac{1}{2} a : \tfrac{1}{4} a) = n$ Flussspath,
5) $(a : \tfrac{3}{5} a : \tfrac{3}{11} a) = v$ „
6) $(a : \tfrac{3}{4} a : \tfrac{3}{10} a) = w$ „
7) $(a : \tfrac{1}{3} a : \tfrac{1}{7} a) = r$ „
8) $(a : \tfrac{5}{7} a : \tfrac{5}{21} a) = x$ Magneteisenerz,
9) $(o : \tfrac{1}{2} a : \tfrac{1}{8} a) = z$ Bleiglanz,
10) $(a : \tfrac{1}{3} a : \tfrac{1}{15} a) = y$ Flussspath,
11) $(a : \tfrac{1}{3} a : \tfrac{2}{25} a) = q$ „

Neigung der Flächen in den Kanten

		D:	F:	G:
Für	$s =$	149° 0'	158° 13'	158° 13'
„	$u =$	157° 23'	164° 3'	147° 48'
„	$t =$	160° 32'	152° 20'	152° 20'
„	$n =$	154° 47'	144° 3'	162° 15'
„	$b =$	152° 7'	140° 9'	166° 57'
„	$w =$	148° 52'	138° 24'	172° 45'
„	$r =$	165° 2'	136° 47'	158° 47'
„	$x =$	154° 33'	128° 16'	172° 51'
„	$z =$	166° 10'	118° 34'	170° 14'
„	$y =$	173° 27'	151° 58'	142° 20'
„	$q =$	171° 6'	117° 12'	167° 24'

Bei diesen Hexakisoktaëdern treten bald mehr die Oktaëderecken, bald mehr die Hexaëderecken hervor, sie haben daher entweder mehr das Ansehn von Triakisoktaëdern, deren Flächen nach ihren Höhenlinien gebrochen erscheinen (Fig. 34) oder mehr das Ansehn von solchen Tetrakishexaëdern (Fig. 35). Bei den ersten beiden fallen die längsten Kanten mit den symmetrischen Diagonalen der Flächen des Ikositetraëders ($a:a:\frac{1}{2}a$) zusammen, folglich auch mit den Kanten des Dodekaëders (vergl. Fig. 34, welche das 1. Hexakisoktaëder darstellt mit Fig. 7), die mittleren Ecken erheben sich über den Dodekaëderflächen als vierseitige Pyramiden, sie werden daher auch Tetrakisdodekaëder genannt. Die Flächen liegen zwischen dem Dodekaëder und Ikositetraëder ($a:a:\frac{1}{2}a$) Fig. 18 und diese beiden Formen sind somit die Endglieder, bei dem erstern ist die Höhe der vierseitigen Pyramide so gross, dass die einer Dodekaëderkante angrenzenden Flächen zweier Pyramiden in eine Ebene fallen; bei dem Dodekaëder ist die Höhe der Pyramiden gleich Null. Die Länge der rhomboëdrischen Axe beträgt bei diesen Formen $\frac{3}{2}$ und sie entsprechen sämmtlich der Bedingung $n = m - 1$, das allgemeine Zeichen ist daher ($a : \frac{1}{m-1} a : \frac{1}{m} a$). Die Höhe der Pyramiden ist bestimmt durch die Länge der prismatischen Axen.

Eine 2. Art von Hexakisoktaëdern ist die, bei denen die Flächen zwischen den Flächen des Ikositetraëders ($a:a:\frac{1}{2}a$)

und Dodekaëders liegen (Fig. 35), bei ihnen wird $n = m - 2$; der allgemeine Ausdruck dieser Formen ist daher:

$$(a : \tfrac{1}{m-2} a : \tfrac{1}{m} a).$$

Hierher gehören die Hexakisoktaëder 3—6 incl. Bei 3 und 4 liegt das Verhältniss auf der Hand, bei 5 und 6 muss man das Zeichen so verändern, dass bei Einheit der längsten Axen, der Zähler der beiden anderen = 1 ist:

also: $(a : {}^3/_5\, a : {}^3/_{11}\, a) = (a : \tfrac{1}{5/3} a : \tfrac{1}{11/3} a)$

und $(a : {}^3/_4\, a : {}^3/_{10}\, a) = (a : \tfrac{1}{4/3} a : \tfrac{1}{10/3} a)$.

Eine 3. Art hat die Eigenschaft, dass wie bei dem Tetrakishexaëder $(a : {}^1/_2\, a : \infty\, a)$ die Winkel an der Hexaëderecke gleich sind; ihre Flächen liegen zwischen den Flächen dieses Tetrakishexaëders und der Oktaëderfläche, welche, wenn sie untergeordnet hinzutritt, die Figur eines regelmässigen Sechsecks hat. Bei diesen Formen wird $n = \tfrac{m+1}{2}$, der allgemeine Ausdruck ist daher $(a : \tfrac{2}{m+1} a : \tfrac{1}{m} a)$.

Hierher gehören die beiden Hexakisoktaëder $(a : {}^1/_2\, a : {}^1/_3\, a)$ und $(a : {}^1/_3\, a : {}^1/_5\, a)$.

Vorkommende Combinationen.

1) Das Hexakisoktaëder $(a : {}^1/_2\, a : {}^1/_3\, a) = s$, Dodekaëder und Ikositetraëder $(a : a : {}^1/_2\, a)$.

Die Flächen des Hexakisoktaëders treten gewöhnlich untergeordnet zu der Combination des Dodekaëders und Ikositetraëders (Fig. 10) hinzu, und bilden die Abstumpfungsflächen der Combinationskanten (Fig. 36, Granat von Långbanshytta in Wermeland, von Arendal u. s. w.).

2) Das Hexakisoktaëder $(a : {}^1/_3\, a : {}^1/_4\, a) = u$, Dodekaëder und Ikositetraëder $(a : a : {}^1/_2\, a)$.

Die Combination ist ganz ähnlich der vorigen, und findet sich bei dem Granat von Cziklowa im Bannat und vom Wilui.

3) Das Hexakisoktaëder $(a : {}^1/_2\, a : {}^1/_4\, a) = n$ und Hexaëder.

4) Die Flächen des erstern bilden an den Ecken des letztern sechsflächige Zuspitzungen, die schon oben (S. 10) beschrieben sind (Fig. 37, Flussspath vom Münsterthal in Baden).

4) **Hexakisoktaëder** $(a : {}^3/_5\, a : {}^3/_{11}\, a) = v$ und **Hexaëder**, kommt in gleicher Weise beim Flussspath vor, ebenso

5) Die **Hexakisoktaëder** $(a : {}^1/_3\, a : {}^1/_7\, a)$ und **Hexaëder**.

6) Die **Hexakisoktaëder** $(a : {}^1/_2\, a : {}^1/_4\, a) = n$ und $(a : {}^3/_5\, a : {}^3/_{11}\, a) = v$, das **Hexaëder, Dodekaëder** und **Ikositetraëder** $(a : a : {}^1/_3\, a)$.

Die Flächen der beiden ersten Formen erscheinen untergeordnet an der Combination der drei letzten (Fig. 17) als Abstumpfungsflächen der Combinationskanten zwischen dem Dodekaëder und dem Ikositetraëder, so dass die Flächen des erstern Hexakisoktaëders an die Flächen des Dodekaëders angränzen (Fig. 38).

7) Das **Hexakisoktaëder** $(a : {}^1/_3\, a : {}^1/_5\, a) = t$, **Triakisoktaëder** $(a : {}^5/_5\, a : {}^5/_5\, a)$, **Dodekaëder, Ikositetraëder** $(a : a : {}^1/_3\, a)$ und **Oktaëder**.

Die Flächen der beiden ersteren Formen erscheinen untergeordnet an der Combination der drei letzteren (Fig. 9) als Abstumpfungen der Combinationskanten, die Flächen t als Abstumpfungen der Kante des Dodekaëders und Ikositetraëders, die des Triakisoktaëders als Abstumpfungen der Kanten des Dodekaëders mit dem Oktaëder (Fig. 39 Magneteisenerz vom Vesuv).

8) Das **Hexakisoktaëder** $(a : {}^1/_3\, a : {}^1/_5\, a) = t$, $(a : {}^5/_7\, a : {}^5/_{21}\, a) = x$, **Hexaëder, Ikositetraëder** $(a : a : {}^2/_7\, a)$ und $(a : a : {}^1/_3\, a)$ **Dodekaëder, Oktaëder**.

Die Flächen der drei ersten Formen erscheinen untergeordnet an der Combination der drei letzteren (Fig. 9), die Flächen t wie bei der vorigen Combination, die Flächen x als Zuschärfungen der über dem Dodekaëder liegenden Kanten von t, die Flächen des Hexaëders als Abstumpfungen der Dodekaëderecken, das Ikositetraëder $(a : a : {}^2/_7\, a)$ stumpft die über ${}^1/_{30}$ liegenden Kanten an x gerade ab. (Magneteisenerz von Achmatowsk.)

9) Das **Hexakisoktaëder** $(a : {}^1/_2\, a : {}^1/_8\, a) = z$, **Oktaëder, Triakisoktaëder** $(a : {}^1/_2\, a : {}^1/_2\, a)$ und **Hexaëder**.

Die Flächen der ersten Form erscheinen untergeordnet an der Combination der drei letzten als Abstumpfungen der Combinationskanten zwischen dem Triakisoktaëder und Hexaëder. (Bleiglanz.)

Allgemeine Betrachtungen über die holoëdrischen Formen des regulären Krystallisationssystems.

Es finden sich also in dem regulären Krystallisationssystem, wie aus dem Vorigen hervorgeht, 7 Arten von holoëdrischen Formen, die von 8, 6, 12, 24 und 48 Flächen umschlossen, und nach 'der Zahl ihrer Flächen und deren Vertheilung benannt werden. Diese Formen sind:

1) das Oktaëder $\quad(a : \quad a : \quad a)$,
2) das Hexaëder $\quad(a : \infty\, a : \infty\, a)$,
3) das Dodekaëder $\quad(a : \quad a : \infty\, a)$,
4) die Ikositetraëder $\quad(a : \quad a : \frac{1}{m} a)$,
5) die Triakisoktaëder $\quad(a : \frac{1}{m} a : \frac{1}{m} a)$,
6) die Tetrakishexaëder $(a : \frac{1}{m} a : \infty\, a)$,
7) die Hexakisoktaëder $(a : \frac{1}{n} a : \frac{1}{m} a)$,

Andere als diese Formen können nicht vorkommen, denn die Flächen dieser Formen haben alle möglichen Lagen zu den Axen. Eine Fläche schneidet nämlich:
1) alle drei Axen und zwar:
   a) alle drei Axen in gleicher Länge: beim Oktaëder,
   b) alle drei Axen in ungleicher Länge: bei den Hexakisoktaëdern,
   c) zwei Axen in einer gleichen und von der der dritten verschiedenen Länge:
      aa) die dritte Axe ist kleiner als jede der beiden gleichen: bei den Ikositetraëdern,
      bb) die dritte Axe ist grösser als jede der beiden gleichen: bei den Triakisoktaëdern;
2) nur zwei Axen, während sie der dritten parallel ist,
   a) beide Axen in gleicher Länge: beim Dodekaëder,
   b) beide Axen in ungleicher Länge: bei den Tetrakishexaëdern,
3) nur eine Axe, während sie den beiden andern parallel ist: beim Hexaëder.

---

*) Wo *m*, wie später *n*, ganze oder gebrochene rationale Zahlen bedeuten, die grösser sind als 1 und *m* > *n*.

Geht man von dem Oktaëder als derjenigen Form aus, deren Flächen zu den drei rechtwinkligen Axen in dem einfachsten Verhältniss stehen, so sind in den übrigen alle Formen enthalten, die nur durch Abstumpfungen, Zuschärfungen, Zuspitzungen der Kanten und Ecken des Oktaëders, von welcher Art und Lage sie auch sein mögen, entstehen können.

Alle diese Abänderungsflächen müssen an allen Kanten und Ecken auf eine gleiche Weise hinzutreten, da die Kanten und Ecken untereinander gleich sind. Es können nun die Kanten nur gerade abgestumpft oder zugeschärft vorkommen und die Ecken können nur gerade abgestumpft und mit 4 oder 8 Flächen zugespitzt erscheinen; im erstern Falle können die Zuspitzungsflächen auf den Flächen oder Kanten gerade aufgesetzt sein, im letztern Falle müssen von den 8 Zuspitzungsflächen immer 2 Flächen auf einer Kante so aufgesetzt sein, dass die eine Zuspitzungsfläche zu der einen Fläche der Kante so geneigt ist, wie die andere Zuspitzungsfläche zu der andern Fläche der Kante. Durch Abstumpfung der Kanten des Oktaëders entsteht nun das Dodekaëder, durch Zuschärfung der Kanten die Triakisoktaëder. Durch gerade Abstumpfung der Ecken entsteht das Hexaëder; durch vierflächige Zuspitzung derselben entstehen, wenn die Zuspitzungsflächen auf den Flächen des Oktaëders gerade aufgesetzt sind, die Ikositetraëder, wenn sie auf den Kanten gerade aufgesetzt sind, die Tetrakishexaëder, durch achtflächige Zuspitzung der Ecken, die Hexakisoktaëder.

Somit entstehen auf diese Weise alle aufgeführten Formen und es sind keine anderen möglich.

Es giebt nur ein Oktaëder, Hexaëder und Dodekaëder, aber von den übrigen Formen kommen mehrere Arten vor, die sich durch die Neigung der Flächen untereinander unterscheiden. Die Flächen dieser Formen schneiden die Axen verschieden, aber die Längen dieser drei Axen, die eine jede Fläche dieser Formen bestimmt, stehen untereinander und zu den Axen des Oktaëders stets in einfachen und rationalen Verhältnissen; irrationale Verhältnisse kommen hierbei nie vor.

B. Hemiëdrische Formen.

1. Das Tetraëder.

Das Tetraëder (Fig. 40) ist von 4 gleichseitigen Dreiecken begrenzt und hat 6 Kanten und 4 Ecken.

Die Kanten sind gleich, die Ecken ebenfalls gleich und dreiflächig.

Die drei Axen verbinden die Mittelpunkte zweier gegenüberliegender Kanten.

Neigung der Flächen in den Kanten:
70° 32'.

Die Kanten des Oktaëders haben die Lage der eingeschriebenen Dreiecke der Flächen des Tetraëders, daraus ergiebt sich, dass man aus dem Tetraëder ein Oktaëder erhält, wenn man die Ecken desselben bis zu den Linien der eingeschriebenen Dreiecke gerade abstumpft und dass das Tetraëder aus dem Oktaëder entsteht, wenn man die abwechselnden Flächen so gross werden lässt, dass sie den Raum allein begrenzen. Das Tetraëder ist also der Hälftflächner des Oktaëders. Je nachdem sich nun aber die einen oder die anderen abwechselnden Flächen ausdehnen, entstehen aus dem Oktaëder immer 2 Tetraëder (Fig. 40 und 41), die mathematisch vollkommen gleich, sich von einander durch ihre Lage unterscheiden, indem das eine gegen das andere um eine verticale Axe um 90° gedreht erscheint. Man nennt die beiden Tetraëder, Tetraëder 1. Stellung oder kurz 1. Tetraëder und Tetraëder 2. Stellung oder kurz 2. Tetraëder und betrachtet als 1. Stellung Fig. 40 dasjenige, welches durch Ausdehnen der rechten oberen vorderen Oktaëderfläche und deren abwechselnden Flächen entsteht; als 2. Stellung Fig. 41 dasjenige, welches durch Ausdehnen der linken oberen vorderen Oktaëderfläche und deren abwechselnde entsteht.

Die auf diese Weise entstehenden Tetraëder unterscheiden sich von einander durch die physikalischen Eigenschaften, durch die Beschaffenheit der Flächen und durch ihre relative Ausdehnung. Man giebt dem bei einer bestimmten Mineralgattung stärker entwickelten und häufiger vorkommenden Tetraëder die 1. Stellung (Fig. 40). Dann liegt beim Borazit am 1. Tetraeder der analog elektrische Pol, am 2. Tetraëder der antiloge Pol, das erste ist gewöhnlich glatt und glänzend, das zweite dagegen matt. Beim Fahlerz ist das stark entwickelte 1. Tetraëder gestreift, das 2. mehr untergeordnet und glänzend. Bei der Blende ist das 1. Tetraëder glatt und glänzend, das 2. dagegen matt.

Die Bezeichnung eines Tetraëders wird dadurch bewirkt, dass man dem Zeichen des Oktaëders, den Bruch $\frac{1}{2}$ vorsetzt; das 2. Tetraëder wird von dem ersten dadurch unterschieden, dass man hinter die Klammer einen Accent setzt. Auf eine ähnliche Weise werden dann auch die übrigen hemiëdrischen Körper bezeichnet.

    1. Tetraëder $\frac{1}{2}(a:a:a) = o$
    2. „ $\frac{1}{2}(a:a:a)' = o'$

Vorkommende Combinationen:

1) **Das erste und zweite Tetraëder.**
Die Flächen des einen Tetraëders erscheinen als Abstumpfungsflächen der Ecken des andern (Fig. 42, Blende).

2) **Tetraëder und Hexaëder.**
Die Flächen des Hexaëders bilden an dem Tetraëder die Abstumpfungen der Kanten (Fig. 67), die Flächen des Tetraëders am Hexaëder die Abstumpfungen der abwechselnden Ecken (Fig. 64, Würfelerz aus Cornwall, 1. Tetraëder und Hexaëder).

3) **Tetraëder und Dodekaëder.**
Die Flächen des Tetraëders bilden an dem Dodekaëder die Abstumpfungen der abwechselnden Hexaëderecken (Fig. 68, ohne die Flächen a, Fahlerz von Schwaz in Tyrol); die Flächen des Dodekaëders an den Ecken des Tetraëders dreiflächige Zuspitzungen, deren Flächen auf den Flächen des Tetraëders gerade aufgesetzt sind (Fig. 49, Fahlerz von Kapnik in Siebenbürgen, von Dillenburg u. s. w.).

4) **Tetraëder, Dodekaëder und Hexaëder.**
In den Combinationen dieser drei Formen herrschen bald die Flächen der einen, bald der anderen vor. Alle diese Fälle finden sich beim Borazit von Lüneburg. Bei Fig. 50 herrschen die Flächen des 1. Tetraëders vor; bei Fig. 65 die Flächen des Hexaëders; bei Fig. 68 die Flächen des Dodekaëders.

5) **Dodekaëder, Hexaëder, erstes und zweites Tetraëder.**

Zu den Combinationen des Hexaëders und Dodekaëders treten sowohl die Flächen des 1., als auch des 2. Tetraëders hinzu, und in diesen Combinationen sind bald die Flächen des 1., bald des 2. Tetraëders grösser (Fig. 66, Borazit von Lüneburg).

2. Die Triakistetraëder.

Syn. Pyramidentetraëder.

Die Triakistetraëder (Fig. 43) sind von 12 gleichschenkligen Dreiecken begrenzt, sie haben 18 Kanten und 8 Ecken.

Die Kanten sind zweierlei Art, 6 längere X entsprechen in ihrer Lage den Kanten des Tetraëders, 2 kürzere F liegen zu 3 über den Flächen des eingeschriebenen Tetraëders; in den ersteren stossen die Flächen mit den Grundlinien, in den letzteren mit den Schenkeln zusammen. Die Ecken sind ebenfalls zweierlei Art, 4 derselben I sechsflächig und in der Regel symmetrisch, Tetraëderecken, haben eine gleiche Lage, wie die Ecken des Tetraëders und 4 O dreiflächig und gleichkantig liegen über den Mittelpunkten der Flächen des Tetraëders.

Die Triakistetraëder haben demnach das Ansehn von Tetraëdern, auf deren Flächen dreiseitige Pyramiden von gleichen Grundflächen, wie die Flächen des Tetraëders, aufgesetzt sind; weshalb sie auch nach dieser Eigenschaft Triakistetraëder genannt werden. Die Höhen dieser Pyramiden sind bei den verschiedenen Triakistetraëdern verschieden; je kleiner dieselben oder je stumpfer die Pyramiden sind, desto mehr nähert sich das Ansehn der Form dem des Tetraëders; je grösser diese oder je spitzer die Pyramiden sind, desto mehr nähern sie sich im Ansehn dem Hexaëder. Es sind mithin Tetraëder und Hexaëder die Grenzformen des Triakistetraëder. Daraus folgt, dass die Flächen eine gleiche Lage haben, wie die der Ikositetraëder und ihre Höhe entspricht den symmetrischen Diagonalen der Flächen der Ikositetraëder, es sind mithin die Hälftflächner der Ikositetraëder.

Die Triakistetraëder entstehen dadurch, dass sich die in den einen abwechselnden Octanten liegenden Flächengruppen ausdehnen, die in den anderen verschwinden. An Stelle der Oktaëderecken treten dann die längeren Kanten und die kürzeren sind der Lage nach dieselben, wie die Kanten F der Ikositetraëder, welche sich so weit ausdehnen, bis sie die längeren treffen, wobei natürlich die Kanten D der Ikositetraëder verschwinden. Je nachdem sich nun die einen oder anderen Flächengruppen ausdehnen, entstehen zwei Triakistetraëder von verschiedener Stellung, die sich gegeneinander wie die beiden Tetraëder verhalten (Fig. 43, 44).

Ihr allgemeines Zeichen ist:
1. Triakistetraëder : $\frac{1}{2}\,(a:a:\frac{1}{m}\,a)$
2. „ : $\frac{1}{2}\,(a:a:\frac{1}{m}\,a)'$

Die Triakistetraëder treten entweder nur in einer oder in beiden Stellungen auf, im ersteren Fall liefern sie ein wichtiges Mittel die beiden Stellungen zu unterscheiden, so kommt bei der Blende in 1. Stellung $\frac{1}{2}\,(a:a:\frac{1}{3}\,a)$, $\frac{1}{2}\,(a:a:\frac{1}{4}\,a)$ und $\frac{1}{2}\,(a:a:\frac{1}{12}\,a)$ vor, in 2. Stellung dagegen $\frac{1}{2}\,(a:a:\frac{1}{2}\,a)'$ und $\frac{1}{2}\,(a:a:\frac{2}{5}\,a)'$ vor, auch beim Borazit kommt $\frac{1}{2}\,(a:a:\frac{1}{2}\,a)$ nur in 2. Stellung vor.

Beim Fahlerz dagegen tritt dasselbe Triakistetraëder in beiden Stellungen auf $\frac{1}{2}\,(a:a:\frac{1}{2}\,a)$, die Streifung geht aber bei 1. Stellung parallel den längeren Kanten, bei 2. parallel den Höhenlinien der Flächen; hier kommen ferner vor:

in 1. Stellung:
$\frac{1}{2}\,(a:a:\frac{1}{3}\,a) = \frac{1}{3}\,o$
$\frac{1}{2}\,(a:a:\frac{5}{9}\,a) = \frac{5}{9}\,o$
$\frac{1}{2}\,(a:a:\frac{1}{4}\,a) = \frac{1}{4}\,o$

in 2. Stellung:
$\frac{1}{2}\,(a:a:\frac{1}{4}\,a)'\ \frac{1}{4}\,o$
$\frac{1}{2}\,(a:a:\frac{1}{6}\,a)'\ \frac{1}{4}\,o$

Selbständig tritt das Triakistetraëder nur beim Diamant und Helvin (Achtaragdit) auf.

Die Neigung der Flächen ist:

	in den Kanten X:	in den Kanten F:
von $\frac{1}{2}\,(a:a:\frac{5}{9}\,a)$	103° 48'	152° 12'
„ $\frac{1}{2}\,(a:a:\frac{1}{2}\,a)$	109° 28'	146° 27'
„ $\frac{1}{2}\,(a:a:\frac{2}{5}\,a)$	121° 0'	136° 40'
„ $\frac{1}{2}\,(a:a:\frac{1}{3}\,a)$	129° 31'	129° 31'
„ $\frac{1}{2}\,(a:a:\frac{1}{4}\,a)$	141° 3'	120° 0'
„ $\frac{1}{2}\,(a:a:\frac{1}{6}\,a)$	153° 28'	110° 0'
„ $\frac{1}{2}\,(a:a:\frac{1}{2}\,a)$	166° 33'	99° 52'

bei $\frac{1}{2}$ ($a:a:\frac{1}{3}a$) sind mithin die längeren und kürzeren Kanten gleich, wodurch die tetraëdrischen Ecken gleichkantig werden.

Vorkommende Combinationen:

a) des Triakistetraëders ($a:a:\frac{1}{2}a$) Fig. 43, 44.

1) Das Triakistetraëder mit dem Tetraëder, beide von gleicher Stellung.

Die Flächen des Triakistetraëders bilden an dem Tetraëder Zuschärfungsflächen der Kanten (Fig. 45, Fahlerz); die Flächen des Tetraëders an dem Triakistetraëder Abstumpfungsflächen der dreiflächigen Ecken *O*.

2) Das Triakistetraëder, erstes und zweites Tetraëder.

Die Flächen des zweiten Tetraëders stumpfen an der vorigen Combination der tetraëdrischen Ecken *J* ab. (Fig. 51 Fahlerz.)

3) Das Triakistetraëder, erstes Tetraëder und Dodekaëder.

Die Flächen des Dodekaëders bilden, wie bei Fig. 49 dreiflächige Zuspitzungen der Ecken des Tetraëders, erscheinen aber durch die Flächen des Triakistetraëders, wenn sie, wie gewöhnlich, nur so gross sind, dass sie die Tetraëderflächen nur in einem Punkte berühren, als Rhomben. Die Flächen des Triakistetraëders erscheinen dann als Rechtecke, da sie die geraden Abstumpfungen je zweier Dodekaëderflächen über einer Tetraëderfläche bilden (Fig. 48, Fahlerz von Felsöbanya).

4) Die vorige Combination mit den Flächen des zweiten Triakistetraëders.

Die Flächen dieser letztern Form erscheinen als schmale Abstumpfungsflächen der Kanten zweier Dodekaëderflächen, die an einer Tetraëderecke liegen, und würden also für sich allein an dem Tetraëder dreiflächige Zuspitzungen bilden, deren Flächen auf den tetraëdrischen Kanten gerade aufgesetzt sind (Fig. 53, Fahlerz von Dillenburg).

5) Die vorige Combination mit den Flächen des Hexaëders und Tetrakishexaëders ($a:\frac{1}{3}a:\infty a$).

Die Flächen des Hexaëders erscheinen wie in Fig. 50 als gerade Abstumpfungen der tetraëdrischen Kanten von $\frac{1}{3}o$, die des Tetrakishexaëders stumpfen die Combinationskanten zwischen

Dodekaëder und Hexaëder gerade ab und ihre Combinationskanten mit $1/2\, o'$ gehen den kurzen Kanten F' von $1/2\, o'$ parallel (Fig. 54, Fahlerz von Dillenburg).

6) **Die Combination Fig. 68 mit den Flächen des zweiten Tetraëders und Triakistetraëders.**

Die Flächen des zweiten Tetraëders bilden die Abstumpfungen der in der Combination Fig. 68 noch freien Hexaëderecken des Dodekaëders; die Flächen des Triakistetraëders die Abstumpfungen der Kanten des Dodekaëders, die die Flächen des zweiten Tetraëders berühren (Fig. 69, Borazit von Lüneburg); in dieser Combination sind zuweilen die Flächen des zweiten Tetraëders grösser als die des ersten, wie auch gezeichnet ist.

b) **des Triakistetraëders** $(a:a:1/3\,a)$.

1) **Die Triakistetraëder** $(a:a:1/3 a)$ **und** $(a:a:1/2 a)$ **und das Tetraëder, alle in gleicher Stellung.**

Die Flächen von $(a:a:1/3\, a)$ bilden an der Combination, Fig. 45, Zuschärfungsflächen der tetraëdrischen Kanten, so dass das Tetraëder an den Kanten doppelt zugeschärft erscheint (Fig. 52, Fahlerz von der Zilla zu Clausthal).

2) **Das erste Triakistetraëder mit Dodekaëder.**

Die Flächen des Triakistetraëders bilden am Dodekaëder Zuschärfungen der Oktaëderecken, so dass die Zuschärfungsflächen auf 2 einander gegenüberliegenden Kanten gerade aufgesetzt sind. Die Zuschärfungsflächen haben die Gestalt von gleichschenkligen Dreiecken, deren Scheitel sich bei Fig. 58 in den abwechselnden Hexaëderecken berühren, so dass die Flächen des Dodekaëders die Gestalt von symmetrischen Trapezoiden haben (Blende von Harzgerode).

3) **Die vorige Combination mit dem Triakistetraëder** $1/2\,(a:a:1/2 a)'$, **den beiden Tetraëdern und dem Hexaëder.**

Das Triakistetraëder $1/2\,(a:a:1/2\,a)'$ stumpft die Dodekaëderkanten, welche bei der vorigen Combination unverändert blieben, gerade ab, die beiden Tetraëder treten als Abstumpfungen an den hexaëdrischen Ecken auf, das Hexaëder an den oktaëdrischen (Fig. 59, Blende von Kapnik).

4) **Die vorige Combination mit dem Tetrakishexaëder** $(a:2/3 a:\infty a)$.

Die Flächen des Tetrakishexaëders bilden Abstumpfungen der Combinationskanten zwischen Hexaëder und Dodekaëder; ihre Combinationskanten mit dem Triakistetraëder ($a : a : \frac{1}{3} a$) gehen parallel der symmetrischen Diagonale dieser Flächen, so dass die Flächen dieses Triakistetraëders die geraden Abstumpfungen der abwechselnden Kanten des Tetrakishexaëders bilden (Fig. 60, Blende von Kapnik).

3. Deltoëder.

Syn. Deltoiddodekaëder.

Die Deltoëder (Fig. 46) sind von 12 Deltoiden begränzt und haben 24 Kanten und 14 Ecken.

Die Kanten sind zweierlei: 12 schärfere und längere X entsprechen paarweise den Kanten des Tetraëders; 12 kürzere und stumpfere G liegen zu dreien über den Flächen des Tetraëders und entsprechen den kürzeren Kanten des Triakisoktaëders.

Die Ecken sind dreierlei: 4 spitzere I, gleichflächig und gleichkantig, haben eine gleiche Lage wie die Ecken des Tetraëders; 4 stumpfere O, ebenfalls gleichflächig und gleichkantig, liegen wie die Mittelpunkte der Flächen, und 6 vierflächige und symmetrische A, wie die Mittelpunkte der Kanten des Tetraëders.

Die Länge der symmetrischen Diagonalen der Flächen ist bei den verschiedenen Deltoëdern verschieden und danach sind die Ecken O stumpfere oder spitzere; je stumpfer dieselben sind, desto mehr nähert sich die Form im Ansehn dem Tetraëder, je spitzer, desto mehr dem Dodekaëder. Tetraëder und Dodekaëder sind mithin die Grenzformen der Deltoëder.

Die Flächen haben also eine gleiche Lage wie die Flächen der Triakisoktaëder und ihre kürzeren Kanten entsprechen den kürzeren Kanten der Triakisoktaëder. Es sind daher die Hälftflächner der Triakisoktaëder.

Die Deltoëder entstehen aus den Triakisoktaëdern dadurch, dass sich die 3 Flächen in den einen abwechselnden Octanten ausdehnen, die in den anderen verschwinden; indem je 2 Flächen aus den gegenüberliegenden Octanten zum Schnitt kommen, entstehen die längeren Kanten der Deltoëder, wobei die längeren Kanten der Triakisoktaëder verschwinden.

Die Deltoëder kommen in beiden Stellungen vor. Ihr allgemeines Zeichen ist:

1. Stellung: $\frac{1}{2}(a:\frac{1}{m}a:\frac{1}{m}a)$,
2. Stellung: $\frac{1}{2}(a:\frac{1}{m}a:\frac{1}{m}a)'$.

Beim Fahlerz ist $\frac{1}{2}(a:\frac{2}{3}a:\frac{2}{3}a)$ stärker entwickelt, als $\frac{1}{2}(a:\frac{2}{3}a:\frac{2}{3}a)'$; bei der Blende sind sie seltener und kommen nur in 2. Stellung vor: $\frac{1}{2}(a:\frac{1}{2}a:\frac{1}{2}a)'$ und $\frac{1}{2}(a:\frac{1}{3}a:\frac{1}{3}a)'$. Vollkommen selbständig treten die Deltoëder nicht auf.

Neigung der Flächen

in den Kanten G:	in den Kanten X:
$\frac{3}{2}o = 162°\ 40'$	$82°\ 10'$
$2\ o = 152°\ 44'$	$90°\ 0'$
$3\ o = 142°\ 8'$	$99°\ 5'$

Vorkommende Combinationen.

1) Das Deltoëder $\frac{1}{2}(a:\frac{2}{3}a:\frac{2}{3}a)$, Triakistetraëder $(a:a:\frac{1}{2}a)$ und das Dodekaëder.

Die Flächen des Deltoëders erscheinen an der Combination des Triakistetraëders und Dodekaëders (Fig. 48, ohne die Tetraëderflächen) als Abstumpfungsflächen der kürzeren Kanten F des Triakistetraëders (Fig. 55, Fahlerz von Horhausen).

2) Dieselbe Combination mit dem zweiten Deltoëder und zweiten Triakistetraëder.

An der Combination Fig. 53 stumpfen die Flächen des 2. Deltoëders die Kanten des 2. Triakistetraëders gerade ab (Fahlerz von Horhausen).

4. Die Hexakistetraëder.

Die Hexakistetraëder (Fig. 61) sind von 24 ungleichseitigen Dreiecken begrenzt und haben 36 Kanten und 14 Ecken.

Die Kanten sind dreierlei: die 12 mittleren Kanten X entsprechen den Kanten X der Deltoëder, die 12 kürzesten G den Kanten G der Deltoëder und die 12 längsten F den Kanten F der Triakistetraëder.

Die Ecken sind dreierlei: 4 spitzere I sechsflächig und in der Regel symmetrisch, haben eine gleiche Lage wie die Ecken des Tetraëders; 4 stumpfere O ebenfalls sechsflächig und symmetrisch, liegen wie die Mittelpunkte der Flächen des Tetraëders, und 6 A vierflächig und symmetrisch wie die Mittelpunkte der Kanten des Tetraëders.

Die Kanten F und G sind bei den verschiedenen Hexakistetraëdern verschieden, und danach sind die Ecken O stumpfer oder spitzer; je stumpfer dieselben sind, desto mehr nähert sich die Form im Ansehn dem Tetraëder, je spitzer, desto mehr den Tetrakishexaëdern. Tetraëder und Tetrakishexaëder sind mithin die Grenzformen der Hexakistetraëder. Die Flächen haben eine gleiche Lage wie die Flächen der Hexakisoktaëder und die kürzesten und längsten Kanten F und G der beiden Formen sind einander umgekehrt entsprechend, mithin sind die Hexakistetraëder die Hälftflächner der Hexakisoktaëder.

Die Hexakistetraëder entstehen dadurch, dass sich die Flächengruppen der 6 Flächen in den einen abwechselnden Octanten ausdehnen, die in den anderen verschwinden; indem je 2 Flächen aus den einander gegenüberliegenden Octanten sich treffen, enstehen die mittleren Kanten.

Hexakistetraëder kommen in beiden Stellungen vor, ihr allgemeines Zeichen ist:

1. Stellung: $\frac{1}{2}(a : \frac{1}{n} : \frac{1}{m}a)$,
2. Stellung: $\frac{1}{2}(a : \frac{1}{n} : \frac{1}{m}a)'$.

In 1. Stellung sind beobachtet:

$\frac{1}{2}(a : \frac{1}{2}a : \frac{1}{3}a) = s$ Fahlerz.
$\frac{1}{2}(a : \frac{1}{3}a : \frac{1}{5}a) = t$ Borazit.
$\frac{1}{2}(a : \frac{1}{3}a : \frac{1}{4}a) = u$ Blende.

In 2. Stellung:

$\frac{1}{2}(a : \frac{1}{2}a : \frac{1}{5}a)' = p$ Fahlerz.

Das letztere ist holoëdrisch als Hexakisoktaëder nicht bekannt.

Neigung der Flächen in den Kanten

	X:	F:	G:
von $s =$	110° 55'	158° 13'	158° 13'
von $t =$	122° 53'	152° 20'	152° 20'
von $u =$	112° 37'	164° 4'	147° 48'
von $p =$	134° 26'	134° 26'	165° 10'

Die beiden ersten Hexakistetraëder *s* und *t* sind dadurch ausgezeichnet, dass die Neigung ihrer Flächen in den Kanten *F* und *G* gleich ist, und dass ihre Ecken *O* daher gleichkantig sind, *p* dadurch, dass die Neigung der Flächen in den Kanten *X* und *F* gleich ist, und daher die Ecken *I* gleichkantig.

Vorkommende Combinationen.

1) Das erste Hexakistetraëder $(a : \frac{1}{2}a : \frac{1}{3}a) = s$ findet sich an der Combination Fig. 48. Da es der Hälftflächner eines Tetrakisdodekaëders ist, so bilden seine Flächen schiefe Abstumpfungsflächen der Kanten zwischen dem Dodekaëder und Triakistetraëder $\frac{1}{2}o$ (Fig. 56, Fahlerz von Ilanz am Rhein).

2) Das erste Hexakistetraëder $(a : : \frac{1}{3}a : \frac{1}{6}a) = t$ kommt häufiger vor und findet sich an der Combination des Hexaëders, Dodekaëders und der beiden Tetraëder (Fig. 66). Die Flächen des Hexakistetraëders erscheinen als Abstumpfungsflächen der Combinationsecken der Flächen des ersten Tetraëders (Fig. 63). Da diese letzteren die geraden Abstumpfungsflächen der Ecken *O* des Hexakistetraëders bilden, die in diesem Fall gleichkantig sind, so schneiden die Flächen des Hexakistetraëders die Flächen des Tetraëders in Kanten, die den Diagonalen derselben parallel sind, und die Tetraëderflächen würden die Gestalt eines regulären Sechsecks haben, wenn die um eine jede herumliegenden Hexakistetraëderflächen so gross wären, dass sie sich alle berührten. Die Flächen des zweiten Tetraëders sind von den Flächen des Triakistetraëders $(a : a : \frac{1}{2}a)$ umgeben (Fig. 63, Boracit von Lüneburg).

3) Das erste Hexakistetraëder $\frac{1}{2}(a : \frac{1}{3}a : \frac{1}{4}a) = u$ mit dem ersten und zweiten Tetraëder und dem Hexaëder.

An der Combination Fig. 67 werden die Hexaëderecken durch das zweite Tetraëder gerade abgestumpft und die Flächen des Hexakistetraëders erscheinen als Abstumpfungen der Combinationsecken der beiden Tetraëder und des Hexaëders (Fig. 57, Blende aus dem Binnenthal).

5. Die Pentagondodekaëder.

Die Pentagondodekaëder (Fig. 73) sind von 12 symmetrischen Fünfecken*) begränzt, haben also 30 Kanten und 20 Ecken.

Die Kanten sind zweierlei: 6 Grundkanten Y, in denen die Flächen mit ihren Grundlinien zusammenstossen, und 24 Z, in denen die Flächen mit den anderen 4 Seiten zusammentreffen.

Die Ecken sind auch zweierlei und dreikantig: 8 gleichkantige Ecken O (Hexaëderecken), gebildet von je 3 Kanten Z, entsprechen in ihrer Lage den Ecken des Hexaëders, und 12 zweierleikantige U, gebildet von je 2 Kanten Z und einer Grundkante, liegen zu zweien zwischen je vier anderen.

Die drei Axen verbinden die Mittelpunkte zweier gegenüberliegender Grundkanten. Die vier rhomboëdrischen Axen verbinden zwei entgegengesetzte Hexaëderecken O. Je zwei entgegengesetzte Flächen sind parallel.

Die Linien, welche auf den Flächen die mittleren Winkel E verbinden, haben dieselbe Lage, wie die hexaëdrischen Kanten der Tetrakishexaëder; daraus ergiebt sich, dass die Pentagondodekaëder die Hälftflächner der Tetrakishexaëder sind und aus denselben entstehen, wenn die abwechselnden Flächen so gross werden, dass die dazwischen liegenden ganz fortfallen. An Stelle der vierkantigen Ecken des Tetrakishexaëders treten dann die Grundkanten der Pentagondodekaëder, an Stelle der sechskantigen Ecken die dreikantigen. Je nachdem nun die einen oder die anderen abwechselnden Flächen fortfallen, entstehen aus jedem Tetrakishexaëder zwei Pentagondodekaëder,

---

*) Ein symmetrisches Fünfeck (Taf. IX, Fig. 2) ist ein solches, welches vier gleiche Seiten, b, und zwei ungleiche Paare gleicher Winkel DD und EE hat. Die fünfte einzelne Seite, a, liegt dem fünften einzelnen Winkel, C, gegenüber und heisst die Grundlinie des symmetrischen Fünfecks. Die Grundlinien sind theils länger, theils kürzer, als die 4 anderen Seiten. Bei den Flächen der verschiedenen Pentagondodekaëder ist der einzelne Winkel bald grösser, bald kleiner, als jeder der Winkel an der Grundlinie; die mittleren Winkel stehen aber auch in ihren Grössen stets zwischen den anderen. Ein regelmässiges Fünfeck, wie bei dem geometrischen Dodekaëder, kann nicht vorkommen, da dasselbe keine rationalen Axen-Verhältnisse hat.

(Fig. 73 und 76) die, wie die zwei Tetraëder, die aus dem Oktaëder entspringen, einander gleich und ähnlich, sich in ihrer Lage unterscheiden, aber in ihrer Beschaffenheit dadurch wesentlich von den Tetraëdern unterschieden sind, dass sie parallele Flächen, diese aber keine dergleichen haben.

Erste Pentagondodekaëder nennt man diejenigen, welche entstehen, wenn sich von einem Tetrakishexaëder die vordere und hintere Fläche der oberen Pyramide mit den dazu gehörigen ausdehnen, zweite, wenn sich die rechte und linke Fläche derselben Pyramide und die anderen abwechselnden ausdehnen. Die Pentagondodekaëder kommen in beiden Stellungen vor und zeigen danach ein verschiedenes elektrisches Verhalten, die ersten sind positiv, die zweiten negativ. Bemerkenswerth ist der Umstand, dass beide Pentagondodekaëder an einem einfachen Krystall nie zusammen vorkommen, was doch bei den Tetraëdern so häufig ist. Ihr allgemeines Zeichen ist:

1. Stellung: $\frac{1}{2}(a : \frac{1}{m} a : \infty a)$,
2. Stellung: $\frac{1}{2}(a : \frac{1}{m} a : \infty a)'$.

Die Zahl der bekannten Pentagondodekaëder ist grösser, als die der Tetrakishexaëder, sie entsprechen zum Theil den bekannten Tetrakishexaëdern, es sind folgende:

$\frac{1}{2}(a : \frac{1}{2} a : \infty a)$ als 2. P.
$\frac{1}{2}(a : \frac{1}{2} a : \infty a)$ - 1. u. 2. P.
$\frac{1}{2}(a : \frac{3}{5} a : \infty a)$ - 2. P.
$\frac{1}{2}(a : \frac{2}{3} a : \infty a)$ - 2. P.
$\frac{1}{2}(a : \frac{3}{4} a : \infty a)$ - 1. u. 2. P.
$\frac{1}{2}(a : \frac{4}{5} a : \infty a)$ - 1. P.
$\frac{1}{2}(a : \frac{5}{6} a : \infty a)$ - 2. P.
$\frac{1}{2}(a : \frac{6}{7} a : \infty a)$ - 2. P.

Neigung der Flächen
in den Grundkanten Y: in den Kanten Z:

von $\frac{1}{2} d = 143°\ 8'$ $107°\ 27'$
„ $\frac{1}{2} d = 126°\ 52'$ $113°\ 35'$
„ $\frac{3}{5} d = 118°\ 4'$ $116°\ 11'$
„ $\frac{2}{3} d = 112°\ 37'$ $117°\ 29'$

	Neigung der Flächen	
	in den Grundkanten Y:	in den Kanten Z:
von $^3/_4 d =$	106° 16′	118° 41′
„ $^4/_5 d =$	102° 41′	119° 12′
„ $^5/_6 d =$	100° 23′	119° 27′
„ $^6/_7 d =$	98° 48′	119° 37′

a) Das **Pentagondodekaëder** ($a : \frac{1}{2} a : \infty a$) = $\frac{1}{2}d$, (Fig. 73) wird auch **Pyritoëder** (von *Pyrites*, Eisenkies, weil es bei diesem Minerale vorzugsweise vorkommt) genannt. Es findet sich von allen ähnlichen Formen am häufigsten, und ist das einzige, welches selbständig vorkommt. Die dreierlei Winkel der Flächen betragen: der einzelne Winkel 121° 35′, jeder der mittleren 106° 36′, jeder der Winkel an der Grundlinie 102° 36′. Bei dem Pyritoëder ist die Grundkante länger, als die anderen Kanten. Es ist der Hälftflächner eines bekannten Tetrakishexaëders und findet sich sehr ausgezeichnet beim Eisenkies und Kobaltglanz. Die Flächen des ersten Pyritoëders sind vorzugsweise parallel den Grundkanten gestreift, die des negativen senkrecht zu dieser Kante.

Vorkommende Combinationen.

1) **Erstes Pyritoëder und Hexaëder.**

Die Flächen des Hexaëders bilden am Pyritoëder die geraden Abstumpfungsflächen der Grundkanten; die Flächen des Pyritoëders am Hexaëder schiefe Abstumpfungsflächen der Kanten, so dass immer zwei gegenüberliegende Abstumpfungsflächen über dieselbe Hexaëderfläche geneigt sind (Fig. 74). Beide Combinationen finden sich am Eisenkies von Elba und Kobaltglanz von Tunaberg in Schweden.

2) **Zweites Pyritoëder und Oktaëder.**

Während das erste Pyritoëder vorzugsweise mit dem Hexaëder zusammen vorkommt, so erscheint mit dem Oktaëder fast immer das zweite.

Die Flächen des Oktaëders bilden am Pyritoëder die geraden Abstumpfungsflächen der Hexaëderecken (Eisenkies von Elba); die Flächen des Pyritoëders am Oktaëder Zuschärfungen der Ecken; die Zuschärfungsflächen sind auf zwei gegenüberliegenden Kanten, und bei den verschiedenen Oktaëderecken stets auf zwei verschiedenen Kanten aufgesetzt (Fig. 79, Kobaltglanz von Tunaberg).

Auch der Mittelkrystall zwischen beiden Formen (Fig. 78), bei welchem die Oktaëderflächen so gross sind, dass sie bis zu den Grundkanten des Pyritoëders reichen, kommt nicht selten beim Eisenkies und Kobaltglanz vor. Er hat Aehnlichkeit mit dem Ikosaëder der Geometrie, doch sind seine Flächen nicht gleich, die acht Flächen, welche dem Oktaëder angehören, sind gleichseitige Dreiecke; die zwölf Flächen, welche dem Pyritoëder angehören, gleichschenklige Dreiecke.

3) **Zweites Pyritoëder, Hexaëder und Oktaëder.**

Die drei Formen kommen häufig zusammen vor, und in den Combinationen, die sie bilden, herrschen bald die Flächen des Pyritoëders, bald die des Hexaëders (Fig. 77), bald die des Oktaëders vor (Eisenkies und Kobaltglanz).

4) **Erstes Pyritoëder und Dodekaëder.**

Die Flächen des Dodekaëders bilden an dem Pyritoëder Abstumpfungsflächen der Ecken an den Grundkanten; die Abstumpfungsflächen sind auf den Grundkanten gerade aufgesetzt, und schneiden die Pyritoëderflächen in Kanten, die den gegenüberliegenden Grundkanten parallel sind (Fig. 75, Eisenkies von Elba).

5) **Erstes Pyritoëder, Hexaëder und Dodekaëder.**

Die Flächen des Dodekaëders erscheinen untergeordnet an der Combination der ersteren, bei welcher bald die Hexaëderflächen, wie in Fig. 74, bald die Pyritoëderflächen vorherrschen, als schiefe Abstumpfungsflächen der kürzeren Combinationskanten (Eisenkies von Elba).

6) **Zweites Pyritoëder und Ikositetraëder** ($a:a:\frac{1}{2}a$).

Das Pyritoëder stumpft, wenn es untergeordnet am Ikositetraëder ($a:a:\frac{1}{2}a$) auftritt, die abwechselnden längeren Kanten desselben gerade ab (Fig. 93, Eisenkies von Erbach bei Dillenburg).

7) Die Flächen der anderen **Pentagondodekaëder** treten nur untergeordnet zum Pyritoëder oder zu der Combination des Pyritoëders und Hexaëders hinzu, und bilden an diesen Formen ähnliche Abstumpfungen, wie die Dodekaëderflächen, von denen sie nur durch ihre verschiedenen Winkel zu unterscheiden sind.

Stumpfere Pentagondodekaëder sind selten beim Eisenkies, schärfere dagegen häufiger und beide vorzugsweise in zweiter Stellung, woran man die zweite Stellung häufig erkennen kann, so besonders beim Kobaltglanz, bei welchem ein nicht messbares stumpferes Pentagondodekaëder immer bei negativen Krystallen auftritt.

6. Die Diploëder.

Syn. Trapezoidikositetraëder, gebrochenes Pentagondodekaëder.

Die Diploëder (Fig. 85) sind von den 24 unregelmässigen Trapezoiden begrenzt, welche zwei an einander liegende gleiche Seiten haben, eine längere und eine kürzere, als die gleichen; sie haben 48 Kanten und 26 Ecken.

Die Kanten sind dreierlei Art: Die kürzesten Y, 12 an der Zahl, liegen zu zwei über den längsten Kanten der Pentagondodekaëder, 12 längste V, entsprechen den Höhenlinien der Flächen der Pentagondodekaëder, und 24 mittlere Z, den kürzeren Kanten der Pentagondodekaëder.

Die Ecken sind auch dreierlei: 8 Ecken O, Hexaëderecken, gebildet von je 3 mittleren Kanten, liegen wie die Ecken des Hexaëders; 6 Ecken A, Oktaëderecken, gebildet von je zwei längsten und je zwei mittleren Kanten, also vierflächig symmetrisch, liegen wie die Ecken des Oktaëders, und 12 Ecken U, gebildet von je zwei gegenüberliegenden mittleren Kanten einer kürzesten und einer längsten, liegen wie die zweierleikantigen Ecken der Pentagondodekaëder.

Die 3 Axen verbinden die gegenüberliegenden Oktaëderecken, die 4 rhomboëdrischen Axen verbinden die gegenüberliegenden Hexaëderecken.

Je zwei entgegengesetzte Flächen sind parallel. Die Linien auf den Flächen, welche die hexaëdrischen und oktaëdrischen Axen verbinden, haben dieselbe Lage, wie die längsten Kanten der Hexakisoktaëder; daraus ergiebt sich, dass die Diploëder die Halbflächner der Hexakisoktaëder sind und aus denselben entstehen, wenn man von den in den Kanten D anliegenden Flächenpaaren (Fig. 34 u. 35) die einen oder die anderen abwechselnden vergrössert (Fig. 85 und 91). Es verschwinden dann die längeren und kürzeren Kanten der Hexakisoktaëder ganz, während die mittleren zur Hälfte länger werden und dieselbe Lage haben wie die längsten Kanten der Diploëder; die hexaëdrischen und oktaëdrischen Ecken sind bei beiden Formen die nämlichen. Die sich ausdehnenden Flächenpaare der Hexakisoktaëder entsprechen einer Fläche der Tetrakishexaëder; also auch 2 Flächen der Diploëder, welche in der Kante V zusammenstossen, einer Fläche der Pentagondodekaëder, das Gesetz der Hemiëdrie ist also dasselbe, wie bei den Pentagondodekaëdern, wodurch die Diploëder bestimmt unterschieden sind von den Hexakistetraëdern, welche nach demselben Gesetz aus den Hexakisoktaëdern entstehen, wie das Tetraëder aus dem Oktaëder.

Wie bei den Pentagondodekaëdern muss man auch hier die beiden Stellungen unterscheiden: erste Diploëder (Fig. 85) sind solche, deren längste Kanten dieselbe Lage haben, wie die Höhenlinien der Flächen der ersten Pentagondodekaëder, zweite Diploëder (Fig. 91) solche, bei denen den längsten Kanten die Höhenlinien der Flächen der zweiten Pentagondodekaëder entsprechen. Ihr allgemeines Zeichen ist:

1. Stellung: $\neq \; 1/2 \, (a : \frac{1}{n} a : \frac{1}{m} a)$,
2. Stellung: $\neq \; 1/2 \, (a : \frac{1}{n} a : \frac{1}{m} a)'$.

Das Zeichen $\neq$ ist bei der Bezeichnung dieser Formen zum Unterschied der Hexakistetraëder hinzugefügt; beide Arten von Hälftflächnern der Hexakisoktaëder kommen übrigens nie zusammen vor, daher auch nicht leicht eine Verwechslung statt finden wird, und man der Kürze halber das Zeichen $\neq$ bei der Bezeichnung der Diploëder in den meisten Fällen wird weglassen können.

Am häufigsten sind vier Arten von Diploëdern, deren Zeichen ist:

1) $1/2 \, (a : 1/2 \, a : 1/3 \, a) = s$ als 1. und 2.
2) $1/2 \, (a : 1/2 \, a : 1/4 \, a) = n$ „ 1. und 2.
3) $1/2 \, (a : 1/8 \, a : 1/5 \, a) = t$ „ 2.
4) $1/2 \, (a : 1/6 \, a : 1/10 \, a) = m$ „ 2.

Neigung der Flächen in den Kanten

	V:	Y:	Z:
von $s =$	149° 0'	115° 23'	141° 47'
„ $n =$	154° 47'	128° 15'	131° 49'
„ $t =$	160° 32'	118° 59'	131° 5'
„ $m =$	162° 20'	112° 16'	93° 10'

Diese 4 Diploëder sind zweierlei Art nach der Lage der mittleren Kanten zu der gegenüberliegenden längern Kante, entweder convergiren die Kanten nach der kürzern Y, oder sie sind parallel. Der erste Fall (Fig. 85) findet statt bei dem 1., 3. und 4. Diploëder, es ist hier $m < n^2$, der zweite (Fig. 91) bei dem 2. Diploëder, bei welchem $m = n^2$ ist. Es ist noch ein dritter Fall denkbar, dass die Kanten nach Y divergiren, dies würde stattfinden bei solchen Formen, bei welchen $m > n^2$ ist, also bei den Diploëdern der bekannten Hexakisoktaëder $(a : \frac{1}{2}a : \frac{1}{8}a)$ und $(a : \frac{1}{3}a : \frac{1}{15}a)$.

Die Diploëder kommen meist in Combinationen vor, nur die beiden ersten finden sich zuweilen auch selbständig und zwar ist das erste vorzugsweise positiv, also ein 1. Diploëder (Fig. 85, Eisenkies von Traversella), das zweite vorzugsweise negativ, also ein 2. Diploëder (Fig. 91, Eisenkies von Brosso).

Vorkommende Combinationen.

1) **Erstes Diploëder** $(a : \frac{1}{2}a : \frac{1}{3}a) = s$ **und Hexaëder.**

Die Flächen des Hexaëders bilden an dem Diploëder die geraden Abstumpfungen der Oktaëderecken (Fig. 86). Reichen die Abstumpfungsflächen bis zu den Ecken U, wie es gewöhnlich der Fall ist, so bilden die Flächen des Diploëders Trapezoide, die in ihrer Gestalt den Rhomben, welche die Hexaëderflächen darstellen, ziemlich nahe kommen, und auch früher dafür gehalten worden sind, indem man die Combination als eine einfache, von 30 Rhombenflächen begrenzte Form betrachtete.

Die Flächen des Diploëders bilden an dem Hexaëder dreiflächige Zuspitzungen der Ecken; die Zuspitzungsflächen sind auf den Kanten des Hexaëders schief aufgesetzt und neigen sich alle nach derselben Seite (Fig. 87, ohne die Fläche o, Eisenkies von Traversella).

2) **Diploëder s, Hexaëder und Oktaëder.**

Zu der vorigen Combination treten noch die Oktaëderflächen hinzu und bilden die Abstumpfungsflächen der Zuspitzung der Hexaëderecken. Die Flächen des Oktaëders bilden ein gleichseitiges Dreieck (Fig. 87, Eisenkies von Facebay).

3) **Erstes Diploëder s und erstes Pyritoëder.**

Die Flächen des Diploëders bilden an dem Pyritoëder dreiflächige Zuspitzungen der Hexaëderecken und schneiden die Flächen des Pyritoëders in Kanten, die den Diagonalen der Pyritoëderflächen und also den Kanten, worin diese von den Oktaëderflächen geschnitten werden, parallel sind (Fig. 88, Eisenkies von Elba).

4) Erstes Diploëder *s*, erstes Pyritoëder und Oktaëder.

Die Flächen des Oktaëders erscheinen an der vorigen Combination als gerade Abstumpfungsflächen der dreiflächigen Zuspitzung; die Flächen des Diploëders bilden daher schiefe Abstumpfungsflächen der Combinationskanten des Pyritoëders und Oktaëders (Fig. 89, Eisenkies von Elba).

5) Zweites Diploëder $(a : \frac{1}{2}a : \frac{1}{4}a)' = n'$ mit Oktaëder und Hexaëder.

Bei herrschendem Oktaëder bildet an der Combination desselben mit dem Hexaëder (Fig. 2) das Diploëder schiefe Zuschärfungen der Oktaëderkanten mit den abwechselnden Combinationsecken; treffen die Combinationskanten des Diploëders mit dem Oktaëder die Oktaëderkanten da, wo dieselben die Hexaëderflächen berühren, so haben die Flächen des Hexaëders eine rhombische Gestalt, (Fig. 90, Eisenkies).

6) Zweites Diploëder n' mit zweitem Pyritoëder.

Das zweite Pyritoëder stumpft die längsten Kanten des Diploëders gerade ab (Fig. 92, Eisenkies).

Allgemeine Betrachtungen über die hemiëdrischen Formen des regulären Krystallisationssystems.

Aus dem Vorigen ergiebt sich, dass die hemiëdrischen Formen aus den holoëdrischen auf eine doppelte Art entstehen.

1) Geneigtflächige Hemiëdrie.

Es kommen nur die an den abwechselnden Hexaëderecken und deren entsprechenden Stellen liegenden Flächen oder Flächengruppen zur Erscheinung, die anderen verschwinden, also es treten nur die in den abwechselnden Octanten liegenden Flächen oder Flächengruppen auf. Auf diese Weise verschwindet von je zwei parallelen Flächen immer die eine, so dass die bleibenden Flächen sämmtlich gegeneinander geneigt sind, wesshalb diese Art der Hemiëdrie die geneigtflächige genannt wird, und da der einfachste Körper das Tetraëder ist, auch die tetraëdrische. Ausser dem Tetraëder gehören hierher das Triakistetraëder, Deltoëder und Hexakistetraëder.

Die Flächen der holoëdrischen Formen liegen entweder nur in einem Octanten und dann gehen die Hauptschnitte durch Kanten, oder sie liegen in zwei Octanten und dann gehen die Hauptschnitte durch Diagonalen der Flächen.

Im erstern Falle entstehen die oben beschriebenen hemiëdrischen Formen, indem von den holoëdrischen Formen nur die halbe Anzahl der Flächen zur Erscheinung kommt, im letztern verschwindet von jeder Fläche der holoëdrischen Formen nur die Hälfte, so dass jede Fläche der Lage nach erhalten bleibt, mithin Formen mit der vollen Anzahl der Flächen entstehen. Dies ist der Fall beim Hexaëder, Dodekaëder und den Tetrakishexaëdern, wie die Fig. 70, 71, 72 zeigen. Geometrisch sind diese hemiëdrischen Formen den holoëdrischen vollkommen gleich und sind desshalb scheinbar holoëdrische Formen. Als derartige Formen sind alle diejenigen holoëdrischen aufzufassen, welche bei tetraëdrischen Mineralien vorkommen und man kann sie als die Grenzgestalten der tetraëdrischen betrachten.

Das Hexaëder ist die Grenzgestalt der Triakistetraëder und ist als ein solches zu betrachten, bei welchem die beiden in den längeren Kanten X (Fig. 43 und 44) zusammenstossenden Flächen in eine Ebene fallen.

Das Dodekaëder ist die Grenzgestalt der Deltoëder (Fig. 46 u. 47) und ist als ein solches zu betrachten, bei welchem die sämmtlichen Kantenwinkel gleich sind und die Flächen mithin eine rhombische Gestalt haben.

Die Tetrakishexaëder sind die Grenzgestalten der Hexakistetraëder (Fig. 61 und 62), bei welchen je 4 längste Kanten F in eine Ebene fallen und ein Quadrat bilden.

Je nachdem nun die scheinbar holoëdrischen Formen Grenzgestalten von tetraëdrischen Formen 1. oder 2. Stellung sind, kann man auch bei ihnen die beiden Stellungen unterscheiden, welche von einander in der Beschaffenheit der Flächen verschieden sind.

So ist z. B. bei der Blende und dem Fahlerz das 1. Hexaëder parallel der Combinationskante mit dem 1. Tetraëder gestreift, das 2, parallel der mit dem 2. Tetraëder, Fig. 70, also das 1. nach den einen, das 2. nach den anderen Diagonalen der Flächen.

Das 1. Dodekaëder ist beim Fahlerz auch parallel der Combinationskante mit dem 1. Tetraëder gestreift, also nach der längern Diagonale der Flächen, das 2. nach der kürzern Diagonale (Fig. 71).

Das Tetrakishexaëder $(a : \frac{3}{2} a : \infty\, a)$ (Fig. 72) ist bei der Blende als 1. bezeichnet, weil es parallel der Kante mit dem nur in 1. Stellung auftretenden Triakistetraëder $3o$ (Fig. 60) gestreift ist.

2) Parallelflächige Hemiëdrie. Es kommen nur die an den abwechselnden mittleren Kanten der Hexakisoktaëder oder deren entsprechenden Stellen liegenden (die in einer Oktaëderecke einander gegenüberliegenden) Flächen oder Flächenpaare zur Erscheinung, die anderen verschwinden.

Es verschwindet mithin die halbe Anzahl je zweier paralleler Flächen oder Flächenpaare, jede der bleibenden Flächen behält ihre parallele, wesshalb diese Art der Hemiëdrie auch die parallelfächige genannt wird oder da der einfachste Körper das Pentagondodekaëder ist, die dodekaëdrische. Hierher gehört noch das Diploëder.

Es können hemiëdrische Formen aus den holoëdrischen mit der halben Anzahl der Flächen nur aus den Tetrakishexaëdern und Hexakisoktaëdern entstehen, Pentagondodekaëder und Diploëder.

Die übrigen Formen erscheinen als scheinbar holoëdrische Formen, Oktaëder, Hexaëder, Dodekaëder, Ikositetraëder und Triakisoktaëder, wie die Figuren 80 bis 84 zeigen. Sie kommen theils selbständig, theils in Combination mit hemiëdrischen Formen bei parallelflächig hemiëdrischen Mineralien vor und sind als die Grenzgestalten der Pentagondodekaëder und Diploëder aufzufassen.

Das Hexaëder (Fig. 80) kann man als ein Pentagondodekaëder betrachten, bei welchem die in den Grundkanten Y (Fig. 73 und 76) zusammenstossenden Flächen in eine Ebene fallen, also als ein unendlich stumpfes Pentagondodekaëder.

Das Dodekaëder (Fig. 81) ist die Grenzgestalt der spitzen Pentagondodekaëder, bei denen die beiden an den Endpunkten U der Grundkante liegenden Flächen einander bis zu dem Mittelpunkt dieser Kante genähert sind.

Das Oktaëder (Fig. 82) kann man als Pentagondodekaëder und Diploëder betrachten, bei denen die in einer Hexaëderecke zusammenstossenden Flächen in eine Ebene fallen, also als derartige Formen mit unendlich stumpfer Hexaëderecke.

Die Ikositetraëder (Fig. 83) entstehen, wenn bei den Diploëdern (Fig. 85 und 91) die Kanten V und Y in den Oktaëderecken einander gleich werden.

Die Triakisoktaëder (Fig. 84) kann man als Diploëder betrachten, bei denen die Kanten V und Y in eine gerade Linie zusammenfallen.

Auch hier kommen die scheinbar holoëdrischen Formen in 1. und 2. Stellung vor und unterscheiden sich theils durch das Aussehen, theils durch die physikalischen Eigenschaften.

Beim Eisenkies sind die scheinbar holoëdrischen Formen erster Stellung elektropositiv, die zweiter Stellung elektronegativ. Das 1. Hexaëder ist, wenn gestreift, parallel der Combinationskante mit dem 1. Pyritoëder gestreift (Fig. 74), das zweite dagegen senkrecht gegen diese Kante gestreift. Das Oktaëder kommt besonders in zweiter Stellung vor, so vorherrschend Fig. 79 und 90, untergeordnet Fig. 77. Auch die übrigen Formen, Dodekaëder, Ikositetraëder und Triakisoktaëder lassen sich ihrer Stellung nach unterscheiden.

Tetartoëdrie.

Die Tetartoëder.

Syn. Tetartoëdrisches Pentagondodekaëder.

Die Tetartoëder (Fig. 94) sind von 12 unregelmässigen Pentagonen begrenzt, haben 30 Kanten und 20 Ecken.

Die Pentagone haben dreierlei Seiten, zwei ungleiche Paare Z und T und eine ungleiche Seite X, die 5 Winkel sind sämmtlich verschieden.

Die **Kanten** sind dreierlei Art, 6 Grundkanten X, an den Endpunkten der Axen, 12 längere Z, welche wie die Kanten Z beim Diploëder (Fig. 91) liegen und 12 kürzere T.

Die **Ecken** sind auch dreierlei Art, aber sämmtlich dreiflächig, 4 gleichkantige O, gebildet von den Kanten Z, welche über den Mittelpunkten der Tetraëderflächen liegen, 4 gleichkantige J, in denen die 12 kürzeren Kanten T zusammenstossen und welche wie die Ecken des Tetraëders liegen; 12 ungleich- und dreierlei kantige W liegen an den beiden Enden der Grundkanten.

Daraus, dass die Kanten Z dieselbe Lage haben wie beim Diploëder, ergiebt sich, dass die Tetartoëder Halbflächner der Diploëder sind und aus denselben entstehen, indem sich die an den einen abwechselnden Hexaëderecken O liegenden Flächen ausdehnen, die anderen abwechselnden verschwinden. So entstehen aus jedem Diploëder 2 Tetartoëder, je nachdem sich die Flächen an der rechts oben liegenden Ecke ausdehnen oder die an der links oben liegenden, welche als rechte und linke unterschieden werden. Da nun aus jedem Hexakisoktaëder 2 Diploëder entstehen können, so kann man 4 Tetartoëder aus den Hexakisoktaëdern ableiten, deren Bezeichnung folgende ist:

1) $\frac{1}{4} (a : \frac{1}{n} a : \frac{1}{m} a) \, r.$ ⎫
2) $\frac{1}{4} (a : \frac{1}{n} a : \frac{1}{m} a) \, l.$ ⎬ 1. Stellung.

3) $\frac{1}{4} (a : \frac{1}{n} a : \frac{1}{m} a)' r.$ ⎫
4) $\frac{1}{4} (a : \frac{1}{n} a : \frac{1}{m} a)' l.$ ⎬ 2. Stellung.

Die beiden Tetartoëder rechts und links, die aus ein und demselben Diploëder entstehen, unterscheiden sich wesentlich von den übrigen hemiëdrischen Formen dadurch, dass sie untereinander nicht congruent, sondern nur symmetrisch gleich sind und sich wie rechts und links verhalten, das eine ist das Spiegelbild des anderen; solche Formen werden **enantiomorph** genannt.

Fig. 94 stellt $\frac{1}{2} (a : \frac{1}{3} a : \frac{1}{4} a)' r$ dar, welches in Combination mit dem 1. und 2. Tetraëder, dem Hexaëder und 1. Pyritoëder (Fig. 95) beim salpetersauren Baryt beobachtet worden ist.

Die Neigungswinkel der Flächen sind folgende, in den Kanten

$$\begin{array}{ccc} X & Z & T \\ = 121^0\ 35' & 131^0\ 49' & 95^0\ 28' \end{array}$$

Allgemeine Betrachtungen.

Das Tetartoëder entsteht aus dem Hexakisoktaëder durch gleichzeitige parallel- und geneigtflächige Hemiëdrie, so dass man es sich auch aus einem Hexakistetraëder entstanden denken kann, derartig, dass nur die einen abwechselnden Flächen zur Erscheinung kommen, die anderen abwechselnden verschwinden.

Da das Hexakisoktaëder die einzige Form ist, welche der doppelten Hemiëdrie fähig ist, so kann es ausser dem Tetartoëder keine andere tetartoëdrische Form mit dem Viertel der Flächen geben. Die übrigen Formen müssen bei stattfindender Tetartoëdrie theils scheinbar holoëdrisch, theils scheinbar hemiëdrisch auftreten, scheinbar holoëdrisch das Hexaëder und Dodekaëder scheinbar hemiëdrisch Tetraëder, Triakistetraëder, Deltoëder und Pentagondodekaëder. Auf diese Weise erklärt sich auch das Zusammenvorkommen von scheinbar geneigt- und parallelflächig hemiëdrischen Formen, wie beim chlorsauren Natron (Fig. 96), welches die Combination des Hexaëders mit 1. Pentagondodekaëder und 1. Tetraëder zeigt.

II.
Quadratisches Krystallisationssystem.

Die zu diesem System gehörigen Formen sind durch drei Axen ausgezeichnet, die sämmtlich untereinander rechtwinklig, von denen aber nur zwei untereinander gleichartig, die dritte von ihnen verschieden ist; darauf bezieht sich der Name 2 + 1 axiges System, Weiss. Die verschiedenen Axen bilden die Hauptaxe und die hierher gehörigen Formen werden so gestellt, dass bei ihnen diese Axe vertical ist. Von den beiden anderen Axen, die nun als Nebenaxen betrachtet werden, wird, wie bei den Formen des regulären Systems, die eine dem

Beobachter zugekehrt, so dass die andere ihm parallel ist. Die Hauptaxe wird mit c, jede der Nebenaxen mit a bezeichnet. Bei der Bestimmung der relativen Länge der Haupt- und Nebenaxen, setzt man die letzteren $= 1$.

Der Name quadratisches System beruht darauf, dass die Figur, welche man erhält, wenn man die Endpunkte der Nebenaxen mit einander verbindet, ein Quadrat ist.

Unter den übrigen Axen, die bei den Formen dieses Krystallisationssystems vorkommen, sind besonders noch zwei andere unter sich gleichartige Axen zu berücksichtigen, die in der Ebene der ersteren Nebenaxen mitten zwischen denselben liegen, und diese daher unter Winkeln von 45^0 schneiden. Sie mögen zum Unterschiede der ersteren Nebenaxen die zweiten Nebenaxen heissen.

Die in diesem Krystallisationssystem vorkommenden einfachen Formen sind folgende:

A. Holoëdrische Formen.
1. Quadratoktaëder.

Syn. Tetragonale Pyramide (Naumann).

Die Quadratoktaëder*) (Fig. 97 Zirkon) sind von 8 gleichschenkligen Dreiecken begrenzt, haben 12 Kanten und 6 Ecken.

Die Kanten sind von zweierlei Art: 4 Kanten G in denen die Flächen mit den Grundlinien an einander stossen, und 8 Kanten D, 4 obere und 4 untere, in denen die Flächen mit den gleichen Schenkeln an einander stossen. Die ersteren bilden die Seitenkanten, die anderen die Endkanten.

Die Ecken sind von zweierlei Art: 2 Endecken C sind vierflächig und gleichkantig; 4 Seitenecken A sind vierflächig und symmetrisch. Erstere liegen an den Enden der Hauptaxe, letztere bei Fig. 97, an den Enden der Nebenaxen.

Der Schnitt, welcher durch die Seitenkanten eines Quadratoktaëders gelegt wird, ist ein Quadrat; die zwei Schnitte da-

---

*) Sie sind im Folgenden der Kürze halber zuweilen auch Oktaëder ohne weitern Beisatz genannt, wo eine Verwechselung mit dem regulären Oktaëder nicht möglich war.

gegen, welche durch die Endkanten gelegt werden, sind Rhomben. Der erstere Schnitt heisst die Basis.

Wie in dem regulären Krystallisationssystem das reguläre Oktaëder, so ist in dem quadratischen Krystallisationssystem ein Quadratoktaëder die Form, welche in der einfachsten Beziehung zu den drei Grundaxen des Systems steht, und auf welches daher alle übrigen Formen des Systems bezogen werden; es unterscheidet sich aber von dem regulären Oktaëder dadurch, dass dieses nur die einzige Form ihrer Art ist, aus der Beschaffenheit eines Quadratoktaëders aber schon hervorgeht, dass es eine grosse Menge derartiger Formen geben kann. Die gleichschenkligen Dreiecke, die ein Quadratoktaëder begrenzen, können nämlich je nach der Länge der Hauptaxe in Bezug auf die Eckenaxen spitzer oder stumpfer sein, und werden demnach zwar immer Formen gleicher Art, aber doch bald spitzere bald stumpfere Quadratoktaëder bilden. Im Allgemeinen nennt man ein Quadratoktaëder spitz oder stumpf, wenn seine Hauptaxe länger oder kürzer ist, als jede seiner anderen Eckenaxen. Das reguläre Oktaëder, bei welchem sämmtliche Eckenaxen gleich sind, steht also in der Mitte zwischen den spitzen und stumpfen Quadratoktaëdern.

Dergleichen spitze und stumpfe Quadratoktaëder kommen oft bei einer und derselben Mineralgattung vor. Die sich hier findenden Quadratoktaëder unterscheiden sich aber nicht bloss in Hinsicht ihrer Winkel, sondern auch in Hinsicht ihrer Stellung, da die Endkanten abhängig von den Seitenkanten sind und durch Abstumpfung der ersteren wieder Oktaëder entstehen. Auf diese Weise zerfallen die Oktaëder in zwei Ordnungen. Die Quadratoktaëder der einen Ordnung erscheinen nämlich gegen die der andern Ordnung wie um 45^0 um ihre Hauptaxe gedreht, so dass also die Endkanten der Oktaëder der einen Ordnung sich in der Richtung der Diagonalen der Oktaëder der andern Ordnung befinden. Hiernach ist nun auch ihre Lage gegen die Nebenaxen verschieden; denn während bei den einen die Endpunkte der ersten Nebenaxen in den Seitenecken, die der zweiten in den Mitten der Seitenkanten liegen, befinden sich bei den anderen umgekehrt die Endpunkte der ersten Nebenaxen in den Mitten ihrer Seitenkanten, und die Endpunkte der zweiten Nebenaxen in den Seitenecken. Die Basen der Quadratoktaëder dieser beiden Ordnungen haben also gegen einander und gegen die ersten Nebenaxen dieselbe Lage wie in Tafel IX Fig. 3 die beiden Quadrate $aaaa$ und $bbbb$ gegen einander.

Wie bei den Arten von Formen des regulären Krystallisationssystems, die in mehrfacher Zahl vorkommen können, z. B. den Ikositetraëdern, Triakisoktaëdern u. s. w., die Zahl der vorkommenden Formen sehr beschränkt ist, und sich hier nur solche finden, deren Axen untereinander in einfachen und rationalen Verhältnissen stehen, so ist dies auch bei den verschiedenen Quadratoktaëdern der Fall, die bei einer bestimmten Mineralgattung vorkommen, indem sich auch hier nur solche finden, deren Axen untereinander in ebenso einfachen Verhältnissen stehen. Um diese Verhältnisse übersehen zu können, bezieht man sie alle auf eines, welches nun die Grundform bildet und das Hauptquadratoktaëder, oder auch kurz Hauptoktaëder genannt wird. Welches unter den vorhandenen man dazu wählt, ist an und für sich gleichgültig; man nimmt gewöhnlich das dazu, das am häufigsten vorkommt, oder dessen Flächen in den Combinationen am meisten vorzuherrschen pflegen, oder zu welchem alle übrigen vorkommenden Formen in dem einfachsten Verhältnisse stehen. Die Eckenaxen dieses Hauptoktaëders werden als die Grundaxen des Systems betrachtet, mit ihnen die Axen aller übrigen Oktaëder verglichen, und danach die zwei Ordnungen, die unter ihnen vorkommen, bestimmt. Diejenigen, welche mit dem Hauptoktaëder gleicher Ordnung sind, werden Oktaëder erster Ordnung, und diejenigen, welche mit dem Hauptoktaëder verschiedener Ordnung sind, Oktaëder zweiter Ordnung benannt. Nur die Flächen der Quadratoktaëder erster Ordnung schneiden sämmtliche Grundaxen des Systems; die Flächen der Quadratoktaëder zweiter Ordnung schneiden von den ersten Nebenaxen nur die eine, während sie der andern parallel sind (Tafel IX, Fig. 3). Die Bezeichnung der verschiedenen Quadratoktaëder ist daher folgende:

die der Grundform $(a : a : c)$,
die der Oktaëder erster Ordnung $(a : a : mc)$,
die der Oktaëder zweiter Ordnung $(a : \infty a : mc)$,

in welchen Zeichen m immer eine einfache rationale, ganze oder gebrochene Zahl bedeutet.

Die Flächen der Oktaëder erster Ordnung, welche stumpfer sind als die Grundform, erscheinen, wenn sie untergeordnet zu dieser hinzutreten, an den Endecken als Zuspitzungen, deren Flächen auf den Flächen der Grundform gerade aufgesetzt sind; die Flächen der spitzeren Oktaëder erster Ordnung an den Seitenkanten als Zuschärfungen derselben. Das erstere sieht man bei Fig. 101, die eine Form des Anatases darstellt, wo o die Flächen der Grundform, also $(a:a:c)$, und $^1/_3\,o$ die Flächen des stumpfern Oktaëders $(a:a:{}^1/_3\,c)$ sind.

Die Flächen der Quadratoktaëder zweiter Ordnung erscheinen, wenn ihre Flächen ebenso gegen die Hauptaxe geneigt sind, wie die Kanten der Grundform, an den Endkanten als gerade Abstumpfungen derselben; wenn sie stumpfer sind, an den Endecken als Zuspitzungen, deren Flächen auf den Endkanten gerade aufgesetzt sind; wenn sie spitzer sind, an den Seitenecken als Zuschärfungen, deren Flächen auf den Endkanten gerade aufgesetzt sind. Das Erstere ersieht man bei Fig. 100, des Anatases, oder bei Fig. 106, die eine Form des Zinnsteins darstellt, das zweite bei Fig. 102 Scheelit und das letztere bei Fig. 101, Anatas. In allen diesen Fällen sind o die Flächen der Hauptoktaëder dieser Mineralgattungen, d die Flächen eines Oktaëders zweiter Ordnung, dessen Flächen eben solche Winkel gegen die Hauptaxe bilden, wie die Kanten der Grundform; die Flächen von $^1/_2\,d$ bilden stumpfere Winkel, die von $2\,d$ spitzere.

Zu den Oktaëdern, die nächst der Grundform in der Regel am häufigsten vorkommen, gehören das stumpfere Oktaëder zweiter Ordnung, dessen Flächen gegen die Hauptaxe so geneigt sind, wie die Endkanten der Grundform, und das spitzere Oktaëder eben dieser Ordnung, dessen Endkanten gegen die Hauptaxe geneigt sind, wie die Flächen der Grundform. Man nennt diese Oktaëder das erste stumpfere und das erstere spitzere Oktaëder der Grundform; die Flächen des erstern erscheinen, wenn sie untergeordnet zur Grundform hinzutreten, wie schon angeführt, als gerade Abstumpfungsflächen der Endkanten; die Flächen des letztern als Zuschärfungsflächen der Seitenecken, so, dass sie die Flächen der Grundform in Kanten schneiden, die untereinander und den Höhenlinien der Flächen der Grundform parallel sind. In den Fig. 100 und 101 stellen also die Flächen d die Flächen des ersten stumpfern, die Flächen $2d$ die Flächen des ersten spitzern Oktaëders der Grundform o dar. Umgekehrt ist das Grundoktaëder in Bezug auf das erste stumpfere das erste spitzere und in Bezug auf das erste spitzere das erste stumpfere.

Ausser diesen Oktaëdern finden sich noch andere Oktaëder, die zu ihnen in demselben Verhältnisse stehen, wie sie selbst zur Grundform, und die nun das erste stumpfere oder spitzere des ersten stumpfern oder spitzern der Grundform oder in Bezug auf diese das zweite stumpfere oder spitzere Oktaëder bilden und so kann man sich ein drittes, viertes ..... stumpferes oder spitzeres Oktaëder der Grundform vorstellen, so ist beim Scheelit (Fig. 102) $1/2\,d$ das dritte stumpfere Oktaëder. Man kann auf diese Weise eine ganze Reihe von Oktaëdern bilden, die von der Grundform aus nach der einen Seite stumpfer, und nach der anderen Seite spitzer werden, und von welchen je zwei benachbarte in dem Verhältnisse stehen, dass die Flächen des einen so gegen die Hauptaxe geneigt sind, wie die Endkanten des andern. Zwei benachbarte Oktaëder dieser Reihe sind dann immer verschiedener, die abwechselnden Oktaëder gleicher Ordnung; die Grundform, das zweite, vierte, sechste .... stumpfere und spitzere Oktaëder sind also erster Ordnung, das erste, dritte, fünfte .... Oktaëder zweiter Ordnung.

Die mathematischen Verhältnisse, die unter den Gliedern dieser Reihe statt finden, sind sehr einfach und ergeben sich aus Taf. IX, Fig. 3. Hier ist die Hauptaxe $= 1$ gesetzt und die Basis der verschiedenen Oktaëder verzeichnet. Man ersieht hieraus, dass das umschriebene Quadrat um die Grund-Basis dem ersten stumpfern Oktaëder angehört mit dem Zeichen $(a : \infty\, a : c)$, das zweite stumpfere wieder das umschriebene Quadrat des letztern ist $(2\,a : 2\,a : c)$, das dritte $(2\,a : \infty\,a : c)$ und so weiter in geometrischer Progression der Coëficienten. Die Basis des ersten spitzern Oktaëders bildet das eingeschriebene Quadrat der Grund-Basis $(1/2\,a : \infty\,a : c)$, die des zweiten spitzern das eingeschriebene Quadrat der letztern

($\frac{1}{3}$ a : $\frac{1}{3}$ a : c), das dritte ($\frac{1}{4}$ a : ∞ a : c) und so fort in geometrischer Progression der Coëficienten.

Setzt man nun die Nebenaxen = 1, so ist die Bezeichnung folgende:

des Hauptoktaëders		(a : a : c)	= o
„ ersten stumpfern Oktaëders		(a : ∞ a : c)	= d
„ zweiten „	„	(a : a : $\frac{1}{2}$ c)	= $\frac{1}{2}$ o
„ dritten „	„	(a : ∞ a : $\frac{1}{2}$ c)	= $\frac{1}{2}$ d
„ vierten „	„	(a : a : $\frac{1}{4}$ c)	= $\frac{1}{4}$ o
„ fünften „	„	(a : ∞ a : $\frac{1}{4}$ c)	= $\frac{1}{4}$ d

u. s. f.;

des ersten spitzern Oktaëders		(a : ∞ a : 2 c)	= 2 d
„ zweiten „	„	(a : a : 2 c)	= 2 o
„ dritten „	„	(a : ∞ a : 4 c)	= 4 d
„ vierten „	„	(a : a : 4 c)	= 4 o
„ fünften „	„	(a : ∞ a : 8 c)	= 8 d

u. s. f.

Die ersten Glieder dieser Reihe von der Grundform aus kommen bei den verschiedenen Mineralgattungen häufig, das zweite spitzere und stumpfere schon selten, die ferneren noch seltener vor. Ausser den Oktaëdern dieser Reihe kommen indess, wie schon angeführt, noch viele andere vor, die nicht zu dieser Reihe gehören, jedoch immer nur solche, deren Axen zu denen der Grundform in sehr einfachen und rationalen Verhältnissen stehen. So finden sich z. B. sehr häufig die Oktaëder (a : a : $\frac{1}{3}$ c), wie beim Vesuvian und Anatas, und (a : a : 3 c), wie beim Vesuvian und Zirkon. Auch von diesen Oktaëdern kommen zuweilen erste schärfere und stumpfere vor; wie man an Fig. 99, welche eine Combination des Gelbbleierzes darstellt, sehen kann. Hier finden sich nicht allein das erste stumpfere Oktaëder d der Grundform o, sondern auch das erste spitzere Oktaëder $\frac{2}{3} d = (a : ∞ a : \frac{2}{3} a)$ von einem Oktaëder erster Ordnung $\frac{1}{3} o = (a : a : \frac{1}{3} a)$, das stumpfer als die Grundform ist. Da indessen sämmtliche Oktaëder einer Mineralgattung in einfachen und rationalen Verhältnissen stehen, so können zwei Oktaëder verschiedener Ordnung von ganz gleicher Neigung der Flächen gegen die Hauptaxe nicht vorkommen, denn ihre Nebenaxen würden sich bei gleichen Hauptaxen verhalten, wie 1 : $\sqrt{2}$.

Die beschriebenen einfachen Verhältnisse finden indessen nur unter den Quadratoktaëdern einer und derselben Gattung statt; Quadratoktaëder verschiedener Gattungen stehen untereinander in einem völlig irrationalen Verhältnisse, und haben daher unter einander gar keinen Zusammenhang. Die Krystalle einer jeden solchen Gattung sind immer auf eine besondere Grundform zu beziehen, die ihr bestimmtes Verhältniss der Haupt- und Nebenaxen hat. Dieses Verhältniss ist verschieden bei den verschiedenen Gattungen, und bestimmt den krystallographischen Charakter einer jeden. In dem quadratischen Krystallisationssystem giebt es also so viel verschiedene Grundformen, als quadratische Gattungen vorkommen, dagegen das reguläre Krystallisationssystem nur eine Grundform, nämlich das reguläre Oktaëder, hat.

Die Haupt- und Nebenaxen eines und desselben Quadratoktaëders scheinen auch in keinem einfachen Verhältniss zu stehen, wenigstens ist hierüber noch kein Gesetz aufgefunden worden. Sie werden aus den Kantenwinkeln, die man messen kann, berechnet, aber man hat nur nöthig, einen Winkel, entweder den Endkanten- oder Seitenkantenwinkel zu messen; aus dem einen lässt sich der andere berechnen. So hat man bei der Grundform des Zirkons (Fig. 97) aus den Messungen der Kantenwinkel den Werth für

$$a : c = 1 : 0{,}641$$

berechnet, aus welchem umgekehrt wieder folgende Winkel sich ableiten lassen:

Neigung der Flächen in den Endkanten $D = 123^° 19'$
„   „   „   „   „ Seitenkanten $G = 84\ 20$.

2. Die gerade Endfläche.

Syn. Pinakoïd, (Naumann).

Die gerade Endfläche ist ein rechtwinklig gegen die Hauptaxe geneigter Flächenraum, also den Nebenaxen parallel, ihr Zeichen daher:

$$(\infty a : \infty a : c).$$

Tritt sie untergeordnet zu einem Quadratoktaëder hinzu, so bildet sie die Abstumpfungsfläche der Endecke, und erscheint als ein Quadrat, wie die Basis des Oktaëders, der sie parallel ist; so z. B. die Fläche *c* in Fig. 98, die eine Form des Honigsteins darstellt.

Herrscht in der Combination eines Oktaëders und der geraden Endfläche die letztere, so erhält die zusammengesetzte Form eine tafelförmige Gestalt.

Man kann die gerade Endfläche als ein unendlich stumpfes Oktaëder betrachten, sie ist mithin die Grenzform der stumpfen Oktaëder.

3. Die quadratischen Prismen.

Syn. Tetragonale Prismen, (Naumann).

Die quadratischen Prismen sind vierseitige Prismen, deren rechtwinkliger Querschnitt ein Quadrat ist.

Es giebt zwei verschiedene quadratische Prismen, die sich durch ihre Lage gegen die Nebenaxen unterscheiden, während ihre Lage gegen die Hauptaxe gleich ist. Ihre Flächen sind nämlich stets der Hauptaxe parallel, während bei dem einen die Nebenaxen die Winkel, bei dem andern die Mitten der Seiten ihrer mittleren rechtwinkligen Querschnitte verbinden. Diese Querschnitte kommen also in ihrer Lage mit den Basen der Quadratoktaëder erster und zweiter Ordnung überein; daher man auch das Prisma, dessen Querschnitt eine gleiche Lage hat, wie die Basis eines Quadratoktaëders erster Ordnung, das **erste quadratische Prisma**, das Prisma, dessen Querschnitt eine gleiche Lage hat, wie die Basis eines Quadratoktaëders zweiter Ordnung, das **zweite quadratische Prisma** nennt. Die Bezeichnung dieser Prismen ist folglich auch:

$$\text{des ersten } (a : a : \infty c)$$
$$\text{des zweiten } (a : \infty a : \infty c).$$

Das erste kann man als ein unendlich spitzes Oktaëder erster Ordnung betrachten, das zweite als ein unendlich spitzes zweiter Ordnung; die Prismen sind mithin die Grenzformen des spitzen Oktaëder.

Die quadratischen Prismen kommen sehr häufig mit den Quadratoktaëdern zusammen vor.

In der Combination des ersten quadratischen Prismas und der Grundform bilden die Flächen des erstern an der Grundform die Abstumpfungsflächen der Seitenkanten; die Flächen der

Grundform am ersten quadratischen Prisma vierflächige Zuspitzungen der Enden, so dass die Zuspitzungsflächen auf den Flächen des Prismas gerade aufgesetzt sind. Die Flächen dieser letztern Form erscheinen in beiden Fällen als Rechtecke; die oberen und unteren Flächen der Quadratoktaëder sind durch sie mehr oder weniger getrennt (Fig. 103, Zirkon).

Auf eine gleiche Weise verhalten sich gegen einander immer die quadratischen Prismen und Quadratoktaëder, welche von gleicher Ordnung sind.

In der Combination des zweiten quadratischen Prismas und der Grundform bilden die Flächen des erstern an der Grundform die geraden Abstumpfungen der Ecken, und erscheinen dann als Rhomben, wie die durch zwei gegenüberliegende Endkanten gelegten Schnitte, denen sie parallel sind; so z. B. die Flächen a in Fig. 98, einer Form des Honigsteins, an welcher zu gleicher Zeit sich auch die gerade Endfläche c, welche ein Quadrat ist, findet.

Die Flächen der Grundform bilden an dem zweiten Prisma vierflächige Zuspitzungen der Enden, und die Zuspitzungsflächen sind auf den Kanten des Prismas gerade aufgesetzt. Die Flächen der Grundform erscheinen alsdann als Rhomben, die des Prismas als symmetrische Sechsecke (Fig. 104, Zirkon); nähern sich die Oktaëderflächen so weit, dass die Prismakanten verschwinden, so haben die Flächen des Prismas auch eine rhombische Gestalt, und die Combination hat das Aussehen eines Dodekaëders.

Auf eine gleiche Weise verhalten sich gegen einander immer die quadratischen Prismen und Quadratoktaëder, welche verschiedener Ordnung sind.

Das erste und zweite quadratische Prisma kommen auch häufig zusammen vor; die Flächen des einen bilden in dieser Combination die Abstumpfungsflächen der Kanten des andern (Fig. 106, Zinstein).

Der rechtwinklige Querschnitt ist dann ein reguläres Achteck.

Beide Prismen kommen auch mit der geraden Endfläche zusammen vor, und bilden damit Formen, die, wenn die Flächen derselben ungefähr von gleicher Grösse sind, mit dem Hexaëder Aehnlichkeit haben. Sie sind in diesem Falle aber zusammengesetzt, und nur die beiden Endflächen bilden Quadrate, die Seitenflächen, oder die Flächen der Prismen aber Rechtecke (Apophyllit).

Bald sind in diesen Combinationen indess die Flächen der Prismen, bald die Endflächen grösser, wodurch die Krystalle bald säulenförmig und bald tafelförmig erscheinen.

Die Flächen der Grundform bilden in der Combination des ersten Prismas und der geraden Endfläche schiefe Abstumpfungsflächen der Combinationskanten zwischen dem Prisma und der Endfläche; eine Combination, die bei dem Vesuvian sehr häufig vorkommt, und zwar mit verschiedener gegenseitiger Grösse der verschiedenen Flächen, die in ihr enthalten sind (Fig. 107, ohne die Flächen 2 g, a und s).

Die Flächen der Grundform bilden an der Combination des zweiten Prismas und der geraden Endfläche Abstumpfungsflächen der Ecken; die Combination ist also ähnlich der Fig. 13, aber die Abstumpfungsflächen sind gleichschenklige Dreiecke und nur auf den Kanten des Prismas (Seitenkanten) gerade aufgesetzt. Eine solche zusammengesetzte Form findet sich z. B. beim Apophyllit, (Fig. 105) ebenfalls mit sehr verschiedener gegenseitiger Grösse der drei in ihr enthaltenen einfachen Formen. Fig. 98 ist dieselbe Combination mit herrschenden Oktaëderflächen.

4. Die Dioktaëder.

Syn. Zweimalachtflächner. Vierundvierkantner, ditetragonale Pyramiden, (Naumann).

Die Dioktaëder (Fig. 110) sind von 16 ungleichseitigen Dreiecken begrenzt, haben also 24 Kanten und 10 Ecken.

Die Kanten sind dreierlei Art: 8 Endkanten D, die wie die Endkanten von Quadratoktaëdern erster Ordnung liegen; acht Endkanten F, die zwischen jenen und wie die Endkanten von Quadratoktaëdern zweiter Ordnung liegen; 8 Seitenkanten G, die in einer Ebene liegen, und von denen je zwei einer Seitenkante der Quadratoktaëder entsprechen.

Die Ecken sind dreierlei Art: 2 achtflächige symmetrische Ecken C, 4 vierflächige symmetrische Ecken A, die wie die Seitenecken der Quadratoktaëder erster Ordnung; 4 vierflächige symmetrische Ecken E, die wie die Seitenecken der Quadratoktaëder zweiter Ordnung liegen.

Die Hauptaxe verbindet die Ecken C, die ersten Nebenaxen die Ecken A, die zweiten Nebenaxen die Ecken E. Die Schnitte, die durch zwei in den Endecken gegenüberliegenden Kanten D oder F gelegt werden, sind Rhomben; der durch die Seitenkanten gelegte Schnitt ist ein symmetrisches Achteck. Bei den verschiedenen Dioktaëdern sind bald die Endkanten D die längeren und schärferen, und die Endkanten F die kürzeren und stumpferen, bald umgekehrt; in dem durch die Seitenkanten gelegten Schnitte sind daher bald die Winkel E, bald die Winkel A die stumpferen. Jeder derselben nähert sich bald mehr einem Winkel von 180°, bald mehr einem Winkel von 90°.

Jede Fläche der Dioktaëder schneidet, gehörig verlängert, die drei Grundaxen, aber beide Nebenaxen verschieden. Ihre allgemeine Bezeichnung ist daher:

$$(a : \tfrac{1}{n} a : \tfrac{1}{m} c).$$

Unter den Dioktaëdern, die bei einer Gattung vorkommen, finden sich nur solche, deren Axen mit der Grundform in einfachen und rationalen Verhältnissen stehen. Die zweierlei Endkanten haben jedes Mal dieselbe Lage, wie die Endkanten zweier Oktaëder, die wirklich vorkommen, oder doch vorkommen können, daher die Buchstaben m und n der obigen Bezeichnung nur einfache und rationale, ganze oder gebrochene Zahlen bedeuten. Da nun Quadratoktaëder verschiedener Ordnung, aber gleicher Neigung der Flächen gegen die Hauptaxe nicht zusammen vorkommen können, so folgt schon hieraus, dass auch Dioktaëder von gleicher Neigung der Flächen in den zweierlei Endkanten nicht vorkommen können, also der rechtwinklige Querschnitt nie ein reguläres Achteck sein kann.

Die Dioktaëder sind noch nicht selbständig, sondern nur in Combinationen mit andern Formen, und in diesen gewöhnlich auch nur untergeordnet vorgekommen. Am häufigsten finden sich solche Dioktaëder, die ein gleiches Verhältniss der Hauptaxe zu einer Nebenaxe wie die Grundform haben, und deren zweite Nebenaxe kleiner als die der Grundform ist. Die Flächen solcher Dioktaëder erscheinen dann in der Combination der Grundform und des zweiten Prismas als schiefe Abstumpfungsflächen der Combinationskanten. Von der Art ist das Dioktaëder, welches beim Zirkon am häufigsten vorkommt, und welches Fig. 109 in der angegebenen Combination, und Fig. 110 für sich allein darstellt. Seine Flächen sind in der Figur mit i bezeichnet, sein ausführliches Zeichen aber ist:

$$(a : \tfrac{1}{3} a : c).$$

Die Winkel in den beiden Endkanten D und F, und in den Seitenkanten G betragen 147° 3′, 132° 43′ und 127° 29′.

Ist bei gleichem Verhältniss der Hauptaxe und einer Nebenaxe, wie beim Hauptoktaëder, die andere Nebenaxe grösser, so liegen die Flächen zwischen dem Hauptoktaëder und erstem stumpfern Oktaëder mit parallelen Kanten, so $(a : 3 a : c)$ beim Rutil, Zinnstein. (Vergl. hierzu die Lage der Fläche h bei der Figur 119 des Scheelit.)

Nicht selten kommen auch solche Dioktaëder vor, welche die Grundform in Kanten schneiden, wie das erste spitzere Oktaëder, die also den Diagonalen der Grundform parallel gehen. Von der Art ist das Dioktaëder, welches beim Vesuvian am häufigsten vorkommt, und in der Fig. 107 dargestellten Combination, wo seine Flächen mit s bezeichnet sind, enthalten ist. Sein ausführliches Zeichen ist:

$$(a : \tfrac{1}{3} a : \tfrac{1}{2} c).$$

Beim Leucit kommt das Dioktaëder $(\tfrac{1}{4} a : \tfrac{1}{2} a : c) = n$ in Combination mit der Grundform vor, welche eine vierflächige Zuspitzung der Endecken bildet, und beide Formen sind meist derartig im Gleichgewicht, dass die Combination das Aussehen eines Ikositetraëders $(a : a : \tfrac{1}{2} a)$ hat.

Ausser den eben erwähnten Dioktaëdern finden sich aber noch viele andere, die zu der Grundform und anderen Oktaëdern in verschiedenem Verhältnisse stehen, und die dann auf die verschiedenste Weise in den Combinationen vorkommen können.

5. Achtseitige Prismen.

<small>Syn. Vierundvierkantige Prismen, ditetragonale Prismen, (Naumann).</small>

Die achtseitigen Prismen haben 8 der Hauptaxe parallele Flächen, die sich in Kanten, welche abwechselnd schärfer und

stumpfer sind, schneiden. Ihr rechtwinkliger Querschnitt ist von derselben Beschaffenheit, wie der der Dioktaëder. Ihre Bezeichnung ist daher:
$$(a : n\,a : \infty\,c),$$
worin n wieder eine einfache und rationale ganze oder gebrochene Zahl bedeutet. Die achtseitigen Prismen können mithin als unendlich spitze Dioktaëder aufgefasst werden, sind also die Grenzformen derselben.

Achtseitige Prismen mit gleichen Seitenkanten sind eine Combination des 1. und 2. Prismas.

Die achtseitigen Prismen kommen selten als alleinige Seitenflächen einer quadratischen Form vor, gewöhnlich finden sie sich in Combinationen mit den beiden quadratischen Prismen, oder wenigstens mit einem derselben. Im erstern Falle erscheinen ihre Flächen als schiefe Abstumpfungsflächen der Combinationskanten der beiden quadratischen Prismen, wie z. B. beim Vesuvian (Fig. 107); im letztern Falle bilden sie die Zuschärfungen der Kanten des quadratischen Prismas, wie z. B. beim Apophyllit (Fig. 108). In beiden Fällen ist es das achtseitige Prisma $(a : 2\,a : \infty\,c)$, welches hier vorkommt und seine Flächen sind in der Figur mit $2\,g$ bezeichnet.

Zuweilen kommen auch zwei achtseitige Prismen zusammen mit dem quadratischen vor, wo dann die Combination schon 24 Seitenflächen enthält, so beim Vesuvian neben $(a : 2\,a : \infty\,a)$ noch $(a : 3\,a : \infty\,a)$.

Beim Rutil kommen sogar noch mehr, als zwei vor, solche mit dem Coëfficienten 2, 3, 4, 7.

Allgemeine Betrachtungen über die holoëdrischen Formen des quadratischen Systems.

Während bei den holoëdrischen Formen des regulären Systems die Symmetrie an den 6 Endpunkten der Axen eine vollkommen gleiche ist, so zeigen im quadratischen System die an den Endpunkten der Hauptaxe liegenden Flächen eine verschiedene Symmetrie von der an den Endpunkten der Nebenaxen.

Von den 4 Endpunkten der Nebenaxen ausgehend, laufen die Flächen in diesem System pyramidal nach oben und unten, so dass der pyramidalen Anordnung die Vierzahl zu Grunde liegt, worauf sich auch der Name **viergliedriges System** (Weiss) bezieht, **pyramidales System** (Mohs).

Setzt man die Hauptaxe $= 1$, so lassen sich die Flächen der verschiedenen Formen sämmtlich durch Linien in der Ebene der Nebenaxen verzeichnen.

Diese Linien können nun, wie Taf. IX, Fig. 3 zeigt, eine dreifache Lage haben; sie entsprechen entweder dem Quadrat der ersten Nebenaxen (Basis)

$$(a : a), \ (m\,a : m\,a), \ (\tfrac{1}{m} a : \tfrac{1}{m} a),$$

oder dem Quadrat der zweiten Nebenaxen

$$(a : \infty a), \ (m\,a : \infty a), \ (\tfrac{1}{m} a : \infty a),$$

oder liegen zwischen diesen beiden Quadraten und bilden ein symmetrisches Achteck

$$(a : n\,a), \ (a : \tfrac{1}{n} a), \ (m\,a : n\,a), \ (\tfrac{1}{m} a : n\,a) \text{ und } (\tfrac{1}{m} a : \tfrac{1}{n} a).$$

Die ersten Linien bilden Quadratoktaëder und Prisma 1. Ordnung, die zweiten solche 2. Ordnung und die dritten die Dioktaëder und achtseitigen Prismen, welche man als Formen in der Zwischenstellung bezeichnen kann.

1. Ordnung.

Hauptoktaëder: $(a : a : c)$.
Stumpfere Oktaëder: $(m\,a : m\,a : c) = (a : a : \tfrac{1}{m} c)$.
Gerade Endfläche: $(\infty a : \infty a : c)$.
Spitzere Oktaëder: $(\tfrac{1}{m} a : \tfrac{1}{m} a : c) = (a : a : m\,c)$.
Prisma: $(a : a : \infty c)$.

2. Ordnung.

1. Stumpferes Oktaëder: $(a : \infty a : c)$.
Stumpfere „ : $(m\,a : \infty a : c) = (a : \infty a : \tfrac{1}{m} c)$.
Gerade Endfläche: $(\infty a : \infty a : c)$.
Spitzere Oktaëder: $(\tfrac{1}{m} a : \infty a : c) = (a : \infty a : m\,c)$.
Prisma: $(a : \infty a : \infty c)$.

Zwischenstellung.

Dioktaëder: $(a : n\, a : c)$ und $(a : \frac{1}{n} a : c)$.
Stumpfere Dioktaëder: $(m\, a : n\, a : c)$.
Gerade Endfläche: $(\infty a : \infty a : c)$.
Spitzere Dioktaëder: $(\frac{1}{m} a : n\, a : c)$ u. $(\frac{1}{m} a : \frac{1}{n} a : c)$.
Achtseitige Prismen: $(a : n\, a : \infty c)$.

Auf diese Weise sind die im quadratischen System möglichen Formen erschöpft und keine anderen denkbar.

Die Flächen der 7 Formen des regulären Systems finden sich hier der Lage nach wieder und es ist mitunter auch die Annäherung an die Winkel des regulären Systems eine bedeutende, so hat das Oktaëder des Braunit 109° 53′ in den Endkanten und 107° 39′ in den Seitenkanten.

Eine dem Hexaëder ähnliche Form ist beim Apophyllit die Combination des zweiten Prismas mit der Endfläche, wobei jedoch die Prismenflächen physikalisch verschieden sind von der Endfläche. Dass die Combination der Grundform und des 2. Prismas, mit dem Dodekaëder Aehnlichkeit hat, ist schon oben erwähnt (Honigstein S. 67).

Die Aehnlichkeit der Form des Leucit (Fig. 111) mit dem Ikositetraëder $(a : a : \frac{1}{2} a)$ ist auch in den Winkeln eine so grosse, dass man lange den Leucit für regulär gehalten hat. Dem Zeichen nach sind in den verschiedenen Ikositetraëdern die stumpferen Oktaëder 1. Ordnung und die Dioktaëder $(a : \frac{1}{n} a : c)$ enthalten, in den Triakisoktaëdern die spitzeren Oktaëder 1. Ordnung und die Dioktaëder $(a : n\, a : c)$.

Bei den Tetrakishexaëdern sind die Flächen der stumpferen und spitzeren Oktaëder 2. Ordnung vertreten und die achtseitigen Prismen.

Den Hexakisoktaëdern endlich entsprechen die drei Dioktaëder von oben nach unten, das stumpfere $(m\, a : n\, a : c)$ und die beiden spitzeren $(\frac{1}{m} a : n\, a : c)$ und $(\frac{1}{m} a : \frac{1}{n} a : c)$.

B. Hemiëdrische Formen.
1. Quadrattetraëder.

Syn. Tetrogonales Sphenoid (Naumann).

Die Quadrattetraëder (Fig. 112) sind von 4 gleichschenkligen Dreiecken begrenzt und haben 6 Kanten und 4 Ecken.

Die Kanten sind zweierlei Art: 2 horizontale Endkanten C, in denen die Flächen mit den Grundlinien zusammenstossen und 4 Seitenkanten Z, gebildet von den Schenkeln der Dreiecke, welche von den Endpunkten der Endkanten im Zickzack auf und niedersteigen.

Die Ecken sind nur einerlei, unregelmässig und dreiflächig.

Die Hauptaxe verbindet die Mittelpunkte der beiden Endkanten, die Nebenaxen diejenigen der gegenüberliegenden Seitenkanten.

Der basische Schnitt ist ein Quadrat, bestimmt durch die Endpunkte der Nebenaxen.

Man unterscheidet stumpfe und scharfe Tetraëder, je nachdem die gleichschenkligen Dreiecke stumpf oder spitz sind, also die Hauptaxe kürzer oder länger ist, als die Nebenaxen. In der Mitte steht das reguläre Tetraëder mit drei gleich langen Axen.

In derselben Weise wie das reguläre Tetraëder durch Hemiëdrie aus dem Oktaëder entstanden ist, sind aus den Quadratoktaëdern die Quadrattetraëder entstanden, aus dem Hauptoktaëder das Haupttetraëder $\frac{1}{2}(a:a:c)$ aus den stumpferen $(a:a:\frac{1}{m}c)$ die stumpferen Tetraëder $\frac{1}{2}(a:a:\frac{1}{m}c)$, aus den spitzeren $(a:a:mc)$, die schärferen Tetraëder
$$\tfrac{1}{2}(a:a:mc).$$

Aus jedem Oktaëder entstehen auch hier zwei Tetraëder, welche nur durch die Stellung von einander verschieden sind und durch die physikalischen Eigenschaften.

So ist beim Kupferkies (Fig. 113) das 1. Tetraëder o meist stark entwickelt und gestreift, das 2. o', welches die Ecken abstumpft, klein, glatt und glänzend.

Die Endkanten des Haupttetraëders werden durch stumpfere Tetraëder gleicher Stellung zugeschärft, die aller Tetraëder durch die gerade Endfläche gerade abgestumpft.

Die schärferen Tetraëder erster Stellung erscheinen als schiefe Abstumpfungen der Ecken, das 1. Haupttetraëder in Kanten schneidend, die den Endkanten parallel sind, also als schiefe Abstumpfungen der horizontalen Combinationskanten zwischen 1. und 2. Tetraëder. Die Flächen des 1. Prismas erscheinen an denselben Stellen als verticale Flächen.

Die beiden anderen schief laufenden Combinationskanten der beiden Tetraëder, werden durch die Flächen des ersten stumpfern Oktaëders, wie die Endkanten des Hauptoktaëders gerade abgestumpft.

Auch die Flächen des 1. schärfern Oktaëders erscheinen wie bei den holoëdrischen Formen als schiefe Abstumpfungen der Seitenecken der Combination des 1. und 2. Tetraëders (Fig. 113, Kupferkies).

Das 2. Prisma stumpft die Seitenkanten der Tetraëder gerade ab, Fig. 114, Cyanquecksilber mit vorherrschendem 2. Prisma, stark entwickeltem 1. Haupttetraëder und kleinen Flächen des 2. Haupttetraëders.

2. Quadratisches Skalenoëder.

Die quadratischen Skalenoëder (Fig. 115) sind von 8 ungleichseitigen Dreiecken begrenzt und haben 12 Kanten und 6 Ecken.

Die Kanten sind dreierlei Art, 4 Endkanten X, entsprechend den Endkanten der Tetraëder, 4 Endkanten Y, entsprechend den durch die Endpunkte der Hauptaxe gehenden Höhenlinien der Tetraëderflächen und 4 Seitenkanten Z, welche wie die Seitenkanten der Tetraëder im Zickzack auf- und niedersteigen.

Die Ecken sind vierflächig und zweierlei Art, zwei Endecken C symmetrisch, welche an den Endpunkten der Hauptaxe liegen und 4 Seitenecken E unregelmässig, von denen 2 abwechselnde mehr dem obern, die 2 anderen abwechselnden mehr dem untern Ende genähert sind.

Die Hauptaxe verbindet die beiden Endecken, die Nebenaxen gehen durch die Mittelpunkte der gegenüberliegenden Seitenkanten.

Der basische Querschnitt ist ein symmetrisches Achteck, entsprechend dem des Dioktaëders, dessen 2. Endkanten F den Kanten Y des Skalenoëders gleich sind.

Daraus folgt, dass die Skalenoëder durch Hemiëdrie aus Dioktaëdern derartig entstanden sind, dass sich die in den einen abwechselnden Octanten liegenden Flächenpaare ausgedehnt haben, die in den anderen verschwunden sind. Das allgemeine Zeichen der Skalenoëder ist mithin

$$\tfrac{1}{2}\,(a : \tfrac{1}{n}\,a : \tfrac{1}{m}\,c).$$

Auch hier entstehen Skalenoëder 1. und 2. Stellung, entsprechend den beiden Stellungen der Tetraëder, es sind aber nur 1. Skalenoëder bekannt, so beim Kupferkies, wo sie auch nur untergeordnet auftreten.

Besonders ausgezeichnet sind zwei, von denen das eine die Kante zwischen dem 1. spitzern Oktaëder $2d$ und 1. Haupttetraëder abstumpft $\tfrac{1}{2}\,(a : 5a : \tfrac{5}{3}c) = t$, Fig. 116, hier tritt noch das 1. stumpfere Oktaëder d, das 1. Prisma g und die Endfläche c hinzu.

Das andere Skalenoëder stumpft die Kante zwischen 1. stumpfern Oktaëder und 1. Haupttetraëder ab, $\tfrac{1}{2}\,(a : 3a : c)$.

Allgemeine Betrachtungen über die hemiëdrischen Formen des quadratischen Systems.

Die Hemiëdrie ist wie im regulären System eine geneigtflächige und parallelflächige.

a) Geneigtflächige Hemiëdrie.

Die in den einen abwechselnden Octanten liegenden Flächen dehnen sich aus, die in den anderen treten zurück. Auf diese Weise können hemiëdrische Formen mit der halben Anzahl der Flächen nur aus den Oktaëdern 1. Ordnung und den Dioktaëdern entstehen, Tetraëder und Skalenoëder, weil bei den besagten holoëdrischen Formen jede Fläche nur einem Octanten angehört.

Die Flächen der Oktaëder 2. Ordnung, der Prismen und die Endfläche reichen in zwei benachbarte Octanten, so dass bei der Hemiëdrie von jeder Fläche die Hälfte übrig bleibt, die Form also eine scheinbar holoëdrische wird. In dieser Art sind alle diese Formen aufzufassen, welche mit Tetraëdern zusammen vorkommen, sie müssen als die Grenzgestalten der Tetraëder und Skalenoëder betrachtet werden.

So ist die gerade Endfläche die Grenzgestalt der stumpfen Tetraëder, das 1. Prisma die der scharfen Tetraëder.

Die Oktaëder 2. Ordnung sind die Grenzgestalten der Skalenoëder, man kann sie als Skalenoëder auffassen, bei denen die Endkanten X und Y gleich sind und in Folge dessen die Seitenkanten Z in eine Ebene fallen; so zeigt Fig. 116, dass die Flächen des ersten spitzern Oktaëders $2d$ gegen das 1. Tetraëder eine ähnliche Lage haben, wie die Flächen des Skalenoëders A. In ähnlicher Weise sind das 2. Prisma und die achtseitigen Prismen als die Grenzgestalten der Skalenoëder bei unendlicher Hauptaxe aufzufassen. Je nachdem nun diese scheinbar holoëdrischen Formen Grenzgestalten der Formen 1. oder 2. Stellung sind, kann man auch bei ihnen die beiden Stellungen unterscheiden. Dies zeigt die Horizontal-Projektion (Fig. 117) am Kupferkies, die Endfläche, das 1. spitzere und 1. stumpfere Oktaëder sind in 1. Stellung parallel den Combinationskanten mit dem 1. Tetraëder gestreift, in zweiter Stellung dagegen ist die gerade Endfläche glatt, das |1. stumpfere Oktaëder rauh und das 1. spitzere horizontal gestreift.

b) **Parallelflächige Hemiëdrie.**

Die parallelflächige Hemiëdrie entsteht dadurch, dass die Flächenpaare bleiben, die an den abwechselnden Seitenkanten der Dioktaëder liegen. Auch hier entstehen je nachdem sich die einen oder die anderen abwechselnden Flächenpaare ausdehnen, 2 Stellungen. Doch ist der Unterschied der beiden Stellungen nur an eine bestimmte Lage der Hauptaxe gebunden. Stellt man das untere Ende der Hauptaxe nach oben, so sind die beiden Stellungen vertauscht.

Durch diese Hemiëdrie können nur aus den Dioktaëdern und achtseitigen Prismen Formen mit der halben Anzahl von Flächen entstehen, aus ersteren Oktaëder, aus letzteren Prismen 3. Ordnung indem ihre Basis ein Quadrat ist, welches zwischen den Basen 1. und 2. Ordnung liegt, $cccc$ (Taf. IX. Fig. 4).

Das allgemeine Zeichen der Oktaëder 3. Ordnung ist:
$$\mp \tfrac{1}{2} (a : \tfrac{1}{n} a : \tfrac{1}{m} c)$$
Das allgemeine Zeichen der Prismen 3. Ordnung ist:
$$\mp \tfrac{1}{2} (a : na : \infty c)$$

Aus Taf. IX. Fig. 4 ist ersichtlich, dass die Oktaëder und Prismen 1. und 2. Ordnung mit der vollen Flächenanzahl auftreten müssen, da von jeder Fläche die Hälfte in den Bereich der Hemiëdrie fällt, mithin keine der Lage nach verschwinden kann (Fig. 118). Es sind also scheinbar holoëdrische Formen, welche als die Grenzgestalten der hemiëdrischen zu betrachten sind, mit denen sie zusammen vorkommen.

Beispiele für diese Art der Hemiëdrie liefern Scheelit und Gelbbleierz. Fig. 119 stellt einen Scheelit dar, das 1. stumpfere Oktaëder d ist herrschend, das Hauptoktaëder o klein, die Combinationskanten werden hier auf der linken Seite durch das Oktaëder 3. Ordnung $\# \ ^1/_2 \ (a : 3a : c) = h$ abgestumpft, auf der rechten Seite von o liegt in derselben Zone $\# \ ^1/_2 \ (a : ^1/_3 a : c) = i$. Die Stellung ist nun bestimmt, wenn man alle Scheelit-Krystalle in dieser Art stellt, dass i rechts von o in 1. Stellung und h links von o in 2. Stellung liegt, kommen dann wieder gewisse andere Oktaëder 3. Ordnung hinzu, so kann man dieselben als erste und zweite unterscheiden. Fig. 120 stellt eine Combination des Gelbbleierzes dar, die Grundform o mit dem Prisma 3. Ordnung $^1/_2 \ (a : 2a : \infty c)' = 2g'$, welches die Ecken der Grundform schief abstumpft und hier stark entwickelt ist*).

III.

Hexagonales Krystallisationssystem.

Die Formen dieses Systems haben 4 Axen, von denen eine rechtwinklig auf den 3 anderen steht, die untereinander gleich sind und sich unter 60° schneiden, auf die Längenverhältnisse der Axen bezieht sich der Name 3 + 1 axiges System.

Die einzelne Axe bildet die Hauptaxe, die drei anderen

---

*) Fände hier eine parallelflächige Hemiëdrie analog der im regulären System statt, so müsste aus einem Dioktaëder ein Trapezoëder entstehen, begrenzt von 8 Trapezen mit seitlichen Zickzackkanten. Derartige Formen sind bis jetzt noch nicht beobachtet worden, ebensowenig wie tetartoëdrische.

sind die Nebenaxen. Die halbe Hauptaxe wird mit *c*, jede der drei halben Nebenaxen mit *a* bezeichnet.

Die Hauptaxe kann entweder länger oder kürzer als die Nebenaxen sein; ihre Grösse wird auf die Nebenaxen als Einheit bezogen, angegeben.

Da die Endpunkte der Nebenaxen, untereinander verbunden, ein regelmässiges Hexagon geben, so heisst das System das hexagonale.

Man bezeichnet die Flächen durch Angabe der 4 Axenabschnitte, obgleich mathematisch nur 3 nothwendig sind.

Von weiteren Axen sind noch diejenigen hervorzuheben, welche, wie im quadratischen System zwischen den Nebenaxen liegen und diese unter 30^0 schneiden, sie werden hier zum Unterschiede von den ersteren Nebenaxen die zweiten Nebenaxen genannt.

A. Holoëdrische Formen.

1. Hexagondodekaëder.

Syn. Hexagonale Pyramiden (Naumann), Dihexaëder.

Die Hexagondodekaëder*) (Fig. 121, Quarz) sind von 12 gleichschenkligen Dreiecken begrenzt, und haben 18 Kanten und 8 Ecken.

Kanten und Ecken sind zweierlei Art: man hat 12 Endkanten *D*, 6 obere und 6 untere, in welchen die Dreiecke mit den Schenkeln zusammenstossen und 6 Seitenkanten *G* zu unterscheiden, gebildet von den Grundlinien der Dreiecke; ferner 2 Endecken *C*, welche sechsflächig und gleichkantig, und 4 Seitenecken *A*, welche vierflächig und symmetrisch sind. Die ersteren Ecken liegen an den Enden der Hauptaxen, die letzteren in gewissen Fällen an den Enden der Nebenaxen.

Der durch die Seitenkanten gelegte Schnitt ist ein regelmässiges Sechseck, und heisst die Basis; nach ihr sind die

---

*) Sie sind in dem Folgenden zuweilen kurzweg Dodekaëder genannt, wo eine Verwechslung mit dem Dodekaëder des regulären Systems nicht zu befürchten war.

hexagonalen Dodekaëder Hexagondodekaëder benannt worden. Die durch zwei parallele Endkanten gelegten Schnitte sind Rhomben.

Es giebt ebenso eine grosse Anzahl von Hexagondodekaëdern, wie dies bei den Quadratoktaëdern der Fall ist, und die verschiedenen Hexagondodekaëder, die bei einer und derselben Mineralgattung vorkommen, unterscheiden sich wie jene, sowohl rücksichtlich der Neigung ihrer Flächen gegen die Hauptaxe, als auch rücksichtlich ihrer Stellung.

In Rücksicht der Neigung ihrer Flächen gegen die Hauptaxe unterscheidet man stumpfe und spitze Hexagondodekaëder, je nachdem ihre Hauptaxen länger oder kürzer als die Nebenaxen sind.

In Rücksicht ihrer Stellung unterscheidet man Hexagondodekaëder erster und zweiter Ordnung, je nachdem die Nebenaxen die entgegengesetzten Seitenecken, oder die Mitten der entgegengesetzten Seitenkanten verbinden. Bei den ersteren entspricht die Basis der Lage nach dem Sechseck der ersten Nebenaxen, bei den letzteren, dem Sechseck der zweiten Nebenaxen, welches um $60°$ gegen das erstere gedreht ist, Taf. IX, Fig. 5. Die Flächen der Hexagondodekaëder erster Ordnung schneiden daher nur zwei Nebenaxen, während sie der dritten parallel sind ($a : a : \infty a$) die Flächen der Hexagondodekaëder zweiter Ordnung dagegen schneiden unmittelbar nur eine Nebenaxe, aber hinreichend verlängert, die beiden benachbarten in der doppelten Länge ($2a : a : 2a$). Die Basen von einem Dodekaëder erster und zweiter Ordnung verhalten sich bei gleichen Nebenaxen, wie die Zahlen 3 : 4.

Die verschiedenen Hexagondodekaëder, die bei einer und derselben Mineralgattung vorkommen, stehen auch hier, wie die Beobachtung gezeigt hat, in einfachen und rationalen Verhältnissen. Zur Bestimmung dieser Verhältnisse wird wieder von einem ausgegangen, welches die Grundform bildet, und das Haupthexagondodekaëder oder Hauptdodekaëder heisst; von der Wahl desselben gilt dasselbe, was von der Wahl der Grundform des quadratischen Krystallisationssystems gesagt ist. Nach der Grundform wird bestimmt, welche Dodekaëder erster Ordnung, und welche zweiter Ordnung sind. Die Bezeichnung ist nun:

der Grundform $(a:a:\infty a: c)$,
„ Dodekaëder erster Ordnung $(a:a:\infty a:mc)$,
„ „ zweiter „ $(2a:a:2a:mc)$,
in welchen Zeichen m eine einfache rationale, ganze oder gebrochene Zahl bedeutet. Zwei Dodekaëder verschiedener Ordnung, aber gleicher Neigung der Flächen gegen ihre Hauptaxe, können also eben so wenig vorkommen als zwei solcher Quadratoktaëder, da ihre Axen untereinander in dem irrationalen Verhältnisse von $(1:2\sqrt[3]{1/3})$ stehen.

Die verschiedenen Dodekaëder erscheinen an der Grundform, wenn sie zu derselben hinzutreten, auf eine ganz ähnliche Weise, wie die verschiedenen Quadratoktaëder an dem Hauptoktaëder. Auch bei den Dodekaëdern kommen Reihen von ersten, zweiten u. s. w. stumpferen und spitzeren vor.

Das 1. stumpfere Dodekaëder erhält den Ausdruck
$$(2a:a:2a:c) = (a:1/2a:a:1/2c) = d,$$
denn seine Basis entspricht dem umschriebenen Sechseck der Basis der Grundform Taf. IX, Fig. 5, es stumpft also die Endkanten des Hauptdodekaëders gerade ab. Fig. 123 stellt Magnetkies dar, bei welchem r das Grunddodekaëder und d das erste stumpfere ist.

Das 1. spitzere Dodekaëder erhält das Zeichen
$$(3/2a:3/4a:3/2a:c) = (2a:a:2a:4/3c) = (a:1/2a:a:2/3c) = 4/3d,$$
da seine Basis dem eingeschriebenen Sechseck die Basis der Grundform entspricht.

Ein häufig vorkommendes Hexagondodekaëder zweiter Ordnung ist dasjenige, welches in Combination mit der Grundform die Flächen derselben in Kanten schneidet, die den oben rechts und links liegenden Endkanten der Grundform parallel sind, wie die Flächen $2d$ an der Form des Beryls (Fig. 125) die Flächen $2d$ beim Quarz (Fig. 149); der Ausdruck der Fläche ist $(a:1/2a:a:c) = (2a:a:2a:2c) = 2d$, denn legt man die Fläche durch den Endpunkt c, so schneidet sie die Nebenaxen im Verhältniss von $1:1/2:1$, Taf. IX, Fig. 5.

Unter den Dodekaëdern verschiedener Gattungen findet ebenso wenig Zusammenhang statt, wie unter den Quadratoktaëdern verschiedener Gattungen. Ihre Axen stehen, wie dort, wahrscheinlich in keinem bestimmten Verhältniss. Auch die Haupt- und Nebenaxen eines und desselben Dodekaëders stehen, so viel man weiss, in keinem einfachen Verhältniss; sie werden aus den Winkeln in den Endkanten oder Seitenkanten, die man messen kann, berechnet; aber man hat auch hier nur nöthig, einen dieser Winkel zu messen, da der andere, wie bei den Quadratoktaëdern, sich aus dem ersten berechnen lässt. So hat man bei der Grundform des Quarzes für die Axen den Werth von $c = 1,1$ gefunden, aus welchem wiederum folgende Winkel sich ableiten lassen:

Neigung der Flächen in den Endkanten $D = 133°\ 44'$,
„ „ „ „ „ Seitenkanten $G = 103\ 34$.

2. Die gerade Endfläche.
Syn. Pinakoid, (Naumann).

Die gerade Endfläche ist rechtwinklig gegen die Hauptaxe geneigt, also den Nebenaxen parallel, ihr Zeichen daher:
$$(\infty a : \infty a : \infty a : c).$$

In der Combination mit einem Dodekaëder erscheint sie als gerade Abstumpfungsfläche der Endecken, und bildet ein reguläres Sechseck, wie die Basis, der sie parallel ist, bei Fig. 123, Magnetkies die Fläche c. Die Combinationskante der Grundform mit der Endfläche wird an derselben Form durch das stumpfere Hexagondodekaëder 1. Ordnung $\frac{1}{2}r$ $(a : \infty a : a : \frac{1}{2}c)$ schief abgestumpft. Je stumpfer die Dodekaëder sind, desto mehr nähern sie sich der Endfläche, mithin ist dieselbe die Grenzform der stumpfen Dodekaëder, wie im quadratischen System der stumpfen Quadratoktaëder.

3. Die sechsseitigen Prismen.
Syn. Hexagonale Prismen.

Die 6 Flächen der sechsseitigen Prismen sind der Hauptaxe parallel und schneiden sich unter Winkeln von 120°; ihr rechtwinkliger Querschnitt ist natürlich ein regelmässiges Sechseck. Es giebt zwei verschiedene sechsseitige Prismen, die sich durch ihre gegenseitige Stellung ebenso unterscheiden, wie die beiden quadratischen Prismen. Bei dem einen verbinden die Nebenaxen die Winkel, bei dem andern die Mitten der Seiten seines mittlern rechtwinkligen Querschnitts. Der Querschnitt des erstern Prismas hat also eine gleiche Lage, wie die Basen der Dodekaëder erster Ordnung, der Querschnitt des andern Prismas eine gleiche Lage, wie die Basen der Dodekaëder zweiter Ordnung; das erstere Prisma wird daher das **erste sechsseitige Prisma**, das andere das **zweite sechsseitige Prisma** genannt. Das Zeichen ist:

des ersten sechsseitigen Prismas $(a:a:\infty a:\infty c)$,
„ zweiten „ „ $(2a:a:2a:\infty c)$.

Die sechsseitigen Prismen kommen häufig mit den Hexagondodekaëdern zusammen vor und sind wie die quadratischen Prismen die Grenzformen der spitzen Hexagondodekaëder.

In der Combination des ersten sechsseitigen Prismas und der Grundform bilden die Flächen des erstern an der Grundform die Abstumpfungsflächen der Seitenkanten; die Flächen der Grundform am ersten sechsseitigen Prisma sechsflächige Zuspitzungen der Enden, so dass die Zuspitzungsflächen auf den Flächen des Prismas gerade aufgesetzt sind (Fig. 122, Quarz).

In der Combination des zweiten sechsseitigen Prismas und der Grundform bilden die Flächen des erstern an der Grundform die Abstumpfungsflächen der Seitenecken; die Flächen der Grundform an dem zweiten sechsseitigen Prisma sechsflächige Zuspitzungen der Enden, die Zuspitzungsflächen sind auf den Kanten des Prismas gerade aufgesetzt und haben die Gestalt von symmetrischen Trapezoïden.

Wie die beiden Formen der ersten Combination, verhalten sich alle Dodekaëder und sechsseitigen Prismen gleicher Ordnung; wie die beiden Formen in der zweiten Combination, verhalten sich alle Dodekaëder und sechsseitigen Prismen verschiedener Ordnung.

Beide Prismen kommen nicht selten zusammen vor, in welcher Combination die Flächen des einen die Abstumpfungsflächen der Kanten des andern bilden, so stumpfen in Fig. 123 die Flächen a des zweiten Prismas die Kanten des ersten g gerade ab. Beide zusammen oder einzeln kommen auch mit der gerade angesetzten Endfläche vor; in dieser Combination herrschen bald die Flächen der einen oder der andern Form vor, und die Krystalle erscheinen dann bald säulen-, bald tafelförmig.

4. Die Didodekaëder.

Syn. Zweimalzwölfflächner. Sechsundsechskantner, dihexagonale Pyramiden (Naumann).

Die Didodekaëder (Fig. 124) sind von 24 ungleichseitigen Dreiecken begrenzt, und haben 36 Kanten und 14 Ecken.

Die Kanten sind dreierlei Art: 12 Endkanten, D, die wie die Endkanten der Dodekaëder erster Ordnung liegen; 12 Endkanten, F, die wie die Endkanten der Dodekaëder zweiter Ordnung liegen; und 12 Seitenkanten, G, die in einer Ebene liegen, und von denen je zwei einer Seitenkante der Hexagondodekaëder entsprechen. Bei den verschiedenen Didodekaëdern sind bald die Endkanten D die längeren und schärferen, und die Endkanten F die kürzeren und stumpferen, bald ist das Umgekehrte der Fall.

Die Ecken sind dreierlei Art: 2 zwölfflächige symmetrische Endecken, C; 6 vierflächige symmetrische Seitenecken, A, die wie die Seitenecken der Hexagondodekaëder erster Ordnung, und 6 vierflächige symmetrische Seitenecken, E, die wie die Seitenecken der Hexagondodekaëder zweiter Ordnung liegen.

Die Hauptaxe verbindet die Endecken C, die Nebenaxen die ersten Seitenecken A. Die Schnitte, die durch 2 in den Endecken gegenüberliegende Kanten, D oder F, gelegt werden, sind Rhomben; der durch die Seitenkanten gelegte Schnitt ist ein symmetrisches Zwölfeck. Das allgemeine Zeichen der Didodekaëder ist:

$$(a : \tfrac{1}{n} a : \tfrac{1}{p} a : \tfrac{1}{m} c), = (a : \tfrac{1}{n} a : \tfrac{1}{n-1} a : \tfrac{1}{m} c)$$

Sie verhalten sich ebenso zu den Hexagondodekaëdern, wie die Dioktaëder zu den Quadratoktaëdern. Wird $n = 2$, so geht die Form in ein Hexagondodekaëder zweiter Ordnung über, wird $n = 1$ in ein desgleichen erster Ordnung, (Taf. IX Fig. 5). Es können bei jeder Gattung viele verschiedene vorkommen, ihre Axen stehen aber immer mit den Axen des Hauptdodekaëders der Gattung in einfachen und rationalen Verhältnissen. Diess würde nicht der Fall sein bei den Didodekaëdern, deren zweierlei Endkanten gleich wären, daher auch solche Didodekaëder nicht vorkommen können.

Die Didodekaëder kommen übrigens noch seltener als die Dioktaëder, und wie diese gewöhnlich nur untergeordnet vor. Am häufigsten finden sich auch hier solche, deren Flächen als Abstumpfungsflächen der Combinationskanten eines Hexagondodekaëders und eines sechsseitigen Prismas, welche beide verschiedener Ordnung sind, erscheinen. Auf diese Weise kommen z. B. die Flächen

$$(a : 1/3 a : 1/2 a : c)$$

am Beryll vor, in einer Combination, die Fig. 125 dargestellt ist, bei welcher $g = (a : a : \infty a : \infty c)$ die Flächen des ersten sechsseitigen Prismas sind, $c = (\infty a : \infty a : \infty a : c)$ die gerade Endfläche, $r = (a : a : \infty a : c)$ die Flächen der Grundform, $2r = (a : a : \infty a : 2c)$*) die Flächen eines spitzern Dodekaëders erster Ordnung, $2d = (2a : a : 2a : 2c)$ die Flächen des ersten stumpfern Dodekaëders von $2r$, welche die Abstumpfungen der Endkanten von $2r$ bilden, und ohne die Flächen $2r$ als Rhomben erscheinen würden, und s endlich die Flächen des Didodekaëders $(a : 1/3 a : 1/2 a : c)$, die als Abstumpfungen der Combinationskanten des Dodekaëders zweiter Ordnung und des ersten sechsseitigen Prismas erscheinen, und daher mit der Grundform ein gleiches Verhältniss von c mit einem a haben (Fig. 124 stellt dieses Didodekaëder ohne andere Flächen vor).

Ausser diesem Didodekaëder sind beim Beryll noch

$$(a : 1/3 a : 1/2 a : 2/3 c)$$
$$(a : 1/8 a : 1/7 a : c)$$
$$(a : 1/12 a : 1/11 a : c)$$

beobachtet.

5. Zwölfseitige Prismen.

Syn. Sechsundsechskantige Prismen, dihexagonale Prismen, symmetrisch 12seitige Prismen.

Die Flächen der zwölfseitigen Prismen sind der Hauptaxe parallel, und ihre Kanten zweierlei Art; indem 6 abwechselnde stumpfer, und 6 abwechselnde schärfer sind. Ihr rechtwinkliger Querschnitt ist daher von derselben Beschaffenheit, wie die Basis der Didodekaëder, und ihre Bezeichnung also:

$$(a : \frac{1}{n} a : \frac{1}{p} a : \infty c) = (a : \frac{1}{n} a : \frac{1}{n-1} a : \infty c).$$

---

*) Anm. In Fig. 125 ist statt $3/2 r$ zu lesen $2 r$.

Aus dem Zeichen ist ersichtlich, dass man die zwölfseitigen Prismen als unendlich spitze Didodekaëder auffassen kann, es sind mithin die Grenzformen der spitzen Didodekaëder.

Die Flächen eines zwölfseitigen Prismas finden sich gewöhnlich in Combination mit dem ersten òder zweiten, oder mit beiden sechsseitigen Prismen, und verhalten sich in diesen Combinationen, wie die Flächen der achtseitigen Prismen in den Combinationen mit den quadratischen Prismen. Am ersten oder zweiten sechsseitigen Prisma bilden sie Zuschärfungen der Kanten, an der Combination beider Prismen schiefe Abstumpfungen der Combinationskanten, so stellt Fig. 126 eine Combination von Beryll des am häufigsten vorkommenden zwölfseitigen Prismas $1/3 g = (a : 1/3 a : 1/3 a : \infty a)$ mit dem ersten Prisma g und der geraden Endfläche c vor. Kommen die Flächen eines zwölfseitigen Prismas mit beiden sechsseitigen Prismen zusammen vor, so enthält die Combination 24 Seitenflächen, hat also schon ein fast cylinderförmiges Ansehen.

Ein zwölfseitiges Prisma mit gleichen Seitenkanten kann als einfache Form ebenso wenig vorkommen, als ein Didodekaëder mit lauter gleichen Endkanten, es ist die Combination des ersten und zweiten sechsseitigen Prismas.

Allgemeine Betrachtungen über die holoëdrischen Formen des hexagonalen Systems.

Die Symmetrie ist hier ähnlich wie im quadratischen System eine pyramidale, findet aber nach der Sechszahl statt, worauf sich der Name sechsgliedriges System bezieht.

Setzt man die Hauptaxe $= 1$, so kann man alle Flächen durch Linien in der Ebene der Nebenaxen verzeichnen (Taf. IX Fig. 5). Man ersieht leicht, dass die Lage der Flächen auch hier, wie im quadratischen System nur eine 3fache sein kann; 1) entsprechend dem Hexagon der Nebenaxen, 1. Ordnung $(a : a : \infty a)$, $(ma : ma : \infty a)$ und $(\frac{1}{m} a : \frac{1}{m} a : \infty a)$, 2) dem umschriebenen Hexagon, also dem der 2. Nebenaxen, 2. Ordnung $(2a : a : 2a)$, $(2ma : ma : 2ma)$, $(\frac{2}{m} a : \frac{1}{m} a : \frac{2}{m} a)$ und 3) entsprechend einem symmetrischen Zwölfeck, dessen

Linien zwischen den Hexagonen 1. und 2. Ordnung liegen, Zwischenstellung $(a : \frac{1}{n} a : \frac{1}{n-1} a)$, wobei n eine ganze oder gebrochene Zahl bedeuten kann, $(ma : \frac{m}{n} a : \frac{m}{n-1} a)$, $(\frac{1}{m} a : \frac{1}{mn} a : \frac{1}{m(n-1)} a)$.

So ergeben sich folgende Formen:

1. Ordnung.

Haupthexagondodekaëder $\quad (a : a : \infty a : c)$
Stumpfere „ $\quad (ma : ma : \infty a : c) = (a : a \infty a : \frac{1}{m} c)$
Gerade Endfläche $\quad (\infty a : \infty a : \infty a : c)$
Spitzere Hexagondo-
 dekaëder $\quad (\frac{1}{m} a : \frac{1}{m} a : \infty a : c) = (a : a : \infty a : mc)$
Prisma $\quad (a : a : \infty a : \infty c)$

2. Ordnung.

1. stumpferes Hexa-
 gondodekaëder $\quad (2a : a : 2a : c)$
Stumpfere Hexagon-
 dodekaëder $\quad (2ma : ma : 2ma : c) = (2a : a : 2a : \frac{1}{m} c)$
Gerade Endfläche $\quad (\infty a : \infty a : \infty a : c)$
Spitzere Hexagondo-
 dekaeder $\quad (\frac{2}{m} a : \frac{1}{m} a : \frac{2}{m} a : c) = (2a : a : 2a : mc)$
Prisma $\quad (2a : a : 2a : \infty c)$

Zwischenstellung.

Didodekaëder $\quad (a : \frac{1}{n} a : \frac{1}{n-1} a : c)$
Stumpfere $\quad (ma : \frac{m}{n} a : \frac{m}{n-1} a : c) = (a : \frac{1}{n} a : \frac{1}{n-1} a : \frac{1}{m} c)$
Gerade Endfläche $\quad (\infty a : \infty a : \infty a : c)$
Spitzere Dido-
 dekaëder $\quad (\frac{1}{m} a : \frac{1}{mn} a : \frac{1}{m(n-1)} a : c) = (a : \frac{1}{n} a : \frac{1}{(n-1)} a : mc)$
Zwölfseitige Prismen $\quad (a : \frac{1}{n} a : \frac{1}{(n-1)} a : \infty c)$

Damit ist die Möglichkeit der Formen erschöpft und es sind keine anderen denkbar.

B. Hemiëdrische Formen.

1. Rhomboëder.

Syn. **Halbzwölfflächner.**

Die Rhomboëder (Fig. 127 und 128) sind von 6 Rhomben begrenzt, und haben 12 Kanten und 8 Ecken.

Die Kanten sind zweierlei Art: 6 Endkanten X, 3 obere und 3 untere, die aber nicht aneinanderstossen, sondern zwischen einanderliegen, 6 Seitenkanten Z, welche nicht in einer Ebene liegen, sondern im Zickzack auf- und niedersteigen.

Die Ecken sind auch zweierlei Art, 2 Endecken C, dreiflächig und gleichkantig, in ihnen stossen die 3 Endkanten oben und unten zusammen; 6 Seitenecken E auch gleichflächig, aber ungleich: und zwar zweierleikantig, indem in ihnen je 2 Seitenkanten und eine Endkante zusammenstossen und desshalb liegen sie abwechselnd dem obern oder untern Ende näher, wonach man obere und untere Seitenecken unterscheiden kann.

Die Hauptaxe verbindet die beiden Endecken, die Nebenaxen die Mitten der gegenüberliegenden Seitenkanten.

Die Diagonalen der Flächen, welche zwei Seitenecken verbinden, heissen horizontale Diagonalen, die, welche eine Endecke und eine Seitenecke verbinden, schiefe Diagonalen. Die schiefen Diagonalen haben untereinander eine ähnliche Lage, wie die Endkanten, verbinden aber eine obere Endecke mit einer unteren Seitenecke und umgekehrt.

Die durch die oberen oder unteren horizontalen Diagonalen eines Rhomboëders gelegten Schnitte sind gleichseitige Dreiecke; sie stehen auf der Hauptaxe senkrecht, und theilen sie in drei gleiche Theile. Der durch die Mitte der Hauptaxe rechtwinklig gelegte Schnitt ist ein regelmässiges Sechseck; seine Diagonalen sind die Nebenaxen des Rhomboëders.

Die auf den Seitenkanten oder Endkanten rechtwinkligen Schnitte sind Rhomben; die Winkel in den Endkanten und Seitenkanten sind daher Complementswinkel von einander.

Die durch die Hauptaxe eines Rhomboëders, zwei Endkanten und die angrenzenden zwei schiefen Diagonalen gelegten Schnitte sind Rhomboïde, wie das Rhomboïd Taf. IX. Fig. 10; die längeren Seiten CE und $E'C'$, entsprechen den Diagonalen, die kürzeren Seiten CE' und EC', den Endkanten und die Diagonale CC' des Rhomboïds der Hauptaxe des Rhomboëders. Die Linien LE' und EL' sind die Durchschnitte der durch die oberen und unteren horizontalen Diagonalen des Rhomboëders belegten Ebenen; sie werden von der Hauptaxe so getheilt, dass ein Stück auf der einen Seite die Hälfte von dem auf der andern ist. — Diese Schnitte, deren man drei durch jedes Rhomboëder legen kann, stehen auf den Flächen des Rhomboëders rechtwinklig, daher auch der Winkel LCK der Neigungswinkel der Flächen, der Winkel $E'CK$ der Neigungswinkel der Endkanten des Rhomboëders gegen die Hauptaxe ist. Wegen dieses Umstandes haben diese Schnitte eine besondere Wichtigkeit, und werden daher auch die Hauptschnitte des Rhomboëders genannt.

Die Rhomboëder werden in stumpfe und spitze Rhomboëder unterschieden, je nachdem die in den Endecken zusammenstossenden Winkel stumpfer oder spitzer sind, als ein Rechter. In der Mitte steht das Hexaëder, welches mit einer seiner Eckenaxen vertical gestellt, als ein Rhomboëder betrachtet werden kann, dessen Flächen Quadrate sind und sich in Kanten von $90°$ schneiden, dessen sämmtliche Kanten und Ecken daher untereinander gleich sind. Damit wäre auch die Symmetrie die des regulären Systems. Hexaëder, deren Ecken und Kanten nur mathematisch gleich, aber physikalisch verschieden wären, die sich also in Combinationen, wie wahre Rhomboëder verhielten, sind nicht beobachtet. Dagegen giebt es viele Rhomboëder, die in den Winkeln dem Hexaëder nahe kommen.

Linien, welche die Mitten der Seitenkanten eines Rhomboëders untereinander, so wie mit den Endecken verbinden, haben eine gleiche Lage wie die Seiten- und Endkanten eines Hexagondodekaëders. Ein Rhomboëder ist daher ein Hälftflächner eines Hexagondodekaëders, und entsteht aus demselben dadurch, dass die abwechselnden Flächen, also drei obere, und drei diesen parallele untere Flächen so an Grösse zunehmen, dass die anderen aus der Begrenzung verdrängt werden. Je nachdem nun die einen oder die anderen abwechselnden Flächen verdrängt werden, entstehen aus jedem Hexagondodekaëder zwei Rhomboëder, die in Rücksicht ihrer Form und Grösse ganz gleich, in Rücksicht ihrer Stellung aber verschieden sind; das eine hat nämlich oben vorn eine Fläche, das andere eine Endkante, erscheint also gegen das andere wie um 60° um seine Hauptaxe gedreht und das eine ist das Gegenrhomboëder des andern. Man sieht diese beiden Stellungen an den Rhomboëdern (Fig. 127 und 128), die aus demselben Hexagondodekaëder (Fig. 121) entsprungen sind. Die Rhomboëder in den zweierlei Stellungen, die aus einem Hexagondodekaëder entstehen, werden wie die beiden Tetraëder, die aus dem Oktaëder entstehen, mit dem Namen erste und zweite Rhomboëder bezeichnet. Das Rhomboëder ist als ein erstes zu bezeichnen, welches in Bezug auf eine nach vorn gestellte 1. Nebenaxe des Hexagondodekaëders, aus welchem es entspringt, die oben rechts liegende Fläche und die abwechselnden Flächen enthält; das Rhomboëder ist als zweites zu bezeichnen, welches die von dieser Nebenaxe links oben liegende Fläche und die abwechselnden enthält.

In den Zeichnungen sind zwei 1. Nebenaxen nach vorn gestellt und die beiden Stellungen werden auf die links liegende Nebenaxe bezogen, so dass das erste Rhomboëder vorn oben eine Fläche zeigt, das zweite vorn oben eine Endkante.

Die Bezeichnung der Rhomboëder ist entsprechend der der früheren hemiëdrischen Formen

des ersten Rhomboëders $\frac{1}{2} (a : a : \infty a : mc)$,
des zweiten „ $\frac{1}{2} (a : a : \infty a : mc)'$.

Der Bruch $\frac{1}{2}$ wird auch fortgelassen, wenn nur von Rhomboëdern die Rede ist.

Unter den Krystallen einer Gattung, deren Formen zur hemiëdrischen Abtheilung des hexagonalen Krystallisationssystems gehören, kommen oft viele Rhomboëder, sowohl erster als zweiter Stellung vor, die stumpfer oder spitzer sind. Setzt man ihre Nebenaxen gleich, so ist die Hauptaxe bei den verschiedenen Rhomboëdern verschieden gross, doch steht ihre Grösse, wie die der Hauptaxe der Hexagondodekaëder, aus denen sie entsprungen sind, untereinander immer in einfachen und rationalen Verhältnissen. Von einem wird, wie bei den Hexagondodekaëdern, zur Bestimmung ihrer gegenseitigen Ver-

hältnisse ausgegangen; es bildet die Grundform, oder das Hauptrhomboëder, und seine Bezeichnung ist:
$$r = (a : a : \infty a : c).$$
In Bezug auf dieses werden die Rhomboëder erster und zweiter Stellung bestimmt. Die Rhomboëder, die mit dem Hauptrhomboëder eine ähnliche Lage der Flächen haben, sind 1. Rhomboëder, die ihre Kanten in der Richtung der Flächen des Hauptrhomboëders haben, 2. Rhomboëder.

In den Combinationen des Hauptrhomboëders mit den übrigen Rhomboëdern bilden die 1. Rhomboëder, je nachdem ihre Flächen unter einem stumpfern oder spitzern Winkel gegen die Hauptaxe geneigt sind, als die Flächen des Hauptrhomboëders, dreiflächige Zuspitzungen der Endecken, die Zuspitzungsflächen auf den Flächen des Hauptrhomboëders gerade aufgesetzt (Fig. 132), oder gegen die Hauptaxe geneigte Abstumpfungen der Seitenecken, welche die Flächen des Hauptrhomboëders in horizontalen Kanten schneiden, die oberen Rhomboëderflächen sind Abstumpfungen der unteren Seitenecken und gegen das obere Ende der Hauptaxe geneigt, die unteren Rhomboëderflächen sind Abstumpfungen der oberen Seitenecken und gegen das untere Ende der Hauptaxe geneigt. Die 2. Rhomboëder bilden, je nachdem ihre Flächen unter einem stumpfern, einem gleichen, oder einem spitzern Winkel gegen die Hauptaxe geneigt sind, als die Endkanten des Hauptrhomboëders, dreiflächige Zuspitzungen der Endecken, die Zuspitzungsflächen auf den Endkanten des Hauptrhomboëders gerade aufgesetzt, die geraden Abstumpfungen der Endkanten (Fig. 131, $\frac{1}{2}r'$) oder Abstumpfungen der Seitenecken, die wie in den Combinationen des Hauptrhomboëders mit den spitzeren Rhomboëdern erster Stellung gegen die Hauptaxe geneigt und die Flächen des Hauptrhomboëders in horizontalen Kanten schneiden, doch sind hier die oberen Rhomboëderflächen Abstumpfungen der oberen Seitenecken, die unteren Rhomboëderflächen Abstumpfungen der unteren Seitenecken, dies zeigt bei Fig. 131 die Lage der Flächen $2r'$ gegen r.

Bei den Rhomboëdern kommen, wie bei den Quadratoktaëdern, Reihen von stumpferen und spitzeren Rhomboëdern vor, von denen jedes vorhergehende stumpfere Rhomboëder eine gleiche Neigung der Flächen gegen die Axe hat, wie die

Kanten des folgenden spitzern, von denen also jedes folgende das erste spitzere Rhomboëder des vorhergehenden, jedes vorhergehende das erste stumpfere des folgenden ist. Die abwechselnden Glieder einer solchen Reihe sind Rhomboëder gleicher Stellung, die benachbarten Rhomboëder verschiedener Stellung.

Eine solche Reihe bildet sich am häufigsten von dem Hauptrhomboëder aus. Die dem Hauptrhomboëder zunächst stehenden Rhomboëder finden sich stets am häufigsten, die anderen seltener; bei dem Kalkspathe z. B. ist ausser dem ersten stumpfern und dem ersten spitzern Rhomboëder, welche sehr häufig vorkommen, nur noch das zweite und dritte spitzere und das zweite stumpfere Rhomboëder beobachtet.

In den Combinationen des Hauptrhomboëders mit den Flächen des ersten stumpfern und des ersten spitzern Rhomboëders bilden die Flächen des erstern die geraden Abstumpfungen der Endkanten, die Flächen des letztern Abstumpfungen der Seitenecken, welche die in den Endkanten zusammenstossenden Flächen des Hauptrhomboëders in Kanten schneiden, die den schiefen Diagonalen dieser Flächen parallel sind. An dieser Lage sind die Flächen des ersten stumpfern und spitzern Rhomboëders stets zu erkennen, die übrigen Rhomboëder der Reihe können nicht unmittelbar an ihrem Verhalten zum Hauptrhomboëder bestimmt werden. Eine Combination des Hauptrhomboëders r mit dem ersten stumpfern und spitzern Rhomboëder, $1/2 r$ und $2r'$, wie sie beim Chabasit vorkommt, ist Fig. 131 dargestellt; die Fig. 130 und 132 sind Combinationen, wie sie beim Kalkspathe vorkommen, Fig. 130 des Haupt- und ersten stumpfern Rhomboëders, $1/2 r'$; Fig. 132 des Haupt- und zweiten spitzern Rhomboëders, $4r$; bei Fig. 130 herrschen die Flächen des ersten stumpfern, und bei Fig. 132 die Flächen des zweiten spitzern Rhomboëders vor.

Die Verhältnisse, in welchen die Axen der Rhomboëder einer solchen Reihe stehen, sind sehr einfach; die Hauptaxen derselben nehmen nämlich bei gleichen Nebenaxen von den stumpferen zu den spitzeren Rhomboëdern in einer geometrischen Progression zu. Setzt man die Hauptaxe der Grund-

form = 1, so verhalten sich die Hauptaxen der stumpferen, des Haupt- und der spitzeren Rhomboëder, wie die Zahlen
$$\ldots 1/8 : 1/4 : 1/2 : 1 : 2 : 4 : 8 \ldots$$
Man übersicht diese Verhältnisse sehr leicht in Taf. IX. Fig. 9, wo die Hauptschnitte von drei auf einander folgenden Rhomboëdern von gleichen Nebenaxen dargestellt sind. Ist nämlich $ABCD$ der Hauptschnitt und AC die Hauptaxe des Hauptrhomboëders, so ist $ADFE$ der Hauptschnitt und AF die Hauptaxe des ersten stumpfern, $AGHB$ der Hauptschnitt und AH die Hauptaxe des ersten spitzern Rhomboëders. AD ist die Endkante des Hauptrhomboëders und zugleich die schiefe Diagonale des ersten stumpfern Rhomboëders, AB die schiefe Diagonale des Hauptrhomboëders und zugleich die Endkante des ersten spitzern Rhomboëders. Nun ist aber:
$$AJ = 2/3\, AF = 1/3\, AC, \text{ also } AF = 1/2\, AC, \text{ und}$$
$$AK = 1/3\, AH = 2/3\, AC, \text{ also } AH = 2\, AC,$$
es verhält sich also:
$$AF : AC : AH = 1/2 : 1 : 2.$$
Was aber von den drei mittelsten Rhomboëdern der Reihe bewiesen ist, lässt sich auch von je drei anderen auf einander folgenden Rhomboëdern der Reihe beweisen. Die Bezeichnung der Rhomboëder dieser Reihe ist also:

des Hauptrhomboëders	$= (a : a : \infty a : c)$,
„ ersten stumpfern Rhomboëders	$= (a : a : \infty a : 1/2 c)'$,
„ zweiten „ „	$= (a : a : \infty a : 1/4 c)$,
„ dritten „ „	$= (a : a : \infty a : 1/8 c)'$,

u. s. f.;

des ersten spitzern Rhomboëders	$= (a : a : \infty a : 2c)'$,
„ zweiten „ „	$= (a : a : \infty a : 4c)$,
„ dritten „ „	$= (a : a : \infty a : 8c)'$,

u. s. f.

Ausser der Reihe von Rhomboëdern, die zum Mittelpunkte das Hauptrhomboëder hat, finden sich bei sehr ausgebildeten rhomboëdrischen Systemen noch andere Reihen von Rhomboëdern, die von anderen Rhomboëdern als dem Hauptrhomboëder ausgehen. So finden sich z. B. beim Kalkspath Rhomboëder einer Reihe, die von einem scharfen 2. Rhomboëder $(a : a : \infty a : 5c)'$, das also nicht zur Hauptreihe gehört, ausgehen; denn sowohl das zweite stumpfere desselben $(a : a : \infty a : 5/4 c)'$, als auch das erste stumpfere ($a : a : \infty a : ⁵/₃c$) sind beobachtet. Dergleichen Reihen kommen jedoch schon seltener vor.

Bei den Rhomboëdern solcher Reihen, die nicht von der Grundform ausgehen, muss man jedesmal, wenn man von ersten stumpferen oder spitzeren Rhomboëdern spricht, das Rhomboëder bezeichnen, auf welches man sie bezieht; spricht man ohne weitern Zusatz von einem ersten stumpfern oder spitzern Rhomboëder, so sind diese Rhomboëder immer auf die Grundform zu beziehen.

Auch Rhomboëder von verschiedener Stellung und von gleicher Neigung der Flächen gegen die Hauptaxe kommen zusammen vor. Die Flächen dieser Rhomboëder würden also zusammen bei gleicher Grösse ein Hexagondodekaëder bilden; wenn sie indess auch in ihren geometrischen Verhältnissen gleich sind, unterscheiden sie sich doch gewöhnlich in der Grösse ihrer Flächen und in ihrem übrigen physikalischen Ansehen von einander, und verhalten sich also zu einander, wie ein 1. und 2. Tetraëder, welche ebenfalls zusammen vorkommen. Man nennt ein Rhomboëder von ungleicher Stellung, aber von gleichen Winkeln mit einem andern, das Gegenrhomboëder von diesem. Haupt- und Gegenrhomboëder stumpfen gegenseitig ihre Seitenecken ab, in ähnlicher Weise wie die spitzeren 2. Rhomboëder die Seitenecken des Hauptrhomboëders, aber die Combinations-Endkanten gehen parallel den Verbindungslinien der Endecken mit den Mittelpunkten der Seitenkanten. Beim Kalkspath findet sich auf diese Weise z. B. das Gegenrhomboëder ($a : a : \infty a : c$)' des Hauptrhomboëders, noch häufiger beim Quarz, in Fig. 122 sind beide Rhomboëder im Gleichgewicht.

Vorkommende Combinationen.

1) Die gerade Endfläche bildet an den verschiedenen Rhomboëdern die gerade Abstumpfungsfläche der Endecken und hat dann die Form eines gleichseitigen Dreieckes. Ist sie so gross, dass sie bis zu den Seitenecken eines Rhomboëders reicht, so hat die Combination mehr oder weniger Aehnlichkeit mit dem Oktaëder, doch sind nur die zwei Flächen, welche die geraden Endflächen bilden, gleichseitige Dreiecke; die Rhomboëderflächen erscheinen als gleichschenklige Dreiecke. Eine solche Combination kommt öfters beim Kalkspath vor, Fig. 129.

Wird die gerade Endfläche noch grösser, so dass sie die Rhomboëderflächen unterhalb der Seitenecken schneidet, so erhält die Combination das Ansehen einer sechsseitigen Tafel, deren schmale Seitenflächen abwechselnd nach oben und unten geneigt sind.

2) Die Flächen des **ersten sechsseitigen Prismas** bilden, wenn sie untergeordnet erscheinen, an allen Rhomboëdern, sowohl ersten als zweiten, Abstumpfungen der Seitenecken, welche vertical sind und die Flächen der Rhomboëder in horizontalen Kanten schneiden.

Haben diese Abstumpfungsflächen eine solche Grösse, dass sie sich nur einander berühren, so erscheinen die Rhomboëderflächen als symmetrische Fünfecke mit dreierlei Seiten, während die Abstumpfungsflächen selbst die Gestalt von gleichschenkligen Dreiecken haben. Herrschen in diesen Combinationen die Flächen des sechsseitigen Prismas vor, so bilden die Flächen des Rhomboëders dreiflächige Zuspitzungen der Enden des Prismas. Die Zuspitzungsflächen sind an dem einen Ende auf den einen, an dem andern auf den anderen abwechselnden Flächen des Prismas gerade aufgesetzt. Die Flächen von 1. Rhomboëdern sind auf den einen, die von 2. Rhomboëdern auf den anderen abwechselnden Flächen aufgesetzt (Fig. 133, eine Combination des Kalkspaths, bei welcher ½ r' die Flächen des Rhomboëders (des ersten stumpfern), g, die Flächen des sechsseitigen Prismas darstellen). Die Flächen des Prismas haben nun, wie die der Rhomboëder, die Gestalt von Fünfecken, an welchen sich ebenfalls dreierlei verschiedene Seiten finden.

3) Die Flächen des **zweiten sechsseitigen Prismas** bilden, wenn sie untergeordnet hinzutreten, an den Rhomboëdern, sowohl ersten als zweiten, Abstumpfungsflächen der Seitenkanten. Die Rhomboëderflächen haben in dieser Combination ihre Gestalt nicht verändert; die Flächen des zweiten Prismas erscheinen als Rhomboïde. Herrschen die Flächen des zweiten sechsseitigen Prismas, so bilden die Flächen eines Rhomboëders dreiflächige Zuspitzungen der Enden des Prismas, die Zuspitzungsflächen sind an dem einen Ende auf den einen, an dem andern Ende auf den anderen abwechselnden Kanten gerade aufgesetzt, die Flächen von 1. Rhomboëdern auf den einen Kanten, die von 2. auf den anderen abwechselnden (Fig. 134,

welche eine Combination des Hauptrhomboëders r des Dioptases mit dem zweiten sechsseitigen Prisma a darstellt). Die beiden sechsseitigen Prismen unterscheiden sich also in der Combination mit den Rhomboëdern dadurch, dass bei dem ersten Prisma die Rhomboëder, sowohl ersten als zweiten, auf den Flächen, bei dem zweiten auf den Kanten aufgesetzt sind.

4) In der Combination des Prismas und der Endfläche bilden die Rhomboëder schiefe Abstumpfungen der abwechselnden Endkanten.

5) Tritt ein Rhomboëder untergeordnet an der Combination des zweiten Prismas mit der Endfläche auf, so bildet es schiefe Abstumpfungen der abwechselnden Ecken, die Abstumpfungsflächen sind gleichschenklige Dreiecke, welche auf den Kanten des Prismas gerade aufgesetzt sind (Fig. 137, Korund ohne die Flächen $^4/_3 d$).

6) Die Flächen von Hexagondodekaëdern zweiter Ordnung bilden Zuschärfungen der Endkanten der Rhomboëder, theils gerade, theils schiefe. Gerade Zuschärfungen bildet das $1^1/_2$ fach stumpfere Hexagondodekaëder ($3a : ^3/_2 a : 3a : c$) $= (2a : a : 2a : ^2/_3 c)$ $^2/_3 d$, umgekehrt bildet das Hauptrhomboëder derartige Abstumpfungen der abwechselnden Seitenecken so, dass die Combinationskanten den rechts und links oben liegenden Endkanten des Hexagondodekaëders parallel laufen, es verhält sich mithin das Rhomboëder zu dem Hexagondodekaëder wie das spitzere Hexagondodekaëder 2. Ordnung ($a : ^1/_2 a : a : c$) zu dem Grundhexagondodekaëder. Eine derartige Combination zeigt der Phenakit, Fig. 135, wobei das 2. Prisma a und Hexagondodekaëder $^2/_3 d$ herrschend sind und die Flächen des Hauptrhomboëders die abwechselnden Combinationsecken gerade abstumpfen. Schärft das Hexagondodekaëder 2. Ordnung die Endkanten des Hauptrhomboëders schief zu, so haben die Combinationskanten eine bestimmte Lage auf den Flächen des Rhomboëders. So schärft z. B. das 1. spitzere Hexagondodekaëder $^4/_3 d$ ($a : ^1/_2 a : a : ^2/_3 c$) die Endkanten des Hauptrhomboëders derartig zu, dass die am Ende liegenden Combinationskanten der schiefen Diagonale der Flächen des Rhomboëders und unter einander parallel laufen, umgekehrt stumpft das Rhomboëder die abwechselnden Kanten des Hexagondodekaëders gerade ab. Diese Combination kommt beim Eisenglanz und Korund vor, Fig. 136 stellt einen Eisenglanz von Elba dar, bei welchem das

Hexagondodekaëder $^4/_3 d$ herrscht und das 2. stumpfere Rhomboëder $^1/_4 r$ $(a:\infty a:a:^1/_4 c)$ hinzutritt. Beim Korund (Fig. 137) herrscht das 2. Prisma a mit der Endfläche c, die Combinationskanten sind abgestumpft durch die Flächen des Hexagondodekaëders $^4/_3 d$ und das Hauptrhomboëder r stumpft die abwechselnden Kanten desselben gerade ab.

2. Die Skalenoëder.

Syn. Dreiunddreikantner, Hemididodekaëder, Halbzweimalzwölfflächner.

Die Skalenoëder (Fig. 138, Kalkspath) sind von 12 ungleichseitigen Dreiecken begrenzt und haben 18 Kanten und 8 Ecken.

Die Kanten sind dreierlei: 6 kürzere und schärfere Endkanten X, und 6 längere und stumpfere Endkanten Y, von denen die ersteren wie die Endkanten eines 1. Rhomboëders, die letzteren wie die längeren Diagonalen eines 1. Rhomboëders liegen, also auch wie die Endkanten eines 2. Rhomboëders, so dass daher die längeren und stumpferen Endkanten des obern Endes auf die kürzeren und schärferen des untern Endes stossen; ferner 6 Seitenkanten Z, die wie die Seitenkanten eines Rhomboëders nicht in einer Ebene liegen, sondern im Zickzack auf- und absteigen.

Die Ecken sind zweierlei: 2 Endecken C, die sechsflächig und symmetrisch sind, und 6 Seitenecken E, die vierflächig und unregelmässig sind, und von denen, wie bei den Seitenecken des Rhomboëders, 3 abwechselnde der obern Endecke, die 3 anderen der untern Endecke näher liegen.

Die Hauptaxe verbindet die Endecken, die Nebenaxen die Mitten der gegenüberliegenden Seitenkanten.

Der Schnitt, der durch die oberen oder unteren Seitenecken gelegt wird, ist ein symmetrisches Sechseck ohne parallele Seiten (wie Taf. IX, Fig. 6 mit gestrichelten Linien); es hat abwechselnd schärfere Winkel und stumpfere. Der durch die Mitte der Seitenkanten gelegte Schnitt ist ein symmetrisches Zwölfeck, wie bei den Didodekaëdern.

Der durch zwei parallele Endkanten gelegte Schnitt ist ein Rhomboïd, wie Taf. IX, Fig. 7. AE und $A'E$ sind die längeren, AE' und $A'E$ die kürzeren Endkanten: er heisst der Hauptschnitt des Skalenoëders.

Aus der Lage der zweiten Endkanten Y geht hervor, dass die beiden diese Kanten bildenden Flächen einer Hexagondodekaëderfläche entsprechen, oder was auf dasselbe hinauskommt, zwei Flächen eines Didodekaëders. Die Skalenoëder entstehen mithin in ähnlicher Weise, wie die Rhomboëder aus den Dodekaëdern, aus den Didodekaëdern, Fig. 124, wenn die an den einen oder den anderen abwechselnden zweiten Endkanten liegenden Flächenpaare sich ausdehnen. Die zwei Skalenoëder, die auf diese Weise aus jedem Didodekaëder entspringen, haben daher gegen einander dieselbe Lage, wie die beiden Rhomboëder, die aus einem Hexagondodekaëder entspringen; das eine erscheint gegen das andere um $60°$ um seine Hauptaxe gedreht, beide sind aber gleich und congruent. Das eine ist das Gegenskalenoëder des andern, diejenigen, welche ihrer Lage nach dem 1. Rhomboëder entsprechen, werden 1. Skalenoëder, die, welche dem 2. entsprechen, 2. genannt.

Die Bezeichnung ist wie die der Didodekaëder mit dem Bruch $^1/_2$, also:

$$^1/_2\ (a : \frac{1}{n}\ a : \frac{1}{n-1}\ a : \frac{1}{m}\ c),$$
$$^1/_2\ (a : \frac{1}{n}\ a : \frac{1}{n-1}\ a : \frac{1}{m}\ c)'$$

Da die Seitenkanten und die zweierlei Endkanten eines Skalenoëders dieselbe Lage haben, wie die Seitenkanten von einem und die Endkanten von zwei anderen Rhomboëdern, so werden durch jedes Skalenoëder zugleich drei verschiedene Rhomboëder bezeichnet, die in naher Beziehung zu dem Skalenoëder stehen und die auch alle mit demselben sehr häufig vorkommen. In dem Folgenden sind ein Rhomboëder und ein Skalenoëder, deren Seitenkanten gleiche Lage haben, das erstere in Bezug auf das letztere das **Seitenkanten-Rhomboëder des Skalenoëders**, das letztere in Bezug auf das erstere das **Seitenkanten-Skalenoëder des Rhomboëders** genannt, und auf eine ähnliche Weise mögen die Ausdrücke **Endkanten-Skalenoëder** eines Rhomboëders, oder **Endkanten-Rhomboëder** eines Skalenoëders, oder je nachdem die Endkanten des Rhomboëders in ihrer Lage mit den schärferen oder stumpferen Endkanten des Skalenoëders übereinkommen, **Rhombo-**

öder der schärferen Endkanten, oder Rhomboëder der stumpferen Endkanten eines Skalenoëders zu verstehen sein. Das Seitenkanten-Rhomboëder eines Skalenoëders hat bei gleicher Länge der Seitenkanten natürlich eine kürzere Hauptaxe als dieses, doch steht dieselbe jedesmal in einem einfachen Verhältnisse mit der Hauptaxe des Skalenoëders. Es finden sich bei einer Gattung oft mehrere Skalenoëder, die ein gleiches Seitenkanten-Rhomboëder, aber verschiedene Hauptaxen haben. Beim Kalkspath z. B. kommen unter anderen mehrere Skalenoëder vor, deren Seitenkanten-Rhomboëder das Hauptrhomboëder ist. Setzt man dessen Hauptaxe gleich 1, so verhalten sich die Hauptaxen der vorkommenden Skalenoëder bei gleichen Seitenkanten wie die Zahlen 2, 3, 5, 7, 9 u. s. w. Das zweite dieser Skalenoëder kommt am häufigsten vor, sein Zeichen ist $z = (a : \frac{1}{3} a : \frac{1}{2} a : c)$; es ist dasselbe, welches Fig. 138 dargestellt ist. Taf. IX, Fig. 7, stellt seinen Hauptschnitt $AEA'E'$ mit dem Hauptschnitt $CEC'E'$ des Hauptrhomboëders, seines Seitenkanten-Rhomboëders, vor.

Die Rhomboëder der schärferen und stumpferen Endkanten eines Skalenoëders haben bei gleichen Hauptaxen eine kleinere horizontale Projection. Man ersieht dies aus Taf. IX, Fig. 8, in welcher $AEA'E'$ denselben Hauptschnitt wie in Fig. 7, $ADA'D'$ einen Hauptschnitt des Rhomboëders der stumpferen Endkanten, $AFA'F'$ einen Hauptschnitt des Rhomboëders der schärferen Endkanten darstellt. Die Rhomboëder der Seitenkanten und der schärferen Endkanten eines Skalenoëders sind untereinander gleicher Stellung, das Rhomboëder der stumpferen Endkanten ist dagegen mit jenen verschiedener Stellung. Man ersieht dies ebenfalls aus der angeführten Figur, denn die Linien CE und AF sind die schiefen Diagonalen des Rhomboëders der Seitenkanten und der schärferen Endkanten, AD' ist die schiefe Diagonale des Rhomboëders der stumpferen Endkanten; die ersteren liegen auf gleicher, die letztere auf entgegengesetzter Seite des obern Endes der Hauptaxe, daher die zugehörigen Rhomboëder der ersteren gleicher, das Rhomboëder der letztern mit jenen verschiedener Stellung sind. Bei dem oben angeführten Skalenoëder des Kalkspaths $(a : \frac{1}{3} a : \frac{1}{2} a : c)$ ist das Rhomboëder der schärferen Endkanten das zweite spitzere Rhomboëder $(a:a:\infty a:4c)$, das Rhomboëder der stumpferen Endkanten das Rhomboëder $(a:a:\infty a:5c)'$.

Combinationen des Skalenoëder.

1) **Skalenoëder und Rhomboëder.**

Combinationen der Skalenoëder mit den verschiedenen Rhomboëdern kommen sehr häufig vor; am häufigsten finden sich indessen die Combinationen eines Skalenoëders mit den drei zugehörigen Rhomboëdern, besonders dem Rhomboëder der Seitenkanten, daher diese hier auch vorzugsweise berücksichtigt werden sollen. Nach ihnen hat man dann die Lage der übrigen Rhomboëder zu beurtheilen.

In der Combination eines Skalenoëders mit seinem Seitenkanten-Rhomboëder erscheinen, wenn die Flächen des letztern herrschen, die Flächen des Skalenoëders als Zuschärfungsflächen der Seitenkanten des Rhomboëders; wenn die Flächen des Skalenoëders herrschen, die Flächen des Rhomboëders als dreiflächige Zuspitzungen des Endes des Skalenoëders; die Zuspitzungsflächen sind auf den längeren Kanten gerade aufgesetzt und die entstehenden Combinationskanten den Seitenkanten des Rhomboëders parallel (Fig. 139, welche eine Combination des Skalenoëders $(a:\frac{1}{3}a:\frac{1}{2}a:c)$ mit dem Hauptrhomboëder des Kalkspaths ist). In der Combination eines Skalenoëders mit einem 2. Rhomboëder erscheinen die Flächen des letztern auch als dreiflächige Zuspitzungen der Endecken, aber die Flächen sind auf den kürzeren Kanten gerade aufgesetzt und haben die Gestalt von symmetrischen Trapezoiden, so die Flächen $\frac{1}{2}r'$ an dem Skalenoëder des Kalkspaths $(a:\frac{1}{3}a:\frac{1}{2}a:c)$, Fig. 143.

In den Combinationen der Skalenoëder mit den Rhomboëdern der Endkanten erscheinen die Flächen der Skalenoëder als Zuschärfungsflächen der Endkanten der Rhomboëder, wie in Fig. 141, welche eine Combination des Kalkspaths, und zwar des Skalenoëders $(a:\frac{1}{3}a:\frac{1}{2}a:c)$ mit dem Rhomboëder der schärferen Endkanten desselben $(a:a:\infty a:4c)$, darstellt. Es ergiebt sich leicht, dass die nächsten stumpferen Rhomboëder von den Rhomboëdern der Endkanten am Skalenoëder als Abstumpfungsflächen der stumpferen oder schärferen Endkanten erscheinen; wie denn auch häufig die schärferen Endkanten des Skalenoëders $(a:\frac{1}{3}a:\frac{1}{2}a:c)$ am Kalkspath durch die Flächen des ersten schärfern Rhomboëders $(a:a:\infty a:2c)'$ abgestumpft erscheinen.

2) **Skalenoëder mit den Prismen und der geraden Endfläche.**

In den Combinationen der Skalenoëder mit dem ersten sechsseitigen Prisma erscheinen die Flächen des letztern am Skalenoëder als Abstumpfungsflächen der Seitenecken. Sind die Abstumpfungsflächen nur so gross, dass sie sich unter einander in Punkten berühren, so haben sie die Gestalt von symmetrischen Trapezoiden, welche abwechselnd ihre stumpferen und schärferen Winkel nach oben gekehrt haben, wie in der Combination des Kalkspaths (Fig. 142), welche, abgesehen von den mit x bezeichneten Flächen, eine Combination des Skalenoëders $(a:{}^1/_3\,a:{}^1/_2\,a:c)$ mit dem ersten sechsseitigen Prisma g ist. Fig. 143 zeigt statt x die Flächen des 1. stumpfern Rhomboëders, welche die Prismenflächen in einer Ecke berühren, dadurch erhalten die Flächen des Skalenoëders auch eine trapezförmige Gestalt und die Combination enthält somit 24 trapezförmige Flächen. Sind die Flächen des ersten sechsseitigen Prismas grösser, so dass sie sich untereinander in Kanten schneiden, so haben sie die Gestalt von symmetrischen Sechsecken.

Die Flächen des zweiten sechsseitigen Prismas erscheinen an den Skalenoëdern als Abstumpfungen der Seitenkanten.

Die Flächen der zwölfseitigen Prismen erscheinen gewöhnlich nur da, wo die sechsseitigen Prismen herrschen, und dann wie oben angegeben ist.

Die gerade Endfläche bildet die gerade Abstumpfungsfläche der Endecken und hat dann die Gestalt eines symmetrischen Sechseckes, wie die durch die oberen oder unteren Endecken gelegten Schnitte, denen sie parallel ist.

3) **Skalenoëder mit Skalenoëdern.**

Combinationen der Skalenoëder untereinander sind ebenso häufig und vielfältig, als die der Skalenoëder mit den Rhomboëdern. In dem Folgenden sind nur einige der interessanteren Combinationen herausgehoben, die dazu dienen können, die anderen zu erklären. Die gewählten Combinationen finden sich alle beim Kalkspath.

Fig. 140 stellt eine Combination des Hauptrhomboëders r mit zwei seiner Seitenkanten-Skalenoëder z und w dar, die sich daher untereinander und das Hauptrhomboëder in Kanten schneiden, die den Seiten- oder Endkanten desselben parallel sind. Das erstere Skalenoëder ist das schon oben mehrmals angeführte, beim Kalkspath gewöhnlich vorkommende Skalenoëder $z = (a:^1/_3a:^1/_2a:c)$, das andere $u = (a:^5/_3a:^5/_2a:5c)$. Ausser diesen finden sich noch die Flächen $4r$ eines 1. Rhomboëders, welches das erste stumpfere Rhomboëder des Rhomboëders der stumpferen Endkanten von w ist, dessen Flächen daher als Abstumpfungsflächen der stumpferen Endkanten von w erscheinen, und welches zugleich das Rhomboëder der schärferen Endkanten von z ist, dessen Flächen daher mit z Combinationskanten bilden, die den schärferen Endkanten dieses parallel sind. Das Rhomboëder ist also, wie das in Fig. 141, das zweite spitzere $4r = (a:a:\infty a:4c)$; g sind die Flächen des ersten sechsseitigen Prismas. Die in der Combination enthaltenen Formen sind also:

$$r = (a:\ \ a:\infty a:\ \ c),$$
$$4r = (a:\ \ a:\infty a:\ \ 4c),$$
$$g = (a:\ \ a:\infty a:\infty c),$$
$$z = (a:^1/_3a:^1/_2a:\ \ c),$$
$$w = (a:^5/_3a:^5/_2a:\ \ 5c),$$

Fig. 144 ist eine Combination zweier Skalenoëder z und y mit zwei zu ihnen gehörenden Seitenkanten-Rhomboëdern, dem Haupt- und dem ersten spitzern Rhomboëder r und $2r'$. Die Combinationskanten dieser beiden Rhomboëder sind also den schiefen Diagonalen von r parallel, die Combinationskanten von z und r den Endkanten von r und die Combinationskanten von y und $2r'$ den Combinationskanten von $2r'$ und r, oder den Endkanten von $2r'$. Das Skalenoëder z ist das gewöhnliche $(a:^1/_3a:^1/_2a:c)$, die Flächen $2r'$ welche die Flächen des ersten stumpfern von $4r$ sind, erscheinen daher als Abstumpfungsflächen der schärferen Endkanten von z. Das Skalenoëder y hat das Zeichen $(a:^1/_4a:^1/_3a:c)'$; das Rhomboëder seiner schärferen Endkanten ist dasselbe, wie das Rhomboëder der stumpferen Endkanten von z, daher auch in der dargestellten Combination die Flächen des letztern als Zuschärfungsflächen der schärferen Endkanten von y erscheinen. Die in der Combination enthaltenen Formen sind also:

$$r = (a: \quad a:\infty a: \quad c),$$
$$2r' = (a: \quad a:\infty a:2c)',$$
$$z = (a:{}^1/_3a:{}^1/_2a: \quad c),$$
$$y = (a:{}^1/_4a:{}^1/_3a: \quad c)'.$$

Fig. 142 ist die schon früher angeführte Combination des Skalenoëders z mit dem ersten Prisma g und den Flächen x, welche die Flächen des Skalenoëders $(a:{}^1/_3a:{}^1/_2a:{}^1/_4c)$ sind. Das Rhomboëder der schärferen Endkanten desselben ist das Hauptrhomboëder, so dass, da z ein Seitenkanten-Rhomboëder von dem Hauptrhomboëder ist, die Flächen dieses, wenn sie zu der Combination hinzutreten würden, als Abstumpfungsflächen der Combinationsecken von x und z erscheinen und mit den Flächen dieser Formen Kanten bilden würden, die den Endkanten von r, oder den schärferen Endkanten von x parallel wären. Die Skalenoëder z und x haben in ihrem Zeichen gleiche Werthe in den Nebenaxen, daher auch die Combinationskanten von x und z horizontal sind. Die in der Combination enthaltenen Formen sind also:

$$z = (a:{}^1/_3a:{}^1/_2a: \quad c),$$
$$x = (a:{}^1/_3a:{}^1/_2a:{}^1/_4c),$$
$$g = (a: \quad a:\infty a:\infty c).$$

Allgemeine Betrachtungen über die hemiëdrischen Formen des hexagonalen Systems.

Die Hemiëdrie ist im hexagonalen System eine doppelte, entsprechend der geneigtflächigen und parallelflächigen des quadratischen Systems, eine rhomboëdrische und hexagonale.

a. Rhomboëdrische Hemiëdrie.

Wie sich im quadratischen System bei den geneigtflächig hemiëdrischen Formen die in den einen abwechselnden Octanten liegenden Flächen ausdehnen, die in den anderen verschwinden, so bezieht sich hier die Hemiëdrie auf die abwechselnden Sextanten. Dadurch aber, dass bei dieser Hemiëdrie von jedem bleibenden Sextanten auch der entgegengesetzte erscheint, können hier keine geneigtflächigen Formen entstehen, sondern jede bleibende Fläche behält ihre parallele, die Formen sind mithin parallelflächig hemiëdrische.

Hemiëdrische Formen mit der halben Anzahl der Flächen können nur aus den Hexagondodekaëdern 1. Ordnung und den

Didodekaëdern sich bilden, da von diesen Formen jede Fläche nur in einem Sextanten liegt, durch die Hemiëdrie mithin die Hälfte der Flächen verschwindet; so entstehen die Rhomboëder und Skalenoëder (Taf. IX, Fig. 6).

Die übrigen Formen, Hexagondodekaëder 2. Ordnung, Prismen und Endfläche behalten, da jede Fläche in 2 benachbarte Sextanten reicht (Fig. 148), sämmtliche Flächen der Lage nach und es entstehen durch die Hemiëdrie scheinbar holoëdrische Formen, welche als die Grenzformen der hemiëdrischen Formen mit der halben Anzahl der Flächen zu betrachten sind. So ist das Prisma 1. Ordnung die Grenzform der spitzen Rhomboëder, die gerade Endfläche die der stumpfen. Die Hexagondodekaëder 2. Ordnung sind die Grenzformen der Skalenoëder, wenn (Fig. 148) immer die Seitenkanten mehr und mehr sich der Basis nähern, das Prisma 2. Ordnung entsteht, wenn zugleich die Hauptaxe unendlich gross wird. Nähern sich die Seitenkanten mehr und mehr der verticalen Richtung, so sind die zwölfseitigen Prismen die Grenzgestalten der Skalenoëder.

Als scheinbar holoëdrische Formen sind alle diejenigen zu betrachten, welche mit Rhomboëdern und Skalenoëdern zusammen vorkommen, so beim Kalkspath die Prismen, beim Korund und Eisenglanz die Hexagondodekaëder.

Auf diese Weise erklärt es sich, dass man noch nie Rhomboëder beobachtet hat, deren Flächen der Lage nach Hexagondodekaëdern 2. Ordnung entsprechen.

Da die Skalenoëder 1. Stellung hier, wie im quadratischen System, bedeutend häufiger vorkommen, so giebt man auch den Hexagondodekaëdern 2. Ordnung die erste Stellung (Fig. 136, $^4/_3d$). Unterschiede von Hexagondodekaëdern erster und zweiter Stellung sind noch nicht beobachtet. Ebenso verhält es sich mit den Prismen und der Endfläche.

Während die holoëdrischen Formen des hexagonalen Systems keine Beziehungen zu den einfachen Formen des regulären Systems haben, so ist dies bei den rhomboëdrischen Formen der Fall, wenn man bei den regulären eine der Eckenaxen des Hexaëders vertical stellt.

Es ist dann das Hexaëder als die Grundform zu betrachten, als ein Rhomboëder, dessen End- und Seitenkantenwinkel 90° betragen. Diesem Rhomboëder stehen bei den Mineralien viele in den Winkeln nahe, so beträgt der Endkantenwinkel beim Hauptrhomboëder des Wismuth 87° 40', Antimon 86° 36', Arsen 85° 4', Eisenglanz 85° 58', Korund 86° 6' etc.

Das Oktaëder erscheint in dieser Stellung als eine Combination des ersten spitzeren Rhomboëders und der Endfläche. Auch die Combination des Kalkspathes (Fig. 129) hat Aehnlichkeit mit dem Oktaëder.

Die Flächen des Dodekaëders, welche die Endkanten des rhomboëdrisch gestellten Hexaëders abstumpfen, gehören dem ersten stumpfern Rhomboëder an, diejenigen, welche die Seitenkanten abstumpfen, dem zweiten Prisma. Dies zeigt auch die Combination des Dioptases (Fig. 134), wenn man sich die Rhomboëderflächen von oben und unten so weit genähert denkt, dass sie sich in der Mitte der Prismenkante in einer Ecke berühren.

Das Ikositetraëder $(a:a:\frac{1}{2}a)$ ist dann als eine dreizählige Combination aufzufassen, das zweite stumpfere Rhomboëder, dessen Flächen an den Endpunkten der Hauptaxe liegen und die Endkanten des rhomboëdrisch gestellten Dodekaëders abstumpfen, das erste Prisma, die vertical stehenden Flächen, welche die Kanten des im Dodekaëder enthaltenen zweiten Prismas abstumpfen, und ein zweites Skalenoëder, welches am Dodekaëder die Combinationskanten des ersten stumpfern Rhomboëders und zweiten Prismas abstumpft, also in der Seitenkantenzone des ersten stumpfern Rhomboëders liegt, $(a:\frac{2}{3}a:2a:c)'$. Eine äussere Aehnlichkeit mit einem Ikositetraëder hat auch die Combination des Kalkspathes (Fig. 141).

Das Triakisoktaëder $(a:\frac{2}{3}a:\frac{2}{3}a)$ liefert das dritte stumpfere Rhomboëder, ein spitzeres zweites Rhomboëder $(\frac{4}{5}a:\frac{4}{5}a:\infty a:c)'$ und ein zweites Skalenoëder $(2a:\frac{1}{3}a:\frac{2}{5}a:c)'$.

Das Tetrakishexaëder $(a:\frac{1}{2}a:\infty a)$ enthält das Hexagondodekaëder 2. Ordnung $(2a:a:2a:\frac{3}{2}c)$, welches die Endkanten der Grundform zuschärft, wie beim Phenakit (Fig. 135), und das beim Kalkspath so häufige Skalenoëder, welches die Seitenkanten der Grundform zuschärft, $(a:\frac{1}{3}a:\frac{1}{2}a:c)$.

Das Hexakisoktaëder $(a:\frac{1}{3}a:\frac{1}{2}a)$ giebt oben das Hexagondodekaëder $(2a:a:2a:\frac{1}{3}c)$, darunter das zweite Skalenoëder $(4a:a:\frac{4}{3}a:c)'$, dann $(a:\frac{2}{5}a:\frac{2}{3}a:c)'$ und das zwölfseitige Prisma $(a:\frac{1}{5}a:\frac{1}{4}a:\infty c)$.

Somit sind an den einfachen Formen des regulären Systems

sämmtliche einfache Formen vertreten, welche bei der rhomboëdrischen Hemiëdrie vorhanden sind.

b. Die hexagonale Hemiëdrie.

Sie findet nach den abwechselnden Seitenkanten der Didodekaëder statt, wie im quadratischen System, nach den abwechselnden Seitenkanten der Dioktaëder.

Hemiëdrische Formen mit der halben Anzahl der Flächen können nur aus den Didodekaëdern und zwölfseitigen Prismen entstehen. Aus den Didodekaëdern entstehen Hexagondodekaëder 3. Ordnung, deren Basis zwischen der Basis der Hexagondodekaëder 1. und 2. Ordnung liegt, aus den zwölfseitigen Prismen sechsseitige 3. Ordnung, deren rechtwinkliger Querschnitt dieselbe Lage hat, wie die Basis des entsprechenden Hexagondodekaëders 3. Ordnung. Von den Hexagondodekaëdern und Prismen 1. und 2. Ordnung reicht jede Fläche in den Bereich der Hemiëdrie, so dass diese Formen bei der hexagonalen Hemiëdrie mit der vollen Flächenanzahl als scheinbar holoëdrische auftreten (Fig. 151).

Für die Unterscheidung der beiden Stellungen gilt dasselbe, wie bei der parallelflächigen Hemiëdrie des quadratischen Systems. Man kann die beiden Stellungen nur bei einer bestimmten Lage der Hauptaxe unterscheiden und bezeichnet dann als der 1. Stellung angehörig diejenigen Flächen, welche in einem Sextanten an den rechten Seitenkanten eines Didodekaëders liegen, als 2. Stellung die an den linken Seitenkanten.

Diese Hemiëdrie findet sich beim Apatit (Fig. 145). Die Grundform r und das doppelt spitzere Dodekaëder 1. Ordnung $2r = (a : a : \infty a : 2c)$ erscheinen als Zuschärfungen der Combinationskanten der Endfläche und des 1. Prismas g. Das Hexagondodekaëder 2. Ordnung $(a : \frac{1}{2}a : a : c) = 2d$ liegt wie die Flächen r der Grundform beim Phenakit (Fig. 135) und würde an der Combination der Grundform mit dem 1. Prisma eine rhombische Gestalt haben. Von 3. Ordnung erscheint in erster Stellung $= s\ \frac{1}{2}(a : \frac{1}{3}a : \frac{1}{2}a : c)$ als schiefe Abstumpfung der rechts über einer Prismenfläche liegenden Combinationskanten des Prismas g und des Hexagondodekaëders 2. Ordnung $2d$, oben und unten. Die 2. Stellung hat das Prisma 3. Ordnung $\frac{1}{2}g' = (a : \frac{1}{3}a : \frac{1}{2}a : \infty c)'$, welches die Kanten des

1. Prismas derartig schief abstumpft, dass der stumpfere Winkel der Combinationskanten links von den Prismenflächen liegt.*)

C. Tetartoëdrische Formen.

1) Trigonoëder.

Syn. Trigonale Pyramiden (Naumann).

Die Trigonoëder (Fig. 146 und 147) sind von 6 gleichschenkligen Dreiecken begrenzt, haben 9 Kanten und 5 Ecken. Die Kanten sind zweierlei Art, 6 Endkanten X, in denen sich die Flächen mit den Schenkeln berühren, und 3 Seitenkanten T, in denen die Flächen mit den Grundlinien aneinanderstossen.

Die Ecken sind auch zweierlei, 2 gleich- und dreikantige Endecken C und 3 vierkantige und symmetrische Seitenecken A.

Die Basis ist ein gleichseitiges Dreieck, auf welchem die Flächen nach oben und unten eine dreiseitige Pyramide bilden.

Die Seiten der Basis haben dieselbe Lage wie die abwechselnden Seiten der Basen der Hexagondodekaëder 2. Ordnung und die an einer Seitenkante liegenden Flächenpaare entsprechen den Flächenpaaren an den abwechselnden Seitenkanten der Hexagondodekaëder 2. Ordnung. Man muss sich daher die Trigonoëder aus den Hexagondodekaëdern 2. Ordnung durch Hemiëdrie entstanden denken. Dass man es aber in der That mit einer Tetartoëdrie zu thun hat, wird weiterhin gezeigt werden. Aus jedem Hexagondodekaëder können 2 Trigonoëder entstehen, je nachdem sich in Bezug auf das Hauptrhomboëder die an den rechten oder linken Seitenkanten liegenden Flächen ausdehnen, danach unterscheidet man rechte und linke Trigonoëder, deren allgemeine Bezeichnung ist:

$\frac{1}{2}(2a:a:2a:mc)r = d.r.$
$\frac{1}{2}(2a:a:2a:mc)l = d.l.$

Fig. 146 stellt das rechte Trigonoëder des Quarzes dr dar, Fig. 147 dasselbe linke dl.

---

*) Durch eine Hemiëdrie entsprechend der parallelflächigen des regulären Systems, derzufolge an den Seitenecken der Didodekaëder nur die einen in den Ecken einander gegenüberliegenden Flächen zur Erscheinung kämen, würden hexagonale Trapezoëder entstehen, die von 12 Trapezen begrenzt wären. Diese Art der Hemiëdrie ist aber noch nicht beobachtet worden.

Selbständig kommen aber diese Formen nicht vor, sondern beim Quarz untergeordnet an der Combination des Haupt- und Gegenrhomboëders und 1. Prismas als gerade Abstumpfungen der abwechselnden Combinationsecken, und zwar oben und unten an denselben Prismenkanten, so an Fig. 150 das rechte Trigonoëder, an Fig. 149 das linke, $2d$.

2) Dreiseitige Prismen.

Syn. Trigonale Prismen.

Die Flächen der dreiseitigen Prismen sind der Hauptaxe parallel und schneiden sich unter Winkeln von 60°, ihr rechtwinkliger Querschnitt ist daher ein gleichseitiges Dreieck. Dasselbe entspricht der Basis des Trigonoëders, so dass die dreiseitigen Prismen als die Grenzgestalten der Trigonoëder zu betrachten sind. Daraus folgt, dass die dreiseitigen Prismen nach demselben Gesetz aus den sechsseitigen Prismen 2. Ordnung entstanden sind, wie die Trigonoëder aus den Hexagondodekaëdern 2. Ordnung, also durch Ausdehnen der einen und Verschwinden der anderen abwechselnden Flächen. So entstehen rechte und linke dreiseitige Prismen, die rechten stumpfen die rechten Seitenkanten des Hauptrhomboëders ab, die linken die linken. Ihre Bezeichnung ist:

$$\tfrac{1}{2}(2a : a : 2a : \infty c) = a.r.$$
$$\tfrac{1}{2}(2a : a : 2a : \infty c) = a.l.$$

Auch die dreiseitigen Prismen kommen wie die Trigonoëder nur untergeordnet vor, so am Quarz, als Abstumpfungen der abwechselnden Kanten des 1. Prismas (Fig. 156, die Flächen des linken dreiseitigen Prismas).

3) Trapezoëder.

Syn. Trigonale Trapezoëder (Naumann).

Die Trapezoëder (Fig. 152 und 153) sind von 6 Trapezoiden begrenzt, haben 12 Kanten und 8 Ecken.

Die Trapezoide haben dreierlei Seiten, zwei gleich lange und zwei verschieden lange.

Die Kanten sind mithin auch dreierlei Art, 6 Endkanten X, gebildet von den gleichen Seiten der Flächen, 3 längere Seitenkanten Z und 3 kürzere Z', welche im Zickzack auf- und niedersteigen.

Die Ecken sind zweierlei und dreikantig, 2 gleichkantige Endecken C und 6 unregelmässige Seitenecken W, von denen die einen 3 abwechselnden mehr dem obern Ende, die anderen mehr dem untern Ende genähert sind.

Die Nebenaxen gehen durch die Mittelpunkte der einander gegenüberliegenden seitlichen Kanten, welche eine gleiche Lage haben, wie die abwechselnden seitlichen Kanten der Skalenoëder. Die Trapezoëder sind mithin hemiëdrische Formen der Skalenoëder und aus denselben entstanden durch Ausdehnen der einen oder der anderen, an den abwechselnden Seitenkanten liegenden Flächenpaare der Skalenoëder.

Aus jedem Skalenoëder entstehen 2 Trapezoëder, welche als rechte und linke unterschieden werden. Die rechten Trapezoëder entstehen, wenn sich in Bezug auf eine Fläche des Hauptrhomboëders die an den rechten Seitenkanten liegenden Flächenpaare ausdehnen, die linken, wenn dies mit den Flächenpaaren an den linken Seitenkanten der Fall ist.

Die beiden aus einem Skalenoëder entstandenen Trapezoëder sind enantiomorph.

Da die Skalenoëder die Hälftflächner der Didodekaëder sind, so können aus jedem Didodekaëder 4 Trapezoëder entstehen, deren allgemeine Zeichen sind:

$$\left. \begin{array}{l} \frac{1}{4}(a : \frac{1}{n} a : \frac{1}{n-1} a : \frac{1}{m} c) r. \\ \frac{1}{4}(a : \frac{1}{n} a : \frac{1}{n-1} a : \frac{1}{m} c) l. \end{array} \right\} \text{1. Stellung.}$$

$$\left. \begin{array}{l} \frac{1}{4}(a : \frac{1}{n} a : \frac{1}{n-1} a : \frac{1}{m} c)' r. \\ \frac{1}{4}(a : \frac{1}{n} a : \frac{1}{n-1} a : \frac{1}{m} c)' l. \end{array} \right\} \text{2. Stellung.}$$

Fig. 152 und 153 stellen die beiden Trapezoëder des Quarzes dar, welche aus dem 1. Skalenoëder $(a : \frac{1}{4} a : \frac{1}{2} a : c)$ entstanden sind, Fig. 152 das rechte und Fig. 153 das linke.

Die Trapezoëder 1. Stellung sind bedeutend häufiger, als die 2.

Die Trapezoëder kommen nie selbständig vor, sondern nur in Combination, so an der Combination des Quarzes, Haupt- und Gegenrhomboëder und 1. Prisma als schiefe Abstumpfungen der abwechselnden Combinationsecken und zwar wie die Tri-

gonoëder oben und unten an den abwechselnden Prismenkanten, so bei Fig. 156 des Quarzes das rechte Trapezoëder
$$\tfrac{1}{4}\,(a : \tfrac{1}{6}\,a : \tfrac{1}{5}\,a : c)\,r,$$
bei Fig. 155 das linke:
$$\tfrac{1}{4}\,(a : \tfrac{1}{6}\,a : \tfrac{1}{5}\,a : c)\,l.$$
Sie sind in den Figuren mit x bezeichnet.

An der Combination des Quarzes Fig. 149 und 150 bilden diese Trapezoëder schiefe Abstumpfungen der Combinationskanten der Trigonoëder und Prismenflächen und zwar liegen dieselben unter den Flächen der Hauptrhomboëder, woran man dieselben leicht erkennen kann, oben und unten auf verschiedenen Seiten der Prismenkanten. Je nachdem die Trigonoëder- und Trapezoëderflächen rechts oder links an den Flächen der Hauptrhomboëders liegen, unterscheidet man rechte und linke Krystalle. Treten dreiseitige Prismen hinzu, so haben dieselben eine entgegengesetzte Stellung und stumpfen diejenigen Kanten des l. Prismas ab, an denen keine Trapezoëderflächen liegen (Fig. 156). Rechte und linke Quarzkrystalle lassen sich auch optisch durch die Circularpolarisation erkennen, indem die ersteren die Polarisationebene rechts, die letzteren links drehen[*]).

4. Symmetrisch sechsseitige Prismen.

Die Flächen der symmetrisch sechsseitigen Prismen gehen der Hauptaxe parallel und schneiden sich unter abwechselnd stumpferen und spitzeren Winkeln, so dass ihr Querschnitt ein symmetrisches Sechseck ist. Dasselbe steht in einer einfachen Beziehung zu dem symmetrischen Zwölfeck eines zwölfseitigen Prismas, indem die Seiten des Sechsecks dieselbe Lage haben, wie die Seitenpaare des Zwölfecks, in den abwechselnden Endpunkten der Nebenaxen. Daraus folgt, dass die symmetrisch sechsseitigen Prismen durch Hemiëdrie der zwölfseitigen entstehen, indem sich von letzteren nur die einen an den abwechselnden Endpunkten der Nebenaxen liegenden Flächenpaare ausdehnen, die anderen verschwinden.

Auf diese Weise entstehen aus jedem zwölfseitigen Prisma zwei symmetrisch sechsseitige, welche sich als rechte und linke unterscheiden lassen, je nachdem sie an den rechten oder linken

---

[*]) Ein ähnliches Verhalten findet auch bei den tetartoëdrischen Krystallen des regulären Systems statt.

Seitenkanten des Hauptrhomboëders liegen, ihr allgemeines Zeichen ist:

$$\tfrac{1}{2}\ (a : \tfrac{1}{n} a : \tfrac{1}{n-1} a : \infty c)\ r.$$

$$\tfrac{1}{2}\ (a : \tfrac{1}{n} a : \tfrac{1}{n-1} a : \infty c)\ l.$$

Die rechten symmetrisch zwölfseitigen Prismen sind die Grenzgestalten der rechten, die linken die der linken Trapezoëder.

Sie kommen beim Quarz als Zuschärfungen der abwechselnden Kanten des Prismas 1. Ordnung vor, so beim Quarz von Carrara $\tfrac{1}{2}\ (a : \tfrac{1}{5} a : \tfrac{1}{4} a : \infty c)$.

Allgemeine Betrachtungen über die tetartoëdrischen Formen.

Die tetartoëdrischen Formen entstehen aus den rhomboëdrischen dadurch, dass sich die an den einen abwechselnden Seitenkanten liegenden Flächenpaare ausdehnen, die an den anderen verschwinden, Fig. 154. Daraus folgt, dass sie aus den holoëdrischen dadurch entstehen, dass nur der vierte Theil der Flächen zur Erscheinung kommt und zwar nur die einen in den den abwechselnden Endpunkten der Nebenaxen einander gegenüberliegenden Flächen.

Wie bei den tetartoëdrischen Formen des regulären Systems die geneigtflächige und parallelflächige Hemiëdrie zugleich auftritt, so im hexagonalen System die rhomboëdrische und hexagonaltrapezoëdrische.

Durch die Tetartoëdrie entstehen Formen mit der Viertelzahl der Flächen nur aus den Didodekaëdern, die Trapezoëder; neue scheinbar hemiëdrische Formen aus den Hexagondodekaëdern 2. Ordnung, dem 2. Prisma und den zwölfseitigen Prismen, die Trigonoëder, die dreiseitigen und symmetrisch zwölfseitigen Prismen; aus den Hexagondodekaëdern 1. Ordnung Rhomboëder, auch nur als scheinbar hemiëdrische Formen; scheinbar holoëdrisch erscheint das 1. Prisma*).

---

*) Theoretisch wären auch Formen denkbar, bei denen die rhomboëdrische Hemiëdrie mit der hexagonalen vereinigt wäre, es entständen dann aus den Didodekaëdern Rhomboëder 3. Stellung, welche aber noch nicht beobachtet worden sind.

IV.
Rhombisches Krystallisationssystem.

Die zu dem rhombischen Krystallisationssystem gehörigen Formen sind durch drei Axen ausgezeichnet, die untereinander rechtwinklig aber sämmtlich ungleichartig sind. Darauf bezieht sich der Name ein- und einaxiges Krystallisationssystem (Weiss) und darauf, dass die Figur, welche man erhält, wenn man je vier in einer Ebene liegende Axen-Endpunkte mit einander verbindet, ein Rhombus ist, der Name rhombisches Krystallisationssystem. Eine jede dieser Axen ist eine einzelne Axe, daher in geometrischer Hinsicht keine vor der andern ausgezeichnet ist. Es ist demnach auch völlig gleichgültig, welche derselben zur Hauptaxe oder zu der einen und der andern Nebenaxe gewählt wird, nur hat man die einmal gewählten Axen und die dadurch hervorgebrachte Stellung der Krystalle für sämmtliche Krystalle einer Gattung unverändert beizubehalten. Man läset sich bei der Wahl der Hauptaxe leiten durch das Vorherrschen von Flächen gewisser Formen in den Combinationen, durch die Richtungen, nach denen eine Spaltbarkeit stattfindet und durch die Art, wie die Krystalle auf der Unterlage aufgewachsen sind oder durch andere Umstände. Den beiden anderen Axen, die dadurch Nebenaxen geworden sind, giebt man nun dieselbe Stellung, wie den Nebenaxen in dem quadratischen System; so dass die eine dem Beschauer zugekehrt, die andere ihm parallel ist. Die vordere heisse die erste (Längsaxe), die andere die zweite Nebenaxe (Queraxe). Von den drei Ebenen, welche durch je zwei Axen gelegt werden können, heisse die durch die Hauptaxe und erste Nebenaxe gelegte die erste verticale Axenebene, die durch die Hauptaxe und zweite Nebenaxe gelegte zweite verticale und die durch die Nebenaxen gelegte basische oder die Basis. Die erste Nebenaxe wird mit a, die zweite mit b, die Hauptaxe mit c bezeichnet.

A. Holoëdrische Formen.

1. Rhombenoktaëder.

Syn. Rhombische Pyramiden. (Naumann).

Die Rhombenoktaëder (Fig. 157, Schwefel) sind von 8 ungleichseitigen Dreiecken begrenzt, haben also 12 Kanten und 6 Ecken.

Die Kanten sind dreierlei Art: 4 kürzere und stumpfere Endkanten D; 4 längere und schärfere Endkanten F und 4 Seitenkanten G.

Die Ecken sind dreierlei Art, doch alle vierflächig und symmetrisch; 2 Endecken C; 2 stumpfere Seitenecken A, an den Endpunkten der kürzern Nebenaxe; 2 spitzere Seitenecken B, an den Endpunkten der längern Nebenaxe, die ersteren kann man erste, die anderen zweite Seitenecken nennen.

Die durch die dreierlei Kanten gelegten Schnitte sind Rhomben.

Solcher Rhombenoktaëder können unter den verschiedenen Krystallen einer Mineralgattung oft viele vorkommen, die sich in Rücksicht der Länge einer oder zweier Axen unterscheiden, wenn man bei ihnen die dritte gleich setzt, doch stehen in diesem Fall, wie die Beobachtung auch hier gelehrt hat, die sich entsprechenden Axen in einfachen und rationalen Verhältnissen. Von einem wird, zur Bestimmung der Beziehungen sämmtlicher vorkommender Rhombenoktaëder zu einander ausgegangen; es bildet die Grundform und heisst das Hauptoktaëder, und bei der Wahl derselben lässt man sich von denselben Beweggründen leiten, die bei Gelegenheit der Wahl der Grundform im quadratischen Krystallisationssystem angeführt sind. Das Zeichen der Grundform ist:

$$(a : b : c).$$

Die übrigen vorkommenden Oktaëder haben nun
bei gleichen Axen a und b verschiedene Axen c,
oder „ „ „ „ a „ c „ „ b,
„ „ „ „ b „ c „ „ a,
„ „ „ „ c „ „ „ au.b.

Die Bezeichnung dieser Rhombenoktaëder ist:

$$(\ a : b : \tfrac{1}{m} c),$$
$$(\ a : \tfrac{1}{m} b : c),$$
$$(\tfrac{1}{m} a : b : c),$$
$$(\tfrac{1}{m} a : \tfrac{1}{n} b : c),$$

in welchen Zeichen die Buchstaben m und n immer einfache und rationale Werthe haben, die bald grösser, bald kleiner als 1 sind. Da die Rhombenoktaëder bei der Verschiedenheit ihrer sämmtlichen Axen untereinander sehr verschieden sein können, so kann bei einer Mineralgattung die Zahl der Rhombenoktaëder noch grösser sein, als die der Quadratoktaëder. In der Wirklichkeit ist jedoch auch hier die Zahl der vorkommenden Rhombenoktaëder gewöhnlich sehr beschränkt.

Die Grundform werde so gestellt, dass ihre stumpfen Seitenecken die vorderen und hinteren, die spitzeren, die rechten und linken sind; es ist dann ihre kleinere Nebenaxe die erste, und die grössere Nebenaxe die zweite; die in der ersten Axenebene liegenden Endkanten die stumpferen und kürzeren, die in der zweiten Axenebene liegenden Endkanten die schärferen und längeren. Bei den abgeleiteten Rhombenoktaëdern kann sowohl dasselbe, als auch das umgekehrte der Fall sein.

Die Flächen derjenigen Rhombenoktaëder, die mit der Grundform ein gleiches Verhältniss der Nebenaxen haben, bilden in den Combinationen mit dieser, wenn bei gleichen Nebenaxen ihre Hauptaxe grösser ist, als die der Grundform, Zuschärfungen der Seitenkanten der Grundform, und wenn ihre Hauptaxe kleiner ist, Zuspitzungen der Endecken, die auf den Flächen der Grundform gerade aufgesetzt sind. Die Flächen der stumpferen Oktaëder würden also auf eine ähnliche Weise erscheinen, wie die Flächen $\tfrac{1}{3} o$ bei dem Quadratoktaëder o des Anatases (Fig. 101) und so würden auch die Flächen $\tfrac{1}{3} o$ an dem Rhombenoktaëder o des Schwefels (Fig. 158) erscheinen, wenn man die Flächen c und f aus der Combination hinwegdenkt; die Flächen o bezeichnen hierbei die Grundform, $\tfrac{1}{3} o$ die Flächen des stumpfern Rhombenoktaëders $(a : b : \tfrac{1}{3} c)$.

Auf ähnliche Weise erscheinen an den anderen Kanten und Ecken der Grundform die Rhombenoktaëder, welche bei gleicher

Hauptaxe verschiedene Axen a oder b haben. Die Flächen der Rhombenoktaëder, bei denen nur eine Axe mit der Grundform gleich und zwei verschieden sind, schneiden die Grundform in Kanten, die schief laufen und keiner der Kanten der Grundform parallel sind.

Die Axen der Grundformen verschiedener Mineralgattungen, deren Krystalle zum rhombischen Krystallisationssystem gehören, stehen auch hier, wie überall, in keinem einfachen und rationalen Verhältniss, und können daher verschiedene Grundformen nicht zusammen vorkommen.

Ueber das Verhältniss, in welchem die einzelnen Axen eines und desselben Rhombenoktaëders stehen, ist mit Sicherheit auch hier noch kein Gesetz aufgefunden. Die Werthe dieser Axen müssen jedesmal aus den gemessenen Kantenwinkeln berechnet werden, doch hat man dazu schon nöthig, wegen der dreierlei Kanten der Rhombenoktaëder, zwei Kantenwinkel zu messen. Es erleichtert die Uebersicht, wenn man eine Axe, etwa die zur zweiten Nebenaxe angenommene, gleich 1 setzt. So hat man aus den gemessenen Winkeln für die Axen der Grundform des Schwefels (Fig. 157) die Werthe

$$a:b:c = 0{,}8108 : 1 : 1{,}9043$$

berechnet, aus welchen umgekehrt wieder folgende Winkel für die dreierlei Kanten der Grundform sich herleiten lassen:

Neigung der Flächen in den Endkanten $D = 106^\circ\ 16'$
„ „ „ „ „ „ $F = 84\ \ 58$
„ „ „ „ „ Seitenkant. $G = 143\ \ 24.$

Aus der Ungleichheit der drei Axen, die den Grundcharakter des rhombischen Krystallisationssystems bilden, geht hervor, dass nicht bloss keine den Quadratoktaëdern zweiter Ordnung entsprechenden Formen, sondern ausser den Rhombenoktaëdern überhaupt keine anderen den Raum ganz umschliessende einfache Formen vorkommen können. Jede Fläche, die die drei Axen schneidet, ist, bei der Verschiedenheit derselben, gegen jede verschieden geneigt, und diese Verschiedenheit mag grösser oder geringer sein, so entstehen dadurch keine neuen Arten von Formen. Um so grösser ist aber die Verschiedenartigkeit der Formen, die den Raum nicht vollständig begrenzen.

2. Rhombische Prismen.

Die rhombischen Prismen sind vierseitige Prismen, deren rechtwinkliger Querschnitt ein Rhombus ist; sie haben daher zweierlei, stumpfere und schärfere, Kanten. Ihre Flächen sind stets einer der drei Axen parallel, und ihr rechtwinkliger Querschnitt daher den beiden anderen. Nach ihrer Lage unterscheidet man verticale und horizontale Prismen, je nachdem die Flächen der Hauptaxe oder den Nebenaxen parallel laufen.

1) Die verticalen Prismen sind der Hauptaxe parallel, ihr rechtwinkliger Querschnitt daher der Basis der Rhombenoktaëder. Die Winkel ihrer zweierlei Kanten sind untereinander sehr verschieden, und es können in dieser Rücksicht ebenso viel Arten von verticalen Prismen vorkommen, als Rhombenoktaëder mit verschiedenen Basen. Sie stehen auf diese Weise in nächster Beziehung zu den Rhombenoktaëdern, mit welchen sie gleiche Nebenaxen haben, und sind als die Grenzformen derselben zu betrachten. Ihre Bezeichnung ist im Allgemeinen:

$$(a : \tfrac{1}{m} b : \infty c) = \tfrac{1}{m} g,$$

die des verticalen Prismas der Grundform oder des verticalen Hauptprismas:

$$(a : b : \infty c) = g.$$

Bei dem verticalen Hauptprisma sind die in der ersten Axenebene liegenden Seitenkanten die stumpferen, die in der zweiten die schärferen; bei den übrigen verticalen Prismen sind aber bald die in der ersten, bald die in der zweiten Axenebene liegenden Seitenkanten die stumpferen oder schärferen.

Combinationen der verticalen Prismen unter einander.

Treten mehrere verticale Prismen miteinander in Combination, so schneiden sie sich natürlich in parallelen Kanten; diejenigen, bei denen bei gleicher Länge der Nebenaxe a, die Nebenaxe b kleiner ist, als die des basischen Hauptschnitts, bilden, wenn sie untergeordnet auftreten, Zuschärfungen der scharfen Kanten des Hauptprismas; diejenigen deren Nebenaxe a kleiner ist, Zuschärfungen der stumpfen Kanten des Hauptprismas. Auf die erste Weise erscheinen z. B. in der Combination des Topases aus Brasilien (Fig. 159) die Flächen $\frac{1}{2} g$ ($a : \frac{1}{2} b : \infty c$) an g. Die Combination hat 8 Seitenkanten, die stumpfen Seitenkanten des Hauptprismas betragen 124° 19′, die entsprechenden Kanten von $\frac{1}{2} g = 93° 8′$ und die Combinationskanten beider Prismen 161° 17′. Auf die letztere Weise erscheint g an $\frac{1}{2} g$, wenn man $\frac{1}{2} g$ als Hauptprisma betrachtet.

Combinationen der Rhombenoktaëder und rhombischen verticalen Prismen.

In den Combinationen der Grundform mit dem verticalen Hauptprisma bilden die Flächen des letztern, wenn sie untergeordnet hinzutreten, die geraden Abstumpfungen der Seitenkanten, die Flächen der Grundform, wenn sie untergeordnet zu dem Prisma hinzutreten, eine vierflächige Zuspitzung der Enden, die auf den Flächen des Prismas gerade aufgesetzt ist, z. B. beim Topas (Fig. 159), wenn man die Flächen $\frac{1}{2} g$ nicht berücksichtigt, die Flächen o an den Flächen des verticalen Prismas g. Sind die Flächen des verticalen Prismas in den Winkeln nur wenig von denen eines quadratischen verschieden, so hat die Combination eine grosse Aehnlichkeit mit der eines Quadratoktaëders mit Prisma gleicher Ordnung, Fig. 103. Dies ist z. B. der Fall bei Mesotyp, wo der stumpfe Prismenwinkel 91° beträgt, wesshalb das Mineral auch früher für quadratisch gehalten wurde. Dass man aber das rhombische Prisma auch an den Combinationen erkennen kann, wird im folgenden erläutert werden.

Ebenso wie sich die Grundform und ihr verticales Prisma verhalten, verhalten sich alle Rhombenoktaëder und verticalen Prismen, welche ein gleiches Verhältniss in den Nebenaxen haben.

Ein Prisma ($a : \frac{1}{m} b : \infty c$), also mit einem verschiedenen Verhältniss der Nebenaxen als die Grundform, bildet untergeordnet an der Grundform, je nachdem m grösser oder kleiner als 1 ist, auf den Seitenkanten der Grundform gerade aufgesetzte Zuschärfungen der spitzen oder stumpfen Seitenecken. Beim Skorodit, Fig. 171, bilden die Flächen $\frac{1}{2} g$ ($a : \frac{1}{2} b : \infty c$).

Zuschärfungen der spitzen, rechten und linken Seitenecken der Grundform o, wenn man sich die Flächen a, g und b fortdenkt. Herrschen die Flächen des Prismas vor, so bilden die Flächen der Grundform an demselben eine vierflächige Zuspitzung, deren Flächen auf den Flächen des Prismas schief aufgesetzt sind; wie z. B. in der angeführten Combination des Topases (Fig. 159), oder in der Combination des Liëvrits von Ulefoss in Norwegen, (Fig. 160) die Flächen von o und $½ g = (a : ½ b : \infty c)$. Die Combinationskante steigt hier nach den zweiten Endkanten des Oktaëders in die Höhe, da die Nebenaxe b des Prismas bei gleicher Nebenaxe a kleiner ist, als die des Oktaëders; sie steigt dagegen nach den ersten Endkanten in die Höhe, wenn die Nebenaxe a des Prismas bei gleicher Nebenaxe b kleiner ist, als die des Oktaëders.

Ebenso wie die Grundform, so schneiden auch alle Rhombenoktaëder die Prismen, die ein verschiedenes Verhältniss der Nebenaxen mit ihnen haben, in schiefen Kanten.

2) **Die horizontalen Prismen** sind theils der einen, theils der andern Nebenaxe parallel, also zweierlei Art, theils Längsprismen, theils Querprismen.

a) **Die Längsprismen** (Syn. Brachydoma, Naumann) sind der ersten Nebenaxe parallel, ihr rechtwinkliger Querschnitt daher der zweiten Axenebene, und es können ebenso viele Arten von Längsprismen vorkommen, als Rhombenoktaëder, bei denen der der zweiten Axenebene parallele Endkantenschnitt verschieden ist. Die Längsprismen stehen so in nächster Beziehung zu dem Rhombenoktaëder $(a : \frac{1}{m} b : c)$, mit welchem sie gleiche Axen b und c haben; sie sind als die Grenzgestalten solcher Rhombenoktaëder mit unendlicher a-Axe zu betrachten. Ihre Bezeichnung ist im Allgemeinen:

$$(\infty a : \tfrac{1}{m} b : c) = m f^*),$$

die des Längsprismas der Grundform, das ist des Haupt-Längsprismas:

$$(\infty a : b : c) = f.$$

---

*) Der Coëfficient m bezieht sich auf die Länge der Hauptaxe, wenn $b = 1$ ist.

Combinationen der Längsprismen unter einander.

Verschiedene Längsprismen schärfen wie verschiedene verticale Prismen gegenseitig ihre Kanten, theils die stumpfen, theils die scharfen zu, Arsenikkies (Fig. 161) die Flächen f und $2f = (\infty\, a : 1/2\, b : c)$.

Combinationen der Rhombenoktaëder und Längsprismen.

Die Längsprismen bilden in den Combinationen mit den Rhombenoktaëdern, mit denen sie gleiche Werthe in den Axen b und c haben, wenn sie untergeordnet vorkommen, Abstumpfungen der in der zweiten Axenebene liegenden Endkanten, wie z. B. in der Combination des Schwefels (Fig. 158) die Flächen f des Haupt-Längsprismas an der Grundform o. Die Längsprismen mit kürzerer Axe c bei gleicher Axe b bilden an den Rhombenoktaëdern Zuschärfungen der Endecken, die mit längerem c Zuschärfungen der spitzeren Seitenecken; in beiden Fällen sind die Zuschärfungsflächen auf den schärferen Endkanten gerade aufgesetzt. Die Combination der Grundform mit einem Längsprisma ($\infty\, a : b : m\, c$) im Gleichgewicht hat Aehnlichkeit mit einem Hexagondodekaëder, z. B. beim Weissbleierz (Fig. 165) die Flächen o und $2f$ ohne g und b. Hier haben die Flächen $2f$ fast eine gleiche Neigung zur Hauptaxe, wie die Flächen der Grundform, aber die Endkanten der Form sind zweierlei Art.

b) Die Querprismen (Syn. Makrodoma, Naumann) sind der zweiten Nebenaxe parallel, ihr rechtwinkliger Querschnitt daher der ersten Axenebene; es können ebenso viele Arten von Querprismen vorkommen, als Rhombenoktaëder, bei denen der dieser Axenebene parallele Endkantenschnitt verschieden ist. Die Querprismen stehen in genauer Beziehung zu den Rhombenoktaëdern ($\frac{1}{m}\, a : b : c$), mit welchen sie gleiche Axen a und c haben und sind gewissermaassen als die Grenzformen derselben mit unendlich langer b-Axe zu betrachten. Ihre Bezeichnung ist im Allgemeinen:

$$(\tfrac{1}{m} a : \infty b : c) = m\, d^*),$$

die des Querprismas der Grundform, das ist des Haupt-Querprismas:

$$(a : \infty b : c) = d.$$

Das Verhalten der verschiedenen Querprismen unter einander ist ganz ähnlich wie das der verschiedenen verticalen Prismen unter einander und der verschiedenen Längsprismen.

Die Querprismen verhalten sich zu den Endkanten der ersten Axenebene, wie die Längsprismen zu den Endkanten der zweiten Axenebene. So erscheinen daher in der Combination des Liévrits (Fig. 160) die Flächen des Haupt-Querprismas d untergeordnet als schmale Abstumpfungen der stumpfen Endkanten der Grundform, ebenso beim Chrysolith (Fig. 162).

Combinationen der verschiedenen Prismen unter einander.

Das verticale Prisma und die beiden horizontalen Prismen, die zu einem und demselben Oktaëder gehören, und deren Flächen daher eine gleiche Lage haben, wie die Kanten desselben, heissen die drei zusammengehörigen Prismen.

Verticale und horizontale Prismen treten auch ohne Rhombenoktaëder sehr häufig in Combination. Die Längsprismen bilden an dem verticalen Hauptprisma oder den übrigen verticalen Prismen Zuschärfungen des Endes, bei denen die Zuschärfungsflächen auf den Seitenkanten der zweiten Axenebene gerade aufgesetzt sind; die Querprismen Zuschärfungen des Endes, bei denen die Zuschärfungsflächen auf den Seitenkanten der ersten Axenebene gerade aufgesetzt sind. Nicht selten kommen mehrere Zuschärfungsflächen über einander vor; so stellt Fig. 161 eine Combination des Arsenikkieses dar, an welcher die Flächen g das verticale Prisma der Grundform $(a : b : \infty c)$, die Flächen f das Längsprisma der Grundform $(\infty a : b : c)$, und die Flächen $2f$ ein schärferes Längsprisma $(\infty a : \tfrac{1}{2} b : c)$ bilden, welche in diesem Falle als Abstumpfungsflächen der Combinationsecken der Flächen f und g erscheinen.

Bei den Combinationen der verschiedenen Prismen können bald die einen, bald die anderen vorherrschen. So stellt Fig. 167

---

*) Auch hier bezieht sich m auf die Länge der Hauptaxe, wenn $a = 1$ ist.

eine sehr gewöhnliche Combination des Schwerspaths dar, die, abgesehen von den Flächen c*), aus den Flächen eines Querprismas $\frac{1}{2} d = (a : \infty b : \frac{1}{2} c)$ und den Flächen des verticalen Hauptprismas $g = (a : b : \infty c)$ besteht, und in welcher die Flächen des erstern vorherrschen. Die Winkel des Querprismas betragen in den stumpfen Seitenkanten 102° 17′, in den scharfen 77° 43′; die letzteren liegen an der ersten Nebenaxe, so dass die Flächen des verticalen Prismas an den Enden des horizontalen Prismas Zuschärfungen bilden, deren Flächen auf den scharfen Seitenkanten des letztern gerade aufgesetzt sind. — Auch finden sich beim Schwerspath sehr häufig die Combinationen desselben Querprismas mit dem Haupt-Längsprisma ($\infty a : b : c$), in welchen bald die einen, bald die anderen Flächen vorherrschen. Solche Combinationen sind in Fig. 168 und Fig. 169 vorgestellt; bei der ersten herrschen die Flächen des Querprismas $\frac{1}{2} d$, bei der zweiten die Flächen des Längsprismas f vor. — Von dergleichen Combinationen kann man natürlich nur in Zusammenhang mit den übrigen Formen einer Mineralgattung bestimmen, welche Prismen horizontale und welche verticale sind, für sich allein könnte man die horizontalen Prismen eben so gut für verticale nehmen, und umgekehrt.

Zuweilen sind die Flächen zweier Prismen verschiedener Abtheilungen so im Gleichgewicht, dass keine derselben vorherrscht, wie dies beim Olivenerz (Fig. 170) der Fall ist, wo das Haupt-Längs- und Haupt-Querprisma f und d im Gleichgewicht sind und so ein Oktaëder mit rectangulärer Basis bilden, Oblongoktaëder genannt. An der rectangulären Basis, so wie an der Verschiedenheit der End- und Seitenkantenwinkel unter einander kann man diese Formen leicht von dem regulären Oktaëder und quadratischen Oktaëdern unterscheiden, mit denen sie mitunter eine äussere Aehnlichkeit haben.

Bildet ein Querprisma mit einem verticalen Prisma ein Oblongoktaëder, so ist der rectanguläre Hauptschnitt der zweiten Axenebene parallel, wie es beim Schwerspath (Fig. 167) der Fall wäre, wenn die Fläche c fehlte und die Flächen g und $\frac{1}{2} d$ in der a-Axe sich in einer Ecke berührten.

---

*) In Fig. 167 sind die beiden schmalsten Flächen c.

Längsprisma und verticales Prisma bilden ein Oblongoktaëder, dessen rectangulärer Hauptschnitt der ersten Axenebene parallel geht, so beim Arsenikkies (Fig. 161), wenn die Flächen $2f$ fehlen und g und f in der b-Axe in einer Ecke zusammenstossen.

Wenn sich die Flächen dreier zusammengehörigen Prismen auf eine ähnliche Weise im Gleichgewicht finden, wie die Flächen zweier Prismen in den Oblongoktaëdern, so würde die daraus entstehende Combination Aehnlichkeit mit dem Dodekaëder des regulären Krystallisationssystems haben, und wie dieses von zwölf Rhombenflächen begrenzt sein, und sich nur dadurch unterscheiden, dass die Flächen und also auch die Kanten dreierlei wären, die beim Dodekaëder sämmtlich gleich sind. Indessen pflegen dergleichen Combinationen auf diese Weise nicht vorzukommen, gewöhnlich herrschen in diesem Fall die Flächen zweier Prismen vor, die des dritten treten zurück. Diese letzteren haben dann allein die Gestalt von Rhomben, während die Flächen der anderen symmetrische Fünf- und Sechsecke bilden; sie lassen dann aber aus ihrer Gestalt gleich erkennen, dass die in der Combination enthaltenen Flächen die Flächen dreier zusammengehörigen Prismen sind. Eine solche Combination kommt z. B. beim Weissbleierz vor, und ist Fig. 164 dargestellt. Sicht man von den Flächen b ab, so sind in der Combination die Flächen von drei Prismen aus verschiedenen Abtheilungen enthalten, von denen die des verticalen g und des Längsprismas $^1/_2 f$ vorherrschen, und die des Querprismas $^1/_2 d$ untergeordnet sind. Diese haben die Gestalt eines Rhombus, daher die drei Prismen zu einem und demselben Rhombenoktaëder gehören, welches indessen nicht das ist, welches man beim Weissbleierz zur Grundform anzunehmen sich veranlasst sieht, sondern es ist das Rhombenoktaëder $(a : b : ^1/_2 c)$; daher auch die Zeichen für die drei zusammengehörigen Prismen sind:

für das verticale Prisma $g = (a : b : \infty c)$,
für das Längsprisma $^1/_2 f = (\infty a : b : ^1/_2 c)$,
für das Querprisma $^1/_2 d = (a : \infty b : ^1/_2 c)$.

Unter den Krystallen mancher Mineralien sind nur Prismen und gar keine Rhombenoktaëder bekannt; wenn indessen deren nur zwei da sind, die zu verschiedenen Abtheilungen gehören, so sind diese hinreichend, die Winkel der Grundform zu bestimmen. Da eine Grundform nur dazu dient, die verschiedenen Formen, die unter den Krystallen einer Mineralgattung vorkommen, in Zusammenhang zu setzen, so ist es für diesen Zweck auch gleichgültig, ob die gewählte Grundform unter den Krystallen der Gattung wirklich vorkommt oder nicht.

3. Einzelne Flächen.

Die einzelnen Flächen gehen stets zweien der drei rechtwinkligen Axen parallel, und schneiden die dritte rechtwinklig, sind daher den drei Axenebenen parallel. Nach ihrer Lage unterscheidet man die beiden verticalen oder Seitenflächen, die Längsfläche und die Querfläche von der horizontalen Fläche, der geraden Endfläche.

1) Die Längsfläche (Brachypinakoid, Naumann) ist der ersten Axenebene parallel, und schneidet die zweite Nebenaxe rechtwinklig, ihr Zeichen also $(\infty a : b : \infty c) = b$.

2) Die Querfläche (Makropinakoid, Naumann) ist der zweiten Axenebene parallel, und schneidet die erste Nebenaxe rechtwinklig, ihr Zeichen also $(a : \infty b : \infty c) = a$.

3) Die gerade Endfläche ist der basischen Axenebene parallel, und schneidet die Hauptaxe rechtwinklig, ihr Zeichen also $(\infty a : \infty b : c) = c$.

Sie sind als die Grenzgestalten der dreierlei Prismen zu betrachten, so wie der Rhombenoktaëder, in denen die Axen der dreierlei Axenebenen unendlich gross geworden sind.

Combination der drei Flächen unter einander.

Diese drei Flächen kommen zuweilen zusammen ohne Verbindung mit anderen Flächen vor, und bilden dann eine Combination, die mit dem Hexaëder des regulären, oder mit den Combinationen des einen oder des andern quadratischen Prismas und der geraden Endfläche des quadratischen Systems Aehnlichkeit hat; sie unterscheidet sich aber von diesen Combinationen dadurch, dass ihre Flächen sämmtlich Rechtecke sind, dagegen die Flächen des Hexaëders sämmtlich Quadrate, und die der quadratischen Combination Quadrate und Rechtecke sind. Gewöhnlich herrschen hier noch zwei der dreierlei Flächen vor, wodurch dann ein rektanguläres Prisma mit gerader Endfläche entsteht. Dergleichen Formen kommen beim Anhydrit vor.

Combinationen der Rhombenoktaëder und der dreierlei Flächen.

Alle diese drei Flächen erscheinen, wenn sie untergeordnet zu den Rhombenoktaëdern hinzutreten, als Abstumpfungen der Ecken und haben die Gestalt von Rhomben, wie die dreierlei Hauptschnitte des Rhombenoktaëders, denen sie parallel gehen. Die gerade Endfläche c stumpft die Endecken des Rhombenoktaëders (Fig. 158, Schwefel) gerade ab; die Querfläche die vordere und hintere Ecke und die Längsfläche die seitlichen Ecken, so beim Skorodit (Fig. 171). Die Rhombenoktaëder bilden, wenn sie untergeordnet zu Längs- und Querfläche hinzutreten, vierflächige Zuspitzungen des rektangulären Prismas, die Zuspitzungen auf den Kanten schief aufgesetzt.

Diese Combination, die z. B. beim Desmin vorkommt (Fig. 163), wo die Flächen $o = (a:b:c)$, $a = (a:\infty b:\infty c)$, $b = (\infty a:b:\infty c)$ sind, hat Aehnlichkeit mit der Combination eines Quadratoktaëders mit einem quadratischen Prisma verschiedener Ordnung mit dem Quadratoktaëder, wie z. B. mit der Combination des Zirkons (Fig. 104); nur sind bei ihr die Zuspitzungsflächen Rhomboïde und die Seitenflächen ungleichnamig, bei der ähnlichen Combination des quadratischen Systems sind die Zuspitzungsflächen Rhomben und die Seitenflächen gleichnamig.

An der Combination der dreierlei Flächen erscheinen die Flächen der Rhombenoktaëder als schiefe Abstumpfungen der Ecken, so beim Anhydrit. Hier kommen ausser der Grundform noch zwei Rhombenoktaëder ($\frac{1}{3} a:b:c$) und ($\frac{1}{3} a:b:c$) vor, welche die Combinationskante zwischen der Grundform und der Querfläche zuschärfen, so dass das erstere Oktaëder neben der Grundform, das zweite neben der Querfläche liegt.

Combinationen der dreierlei Flächen mit den dreierlei Prismen.

Sehr häufig ist das verticale Hauptprisma an den Enden durch die gerade Endfläche begrenzt (Topas, Schwerspath); in dieser Combination herrscht bald das Prisma, bald die Endfläche vor, in welchem letztern Fall die Krystalle tafelförmig erscheinen, wie dies in der Regel beim Schwerspath (Fig. 166) der Fall ist.

Am Längs- und Querprisma bildet die gerade Endfläche Abstumpfungen der an den Enden der Hauptaxe liegenden Kanten, wie die Figuren des Schwerspaths 167, 168 und 169 zeigen.

Die beiden Seitenflächen erscheinen an den verticalen Prismen als Abstumpfungen der zweierlei Seitenkanten, und bilden, je nachdem sie einzeln oder zusammen vorkommen, symmetrisch sechsseitige oder achtseitige Prismen, stets mit zweierlei Seitenkanten; im erstern Fall mit zwei Kanten des Prismas und vier Combinationskanten, im letztern Fall mit vier Combinationskanten an der Längsfläche, und vier anderen Combinationskanten an der Querfläche. Der erste Fall, und zwar die Combination des verticalen Prismas der Grundform und der Längsfläche, kommt beim Weissbleierz vor (Fig. 165). Die auf diese Weise entstehenden symmetrisch sechsseitigen Prismen haben oft grosse Aehnlichkeit mit den regulären sechsseitigen Prismen, wenn das verticale Prisma, welches sie enthalten, Winkel von nahe 120° hat. Diess ist bei dem verticalen Hauptprisma des Weissbleierzes der Fall. Es betragen die Winkel in der stumpfen Seitenkante 118° 40′, die Winkel in den vier Combinationskanten des verticalen Prismas und der zweiten Seitenfläche also 120° 40′. Verticale Prismen mit Winkeln von genau 120° würden auch symmetrisch sechsseitige Prismen mit lauter Winkeln von 120° geben, doch sind solche rhombische Prismen noch nicht bekannt, und scheinen auch nicht vorkommen zu können. — Bei dem Weissbleierz wird die äussere Aehnlichkeit mit dem hexagonalen System noch grösser durch die sechsflächige Zuspitzung, welche von Flächen der Grundform o und des Längsprismas $2f$ gebildet ist. Ganz ähnliche Combinationen finden sich beim schwefelsauren Kali, die auch lange Zeit für Combinationen eines regulären sechsseitigen Prismas und Hexagondodekaëders gehalten worden sind.

Den zweiten Fall stellt die Combination des Chrysolith (Fig. 162) dar, Längs- und Querfläche verhalten sich hier zusammen genommen zu dem verticalen Prisma, wie im quadratischen System das Prisma 2. Ordnung zu dem Prisma 1. Ordnung.

Am Längsprisma stumpft die Längsfläche die an den Enden der b-Axe liegenden Kanten gerade ab, die Querfläche begrenzt es in der a-Axe, in ähnlicher Weise stumpft die Querfläche vom Querprisma die an den Endpunkten der a-Axe liegenden Kanten gerade ab und die Längsfläche begrenzt es in der b-Axe. Derartige Combinationen kommen beim Schwerspath vor.

Allgemeine Betrachtungen über die holoëdrischen Formen des rhombischen Systems.

Während im quadratischen und hexagonalen System die Symmetrie eine einfache pyramidale ist, also die Seiten unter einander gleich und nur verschieden von oben und unten sind, so sind im rhombischen System in Folge der Verschiedenheit der a- und b-Axe die Seiten von einander verschieden, rechts und links verschieden von vorn und hinten, es liegen also an den Seiten je zwei unter einander gleiche Glieder, worauf sich der Name 2 + 2gliedriges (zweigliedriges) System bezieht. Dies übersieht man leicht, wenn man die möglichen Flächen durch Linien in der Ebene der Nebenaxe verzeichnet, die Hauptaxe als Einheit genommen (Taf. IX, Fig. 11).

Die Linien haben im wesentlichen drei verschiedene Lagen; sie schneiden beide Axen und bilden dann ein Rhombus, sie schneiden nur die a-Axe, oder nur die b-Axe, die beiden letzteren bilden zusammen Rechtecke, welche die umschriebenen Figuren der verschiedenen Rhomben sind.

Auf diese Weise ergeben sich folgende Formen:

I. Die beiden Nebenaxen werden geschnitten.

Haupt-Oktaëder: $(a : b : c)$.
Abgeleitete Oktaëder: $(a : \frac{1}{n} b : c)$.
Stumpfere " $\begin{cases} (a : b : \frac{1}{m} c). \\ (a : \frac{1}{n} b : \frac{1}{m} c). \end{cases}$

Gerade Endfläche: $(\infty a : \infty b : c)$.

Spitzere Oktaëder $\begin{cases} (a : b : m\, c). \\ (a : \frac{1}{n} b : m\, c). \end{cases}$

Verticales Hauptprisma: $(a : b : \infty c)$.

Verticale Prismen: $(a : \frac{1}{n} b : \infty c)$.

II. Die b-Axe wird nur geschnitten.

Haupt-Längsprisma: $(\infty a : b : c)$.

Abgeleitetes Längsprisma: $(\infty a : \frac{1}{n} b : c)$.

Stumpfere Längsprismen $\begin{cases} (\infty a : b : \frac{1}{m} c). \\ (\infty a : \frac{1}{n} b : \frac{1}{m} c). \end{cases}$

Endfläche: $(\infty a : \infty b : c)$.

Schärfere Längsprismen $\begin{cases} (\infty a : b : m\, c). \\ (\infty a : n\, b : m\, c). \end{cases}$

Längsfläche: $(\infty a : b : \infty c)$.

III. Die a-Axe wird nur geschnitten.

Haupt-Querprisma: $(a : \infty b : c)$.

Abgeleitete Querprismen: $(\frac{1}{n} a : \infty b : c)$.

Stumpfere n $\begin{cases} (\phantom{\frac{1}{n}} a : \infty b : \frac{1}{m} c). \\ (\frac{1}{n} a : \infty b : \frac{1}{m} c). \end{cases}$

Endfläche: $(\infty a : \infty b : c)$.

Schärfere Querprismen $\begin{cases} (a : \infty b : m\, c). \\ (n\, a : \infty b : m\, c). \end{cases}$

Querfläche: $(a : \infty b : \infty c)$.

Andere Formen als diese sind nicht denkbar. Dies ersieht man leicht daraus, dass alle Flächen der Formen des quadratischen Systems der Lage nach vorhanden sind.

Den Quadratoktaëdern 1. Ordnung entsprechen das Hauptoktaëder und die Oktaëder $(a : b : \frac{1}{m} c)$ und $(a : b : m\, c)$; den Quadratoktaëdern 2. Ordnung die verschiedenen Längs- und und Querprismen; dem quadratischen Prisma 1. Ordnung das verticale Hauptprisma $(a : b : \infty c)$; dem quadratischen Prisma 2. Ordnung die Längs- und Querfläche; den Dioktaëdern die Rhombenoktaëder $(a : \frac{1}{n} a : c)$ und $(a : \frac{1}{n} a : \frac{1}{m} c)$; den achtseitigen Prismen die verticalen Prismen $(a : \frac{1}{n} b : \infty c)$; die gerade Endfläche ist beiden Systemen gemeinsam.

Dass auch in den Winkeln grosse Annäherungen an das quadratische System stattfinden, ist schon oben erwähnt.

Derartige Annäherungen kommen auch an das reguläre System vor, so betragen die Winkel der Grundform des Antimonglanzes in der vordern und hintern Endkante 109° 16', in den seitlichen Endkanten 108° 10' und in den Seitenkanten 110° 59', also nur wenig abweichend von den Winkeln des regulären Oktaëders 109° 28'.

Dem hexagonalen System nähern sich solche verticale Prismen, deren Winkel nahe an 120° herankommen, wenn sie mit der Längsfläche combinirt sind.

B. Hemiëdrische Formen.

Rhombische Tetraëder.

Syn. Rhombische Sphenoide. (Naumann.)

Die rhombischen Tetraëder (Fig. 173, 174) sind von 4 ungleichseitigen Dreiecken begrenzt, haben 6 Kanten und 4 ungleichkantige Ecken.

Die Kanten sind zweierlei Art, 2 Endkanten C, durch deren Mittelpunkte die Hauptaxe geht und zweierlei Seitenkanten Z und Y, welche im Zickzack auf- und niedersteigen und durch deren Mittelpunkte die Nebenaxen gehen. Der basische Hauptschnitt ist ein Rhombus, die verticalen Hauptschnitte sind Rhomboide.

Die Mittelpunkte der Endkante entsprechen den Endecken eines Rhombenoktaëders, die Mittelpunkte der Seitenkanten den Seitenecken, es sind mithin die rhombischen Tetraëder die hemiëdrischen Formen der Rhombenoktaëder und aus diesen in derselben Weise entstanden, wie die regulären und quadratischen Tetraëder aus den entsprechenden Oktaëdern, durch Ausdehnen der einen und Verschwinden der anderen abwechselnden Flächen. So entstehen auch hier Tetraëder erster Stellung (Fig. 174) und zweiter (Fig. 173). Die rhombischen Tetraëder sind aber dadurch wesentlich von den regulären und quadratischen verschieden, dass die Tetraëder erster und zweiter Stellung enantiomorph sind. Die rhombischen Tetraëder kommen in beiden Stellungen mit vorherrschender erster o und untergeordneter zweiter Stellung o' beim Bittersalz vor und zwar in Combination mit dem verticalen Hauptprisma g und schmaler Längsfläche b (Fig. 172).

Da im rhombischen System die Rhombenoktaëder die einzigen geschlossenen Formen sind, so kann es auch keine anderen hemiëdrischen Formen geben, als die rhombischen Tetraëder.

V.
Monoklinisches Krystallisationssystem.

Die Formen des monoklinischen Systems haben drei Axen, die alle ungleichartig sind, und von denen eine rechtwinklig ist gegen die beiden anderen, die unter einander schiefwinklig geneigt sind.

Durch die Schiefwinkligkeit zweier ihrer Axen unterscheiden sie sich von den Formen des rhombischen Systems. Da ihre drei Axen aber ebenfalls unter einander ungleichartig sind, so ist es auch bei ihnen gleichgültig, welche der Axen man zur Hauptaxe und zu der ersten und zweiten Nebenaxe wählen will; man nimmt indessen immer zur Hauptaxe eine der sich schiefwinklig schneidenden Axen, da gewöhnlich die Krystalle dieses Systems mit einer dieser Axen aufgewachsen und parallel einer dieser Axen prismatisch ausgebildet sind. Die zur Hauptaxe schiefwinklig geneigte Axe wird zur ersten Nebenaxe, die gegen die beiden anderen rechtwinklig geneigte Axe wird zur zweiten Nebenaxe genommen. Die Hauptaxe wird auch hier mit c, die erste Nebenaxe mit a, die zweite mit b bezeichnet, und die Ebene der Haupt- und ersten Nebenaxe die erste, die Ebene der Haupt- und zweiten Nebenaxe die zweite, und die Ebene der beiden Nebenaxen die basische Axenebene oder die Basis genannt. Die erste Axenebene steht rechtwinklig gegen die zweite und die basische Axenebene, während diese sich unter schiefen Winkeln schneiden. Der Winkel, unter welchem sie sich schneiden ist gleich dem, welchen die beiden Axen a und c miteinander bilden und wird mit δ bezeichnet. Wegen des einen schiefen Winkels wird das System das monoklinische genannt und da die Basis ein gegen die Horizontalebene geneigtes Rhombus ist, auch das klinorhombische.

Denkt man sich bei einem bestimmten Verhältniss der Axen $a:b:c$ und einem bestimmten Winkel der Axen a und $c = \delta$ die Axen durch Flächen begrenzt, so entsteht eine dem Rhombenoktaëder ähnliche Form, die jedoch durch die Schiefwinkligkeit der Axen a und c eigenthümliche Eigenschaften erhält und ein monoklinisches Oktaëder genannt wird.

Das monoklinische Oktaëder Fig. 175 hat wie das Rhombenoktaëder 8 Flächen, 12 Kanten und 6 Ecken.

Die Flächen sind ungleichseitige Dreiecke, aber zweierlei Art. Die beiden Arten von Flächen haben nur 2 gleiche Seiten, die dritte ist verschieden dadurch, dass die über dem spitzen Winkel der Axen a und c gelegene Seite kürzer und die über dem stumpfen Winkel gelegene länger ist. Indem nun von diesen dritten Seiten 2 gleiche D aneinander liegen und 2 solche gleichwerthige Flächen der obern Seite ihre parallelen und gleichen an der untern Seite haben, zerfällt das Oktaëder in 4 Flächenpaare, von denen 2 und 2 einander gleich und verschieden von den anderen sind, das vordere obere und hintere untere o und das hintere obere und vordere untere o'.

Da diese monoklinischen Oktaëder zweierlei Flächen haben, so sind sie auch keine einfachen, sondern aus zwei einfachen Formen zusammengesetzte Formen. Vergrössert man die zwei Paare zusammengehöriger Flächen, so sieht man, dass sie aus zwei rhombischen Prismen bestehen, die schief und in entgegengesetzter Stellung stehen (Fig. 176). Die Zeichnung giebt eine Profilansicht dieser rhombischen Prismen, da auf diese Weise die Stellung beider besser erkannt werden kann, sie sind als ungeschlossene Formen beide mit der Basis in C begrenzt. Beide haben die Basis und also auch die beiden Nebenaxen des monoklinischen Oktaëders gemeinsam, aber ihre Hauptaxen c und c' liegen, wenn auch in der ersten Axenebene doch theils diesseits, theils jenseits der Hauptaxe CC des monoklinischen Oktaëders. Ihr rechtwinkliger Querschnitt fällt nicht mit der Basis zusammen, sondern bildet mit derselben einen Winkel von $90^0 - \delta$.

Wenn aber auch das monoklinische Oktaëder keine einfache Form ist, so kann sie doch vollständig die Stelle einer einfachen Form vertreten und als Grundform zur Ableitung aller übrigen einfachen Formen benutzt werden, indem nämlich bei einer bestimmten Mineralgattung nur solche einfache Formen vorkommen, deren Axen mit denen der Grundform in einfachen und rationalen Verhältnissen stehen.

Die Kanten sind viererlei Art: 4 Endkanten, die in der ersten Axenebene liegen, zweierlei, 2 längere und stumpfere D, in welchen die Flächen mit den längeren ungleichen Seiten zusammenstossen und zwei kürzere und schärfere D', in welchen die Flächen mit den kürzeren ungleichen Seiten zusammenstossen, ferner 4 Endkanten F, die in der zweiten Axenebene liegen, die rechten und linken und 4 Seitenkanten G. Die ersteren vier Endkanten sind gleichflächig, die übrigen acht Kanten ungleichflächig.

Die Ecken sind vierflächig und dreierlei Art: 2 Endecken C, 2 Seitenecken A, die in der ersten und 2 Seitenecken B, die in der zweiten Axenebene liegen. Die beiden ersteren Ecken sind dreierleikantig, die dritten zweierleikantig.

Die durch die parallelen Kanten der Grundform gelegten Schnitte sind die Hauptschnitte. Von diesen ist der durch die vordere und hintere Endkante D und D' gelegte Schnitt ein Rhomboid (wie Taf. IX. Fig. 12), die durch die gleichen Endkanten F, und durch die Seitenkanten G gelegten Schnitte sind Rhomben. Der erstere Schnitt ist von besonderer Wichtigkeit, weil in ihm die sich schiefwinklig schneidenden Axen c und a liegen, und durch ihn die ganze Form in zwei gleiche und congruente Hälften getheilt wird, eine rechte und linke, er stellt mithin die Haupt-Symmetrieebene dar, und wird der **symmetrische Hauptschnitt** genannt. Der durch die Seitenkanten G gelegte Schnitt enthält die Nebenaxen und wird die Basis genannt. Da diese schiefwinklig zur zweiten Axenebene geneigt ist, auf der einen Seite daher mit ihr am obern Ende einen stumpfen, auf der andern einen spitzen Winkel bildet, so ist es bei der Verschiedenheit dieser Winkel nicht gleichgültig, welcher derselben nach vorn oder hinten gekehrt ist, man stelle nun die Grundform so, dass am obern Ende der stumpfe Winkel δ (Taf. IX. Fig. 12) auf der vordern Seite, der spitze Winkel auf der hintern Seite zu liegen kommt, und die längere und stumpfere Endkante der Grundform stets die vordere, die kürzere und schärfere die hintere ist. Die unter sich gleichen Endkanten der zweiten Axenebene, die bei den verschiedenen Grundformen im monoklinischen System vorkommen, sind nun bald schärfer, bald stumpfer als die vorderen oder hinteren Endkanten der ersten Axenebene. Welche beiden vorhandenen Prismen bei einem monoklinischen Mineral zur Grundform gewählt werden sollen, lässt sich vorher nicht bestimmen, es können auch hier nur im Allgemeinen Regeln gelten, die bei der Wahl einer Grundform überhaupt zur Sprache kommen. An und für sich ist es ganz gleichgültig, welche man wählt, doch nimmt man am zweckmässigsten die, mit welcher sich die leichteste Ableitung aller übrigen Formen vornehmen lässt, die in der Natur sehr vorherrschen oder zu welchen andere sehr vorherrschende verticale Prismen in einfacher Beziehung stehen.

Die Grundformen der verschiedenen Mineralgattungen, deren Formen zum monoklinischen System gehören, unterscheiden sich nicht allein durch Verschiedenheit in den Werthen für die Axen, die bei den verschiedenen Grundformen in keinen einfachen Verhältnissen stehen, sondern auch durch die Verschiedenheit in den Neigungswinkeln der Axen a und c. Diese, so wie die Werthe für die Axen, müssen aus den Winkeln der Kanten der Grundform oder anderer Combinationskanten, die man messen kann, berechnet werden; doch hat man wegen der Schiefwinkligkeit zweier Axen schon nöthig, drei Kantenwinkel zu messen, welcher Umstand die Bestimmung der Verhältnisse der Grundform schwieriger macht, als bei den vorigen Systemen. So ist beim Gyps das Verhältniss von

$a : b : c = 1 : 1,445 : 0,5975$

der Winkel $δ = 98^0\ 34'$

aus den Messungen berechnet; aus welchen Angaben sich wiederum folgende Winkel für die Grundform ergeben:

vordere Endkante = 143° 28',
hintere Endkante = 138° 44',
rechte und linke seitliche Endkanten = 122° 21',
Seitenkanten = 71° 12'.

Je weniger der Winkel δ bei einem monoklinischen Oktaëder von einem rechten abweicht, desto weniger wird natürlich das Ansehen desselben von dem eines Rhombenoktaëders abweichen. Dieser Unterschied ist bei den monoklinischen Oktaëdern mancher Mineralien oft so gering, dass sie lange für Rhombenoktaëder gehalten worden sind, wie z. B. bei der Grundform des Mesotyps (Fig. 181), bei welchem der Winkel δ 90° 54' beträgt. Dieser Irrthum war um so eher möglich, als ausser den Prismen der Grundform und dem verticalen Prisma der Grundform gewöhnlich keine anderen schiefen Prismen hier vorkommen. Noch geringer ist dieser Winkel beim Datolith (Fig. 188), wo er 90° 6' beträgt. Ob es Mineralien von monoklinischer Symmetrie giebt, bei denen $\delta = 90°$ ist, also die Basis rechtwinklig zur Hauptaxe steht, ist mit Sicherheit noch nicht nachgewiesen.

Die in einem monoklinischen System vorkommenden abgeleiteten Formen sind nun ganz ähnliche, wie die, welche bei dem rhombischen System auftreten und man erhält am besten eine Vorstellung dieser Formen, wenn man sie mit den im rhombischen System vorkommenden Formen vergleicht und in diesen die Aenderungen vornimmt, die durch die Schiefwinkligkeit der zwei Axen hervorgebracht wird.

1) Die den Rhombenoktaëdern entsprechenden Formen im monoklinischen System sind monoklinische Oktaëder. Bei diesen findet dieselbe Mannigfaltigkeit, wie bei den Rhombenoktaëdern statt; es kommen solche vor, die mit der Grundform bei gleichen Axen a und b verschiedene c Axe haben,

„   „   „ a „ c „   „ b „   „
„   „   „ b „ c „   „ a „   „
bei gleicher Axe c „ a u. b Axen haben.

Die Bezeichnung der monoklinischen Oktaëder ist wie die der Rhombenoktaëder, also die der Grundform ($a:b:c$), die der abgeleiteten Oktaëder ($a : \frac{1}{n} b : \frac{1}{m} c$)..

Da indessen jedes monoklinische Oktaëder aus einem vordern und hintern schiefen Prisma besteht, die ein gleiches Axenverhältniss haben und jedes derselben allein vorkommen kann, so ist es nothwendig diese beiden auch in der Bezeichnung zu unterscheiden, was nun auf die Weise bewerkstelligt werden kann, dass man das vordere Ende der ersten Nebenaxe mit a, das hintere mit a' bezeichnet. Demnach ist die Grundform die Combination des vordern schiefen Prismas $(a:b:c)$ und des hintern $(a':b:c)$.

Da nun im rhombischen System die Oktaëder die einzigen geschlossenen Formen sind, diese aber im monoklinischen System in zwei Prismen zerfallen, so folgt daraus, dass im monoklinischen System überhaupt keine geschlossenen Formen vorkommen können.

2) Die verticalen Prismen kommen auch im monoklinischen, wie im rhombischen System als die Grenzformen der Grundform oder abgeleiteter Oktaëder vor, aber bilden schiefe Abstumpfungen der Seitenkanten, da dieselben ungleichflächig sind.

3) Die Längsprismen bilden Abstumpfungen der rechten und linken Endkanten der Grundform und der monoklinischen Oktaëder überhaupt und zwar, da die abgestumpften Kanten ungleichflächig sind, schiefe Abstumpfungen. Sie sind von den Prismen der Grundform und den verticalen Prismen nur durch die Lage verschieden, indem ihre Flächen der a-Axe parallel laufen. Sie werden basische Prismen genannt.

4) Die Querprismen des rhombischen Systems sind hier auch der Lage nach als gerade Abstumpfungen der vorderen und hinteren Endkanten der Grundform und der übrigen monoklinischen Oktaëder vorhanden, zerfallen aber, wie die Grundform in zwei verschiedene Formen, in nach vorn geneigte, sogenannte vordere schiefe Endflächen und nach hinten geneigte, hintere schiefe Endflächen.

5) Die Längsfläche kommt als schiefe Abstumpfung der rechten und linken Ecke der Oktaëder vor oder als gerade Abstumpfung der rechten und linken Kante der verticalen Prismen.

6) Die Querfläche erscheint in derselben Weise vorn und hinten.

7) Die Endfläche, welche der Basis parallel geht, ist im monoklinischen System eine schiefe, gegen die Horizontalebene unter dem Winkel δ geneigte, sie erscheint als schiefe Abstumpfung der Endecken der Grundform.

Die im monoklinischen System vorkommenden einfachen Formen sind mithin nur zweierlei Art, rhombische Prismen und einzelne Flächen; die rhombischen Prismen sind bedingt durch die Gleichheit von rechts und links und haben zwei gleiche Glieder, die schiefen Endflächen durch die Verschiedenheit von vorn und hinten und erscheinen als einzelne Glieder; darauf bezieht sich der Name 2 + 1 gliedriges System. (Weiss).

1. Rhombische Prismen.

Die rhombischen Prismen des monoklinischen Systems sind, wie die des rhombischen Systems, vierseitige Prismen, deren rechtwinkliger Querschnitt ein Rhombus ist. Sie kommen bei einer bestimmten Mineralgattung oft in grosser Anzahl vor, und unterscheiden sich theils in ihren Winkeln, theils in ihrer Lage. Letztere ist jedoch nur von der Art, dass ihre Hauptaxe stets in der ersten Axenebene bleibt, wenn sie gleich in dieser fast alle möglichen Lagen annehmen kann; so dass man, wenn man gewissen rhombischen Prismen eine verticale Stellung giebt, ausser diesen schief liegende Prismen der vordern und der hintern Seite unterscheiden kann. Wie die Hauptaxe, so liegt auch eine der Diagonalen des rechtwinkligen Querschnitts eines jeden dieser Prismen in der ersten Axenebene, während die andere Diagonale bei allen eine gleiche und horizontale Lage hat.

Aus der Vergleichung mit den Formen des rhombischen Systems hat sich ergeben, dass in Bezug auf die Stellung der Grundform die Prismen dreierlei Art sind, schiefe, verticale und basische. Die schiefen Prismen schneiden alle drei Axen in einfacher oder verschiedener Länge. Je grösser die Länge der Hauptaxe ist, desto steiler werden sie, bis endlich die Hauptaxe unendlich wird, so dass die verticalen Prismen entstehen. Je grösser die Länge der a Axe wird, desto flacher werden sie, bis endlich die a Axe unendlich wird und basische Prismen entstehen. Die verticalen und basischen Prismen sind mithin die Grenzformen der schiefen.

Die schiefen Prismen unterscheiden sich ausser durch die Länge der Axenabschnitte, auch durch die Lage je nachdem ihre Flächen auf derselben Seite liegen, wie die des vordern oder hinteren schiefen Prismas der Grundform. Welche Prismen aber als vordere und hintere zu bezeichnen sind, bestimmt sich nicht durch die Hauptaxe, sondern durch die erste Nebenaxe und und die Basis. Da bei der Stellung, die der Grundform gegeben ist, die erste Nebenaxe wie die Basis nach vorn geneigt ist, so müssen alle die Prismen, deren Axen zwischen der ersten Nebenaxe und einer im Mittelpunkt in der ersten Axenebene zur Hauptaxe rechtwinkligen Linie liegen, zu den hinteren Prismen gerechnet werden, obgleich sie gewissermassen nach der vordern Seite liegen.

Die vorderen schiefen Prismen haben das allgemeine Zeichen $(a : \frac{1}{n}b : \frac{1}{m}c)$, die hinteren $(a' : \frac{1}{n}b : \frac{1}{m}c)$, die verticalen Prismen $(a : \frac{1}{n}b : \infty c)$, die basischen Prismen $(\infty : a : b : \frac{1}{m}c)$, die entsprechenden Prismen der Grundform sind $(a : b : c)$, $(a' : b : c)$, $(a : b : \infty c)$, $(\infty a : b : c)$.

Einzelne Flächen.

Die einzelnen Flächen des monoklinischen Systems unterscheiden sich in Bezug auf ihre Lage gegen die Grundform in schiefe und verticale. Zu den ersteren gehören die den Flächen des Querprismas des rhombischen Systems entsprechenden Flächen, sowie die Basis, zu den letzteren die Quer- und Längsfläche, welche von den gleichnamigen Flächen des rhombischen Systems nicht verschieden sind.

Die schiefen Flächen sind also einzelne Flächen, die der zweiten Nebenaxe parallel sind und theils die Haupt- und erste Nebenaxe schneiden, theils nur die Hauptaxe und der ersten Nebenaxe parallel sind. Ihr Durchschnitt mit der zweiten Axenebene ist eine horizontale Linie, parallel der zweiten Nebenaxe; ihr Durchschnitt mit der ersten Axenebene eine schiefe, gegen die Hauptaxe geneigte Linie; die erstere bezeichnet man als horizontale, die letztere als schiefe Diagonale.

Die schiefen Diagonalen der verschiedenen schiefen Flächen sind in ihrer Neigung gegen die Hauptaxe ebenso verschieden, wie die Hauptaxen der schiefen Prismen, so dass also jede schiefe Fläche mit einem bestimmten schiefen Prisma übereinstimmt und die gerade Abstumpfung der durch die Hauptaxe gehenden Prismenkante bildet. Es sind mithin die schiefen Flächen als Grenzformen der schiefen Prismen zu betrachten, derart, dass die zweite Nebenaxe unendlich gross geworden ist.

Demnach unterscheidet man ebenso, wie bei den schiefen Prismen vordere und hintere schiefe Endflächen je nach ihrer Lage gegen die Basis. Vordere schiefe Endflächen sind alle diejenigen, die zwischen der Basis und vordern Querfläche liegen, hintere, die zwischen der Basis und hintern Querfläche liegen. Die Flächen, welche zwischen der Basis und der gerade angesetzten Endfläche liegen, sind mithin hintere schiefe Endflächen, obgleich sie nach vorn geneigt sind.

Die Bezeichnung der schiefen Endflächen ist folgende, die der vorderen $(a : \infty b : \frac{1}{m} c)$, der hinteren $(a' : \infty b : \frac{1}{m} c)$, der zur Grundform gehörigen $(a : \infty b : c)$ und $(a' : \infty b : c)$, der Basis $(\infty a : \infty b : c)$.

Die Querfläche ist eine schiefe Endfläche mit unendlich grosser Hauptaxe, also die Grenzgestalt der verticalen Prismen, derart, dass die vordere und hintere Kante desselben unendlich stumpf geworden ist, ihr Zeichen ist $(a : \infty b : \infty c)$.

Die Längsfläche ist ein basisches Prisma mit unendlicher Hauptaxe oder auch ein verticales mit unendlich stumpfen seitlichen Kanten, ihr Zeichen ist $(\infty a : b : \infty c)$.

Vorkommende Combinationen des monoklinischen Systems.

1. Combinationen der rhombischen Prismen unter einander.

a) Verticale rhombische Prismen mit verschiedener zweiter Nebenaxe kommen häufig zusammen vor und bilden Combinationen ganz ähnlicher Art, wie im rhombischen System. Treten zu dem verticalen Hauptprisma Prismen hinzu, welche bei gleicher Länge der *a*-Axe eine kleinere *b*-Axe haben, als das Hauptprisma, so bilden dieselben Zuschärfungen der seitlichen Prismenkanten, wie bei der Combination des Topases (Fig. 159) die Flächen ½ *g* an *g*. Sind die seitlichen Kanten durch die Längsfläche abgestumpft, so bilden derartige Prismen schiefe Abstumpfungen der Combinationskanten von g und b, so beim Orthoklas (Fig. 180) die Flächen $\frac{1}{3} g$ ($a : \frac{1}{3} b : \infty c$). Prismen mit kleinerer Nebenaxe a erscheinen als Zuschärfungen der vordern und hintern Kante des verticalen Hauptprismas. Während im rhombischen System die ersteren Zuschärfungen immer an den scharfen Kanten des Hauptprismas, die letzteren an den stumpfen auftreten, so kann dies bei dem monoklinischen System auch umgekehrt der Fall sein, indem die Lage der Axen der Grundform nicht von der Länge derselben, wie im rhombischen System, sondern von der schiefwinkligen Axe abhängt. So ist wohl bei der Hornblende (Fig. 185) die vordere und hintere Seitenkante des verticalen Hauptprismas eine stumpfe von 124° 30', beim Augit (Fig. 184) dagegen eine scharfe 87° 6', welche in der Figur durch die Querfläche gerade abgestumpft ist.

b) In der Combination des verticalen Hauptprismas mit der Grundform bilden die Flächen des erstern, wenn sie untergeordnet hinzutreten schiefe, vertical stehende Abstumpfungen der Seitenkanten. Herrschen die Flächen des verticalen Hauptprismas, wie dies häufiger vorkommt, so bilden die Flächen der Grundform eine vierflächige Zuspitzung, die auf den Flächen des Prismas schief, doch so aufgesetzt sind, dass die oberen und unteren Combinationskanten auf den Prismenflächen parallel sind; wie beim Mesotyp (Fig. 181) und beim Gyps (Fig. 182), wo noch die Längsflächen b hinzugetreten sind. Gewöhnlich sind indessen die Flächen der schiefen Prismen der Grundform nicht im Gleichgewicht untereinander, in der Regel herrschen die Flächen des einen Prismas vor, oder finden sich oft ganz allein, in welchem Fall das verticale Prisma an den Enden mit einer Zuschärfung mit schieflaufender Endkante begrenzt erscheint, die an dem obern Ende gegen die vordere oder hintere Seitenkante des Prismas gerichtet ist, je nachdem von den Flächen der Grundform die Flächen des vordern oder hintern schiefen Prismas sich ausgedehnt haben. Das erstere findet beim Gypse statt (Fig. 183) und beim Rothbleierz (Fig. 186), das letztere beim Augit (Fig. 184). Dergleichen Combinationen kommen im monoklinischen System sehr häufig vor und sind besonders charakteristisch für dasselbe.

c) Die schiefen Prismen, welche eine verschiedene Hauptaxe von der der Grundform haben, schneiden diese stets in Kanten, welche den Seitenkanten der Grundform oder der Combinationskante derselben mit dem verticalen Hauptprisma parallel gehen; sind die Hauptaxen grösser, als die der Grundform, so bilden sie Abstumpfungen dieser Combinationskanten; sind sie kleiner, so bilden je zwei zu einem monoklinischen Oktaëder gehörige Prismen vierflächige Zuspitzungen der Endecken. Das erstere findet statt bei der Combination des Diopsid (Fig. 179), wo unter dem hintern schiefen Prisma der Grundform o' noch die Flächen $2\,o' = (a' : b : 2\,c)$ und zwar herrschend hinzugetreten sind als Abstumpfungen der Kanten von o' und g.

d) Die schiefen Prismen mit verschiedener zweiter Nebenaxe schneiden die Grundform in Kanten, die den vorderen oder hinteren Endkanten parallel gehen; die mit grösserer zweiter Nebenaxe bilden Zuschärfungen dieser Kanten, die mit kleinerer Zuspitzungen der Seitenecken, oder wenn die Längsfläche vorhanden ist, schiefe Abstumpfungen der Combinationskanten der Grundform und Längsfläche.

e) Die schiefen Prismen mit verschiedener Haupt- und zweiter Nebenaxe schneiden die Grundform in ähnlicher Weise, wie die Prismen, bei denen nur die Hauptaxe oder nur die Nebenaxe verschieden ist, aber die Combinationskanten gehen keiner Kante der Grundform parallel.

f) Die Flächen des basischen Prismas der Grundform bilden an der Grundform schiefe Abstumpfungen der rechten und linken Endkanten und erscheinen gewöhnlich nur untergeordnet, da herrschende schiefe Prismen gewöhnlich als verticale genommen werden.

g) Basische Prismen mit kleinerer Hauptaxe bilden an der Grundform Zuschärfungen der Endecken; mit grösserer Hauptaxe Zuschärfungen der rechten und linken Seitenecken, in beiden Fällen sind die Flächen auf den rechten und linken Seitenkanten schief aufgesetzt.

h) Die basischen Prismen erscheinen an den verticalen als Zuschärfungen des Endes, welche schief auf den seitlichen Kanten der verticalen Prismen aufgesetzt sind; ist in einem bestimmten Fall die Basis von einer geraden Endfläche wenig verschieden, so werden die Zuschärfungsflächen fast gerade aufgesetzt erscheinen, wie es beim Datolith der Fall ist (Fig. 188), die Flächen $\frac{1}{2} f = (\infty a : b : \frac{1}{2} c)$.

ɩ) In der Combination eines verticalen mit einem vordern und hintern schiefen Prisma kann man leicht sehen, ob die dreierlei Prismen gleiche Axen haben. Sind die Combinationskanten auf den Flächen des verticalen Prismas wie die der Grundform parallel, so haben die drei Prismen ein gleiches Verhältniss in den Axen a und b; schneiden sich die Flächen des vordern und hintern schiefen Prismas in Kanten, die wie die seitlichen Kanten des verticalen Prismas in der zweiten Axenebene liegen, so haben die beiden schiefen Prismen auch ein gleiches Verhältniss in den Axen b und c, es sind dann die Combinationskanten der beiden Prismen parallel ihrer Combinationskante mit der Querfläche, wie man an der Fig. 179ᵃ des Diopsids von Ala sieht, Kante $°/_{o'} \parallel °/_{a}$. In manchen Fällen fehlen bei diesem Diopsid die Flächen c, d', o' gänzlich, das Ende wird allein von den Flächen o und $2 o'$ ($a' : b : 2 c$) gebildet. Man sieht dann leicht aus dem mangelnden Parallelismus der Kanten $°/_{2 o'}$ und $°/_{o}$, dass die beiden schiefen Prismen keine gleiche c-Axe haben, während sich aus dem Parallelismus der Kanten $°/_{g}$ und $^2 °/_{g}$ ergiebt, dass sie eine gleiche Basis untereinander und mit dem verticalen Prisma haben. Weil nun die Kante $°/_{2 o'}$ sich oben nach aussen zu nach vorn neigt, so muss die c-Axe von $2 o'$ grösser sein, als die von o; neigte sie sich nach innen zu nach vorn, so würde die c-Axe kleiner sein. Dies letztere wäre der Fall bei einer Abstumpfungsfläche der Kante $°/_{c}$, etwa bei $\frac{1}{2} o'$ ($a' : b : \frac{1}{2} c$).*)

2. Combinationen der einzelnen Flächen unter einander.

Die Quer- und Längsflächen bilden, wie im rhombischen System, ein rectanguläres Prisma, die Basis nun aber eine

---

*) Man beurtheilt die Lage dieser letztern Kante am besten, wenn man die Krystalle vertical stellt und sie von oben betrachtet; in den Zeichnungen sieht man sie am besten in den horizontalen Projectionen, die überhaupt bei den Krystallen der schiefwinkligen Systeme besonders zu empfehlen sind, weil sie ebenso leicht anzufertigen, als deutlich und übersichtlich sind, wesshalb auch zwei horizontale Projectionen 177ᵃ und 179ᵃ zu den Fig. 177 und 179 gezeichnet sind.

schiefe Endfläche von der Form eines Rechtecks, wie die Querfläche, und auf dieser gerade aufgesetzt, sie schneidet diese also in einer horizontalen Kante unter einem schiefen Winkel, die Längsfläche in einer schief laufenden Kante unter einem rechten Winkel, wie z. B. in Fig. 178, einer Combination des Orthoklases. Die schiefe Endfläche zeigt gleich, dass das verticale Prisma kein quadratisches sein kann, ausserdem verräth sich das schon durch ein verschiedenes Ansehen, sowie beim Orthoklas durch verschiedene Spaltbarkeit, indem die Spaltbarkeit nach der Längsfläche fast ebenso vollkommen ist, als die nach der Basis, parallel der Querfläche aber keine Spaltbarkeit stattfindet.

Die übrigen schiefen Endflächen erscheinen nun auf eine ähnliche Weise, wie die Basis, die vorderen auf der vordern, die hintern auf der hintern Seite, kommen mehrere vor, so schneiden sie sich sämmtlich in horizontalen Kanten und alle stehen auf der Längsfläche rechtwinklig.

3. Combinationen der rhombischen Prismen und einzelnen Flächen.

a) Die Combination des verticalen rhombischen Prismas mit einer vordern schiefen Endfläche ist eine im monoklinischen System sehr gewöhnliche und charakteristische (Fig. 187, Titanit). Die schiefe Endfläche $1/2\ d$ ist auf der vordern Prismenkante gerade aufgesetzt und bildet mit den vorderen und hinteren Seitenkanten verschiedene Ecken, auf der vordern Seite stumpfere, auf der hintern spitzere; mit den vorderen und hinteren Flächen Kanten von verschiedenen Winkeln, vorn einen stumpfen, hinten einen scharfen, von denen der eine der Complimentärwinkel des andern ist. Die Ecken in der ersten Axenebene sind zweierleikantig, die in der zweiten dreierleikantig.

Diese Combination lässt recht deutlich den für das monoklinische System charakteristischen Unterschied von vorn und hinten hervortreten.

b) Andere schiefe Endflächen bilden Abstumpfungen der Combinationsecken, vordere solche der vordern und hintere solche der hintern Ecke, derartig, dass die Combinationskanten der Endflächen der horizontalen Diagonale der vordern schiefen

Endfläche parallel gehen. So tritt an der Combination des Titanits (Fig. 187), zu den herrschenden Flächen g und $^1/_2\,d$, die vordere schiefe Endfläche d als Abstumpfung der vordern Combinationsecke, die Basis c als Abstumpfung der hintern, welche hier ausnahmsweise nach hinten gestellt ist.

c) Quer - und Längsfläche treten häufig als Abstumpfungen der Kanten des verticalen Prismas auf, besonders häufig die Längsfläche, welche die schiefen Endflächen in Kanten schneidet, die der schiefen Diagonale parallel gehen, so beim Orthoklas (Fig. 177), Hornblende (Fig. 185). Ist der Winkel des verticalen Prismas nahe an 120^0, so kommt eine Combination mit der Längsfläche dem regulären sechsseitigen Prisma nahe, so beim Orthoklas, wo der Prismenwinkel $118^0\,48'$ beträgt und bei der Hornblende $124^0\,30'$. Ausser dem bemerkbaren Unterschied in den Winkeln erkennt man die Combination als monoklinische an der Spaltbarkeit; so geht beim Orthoklas eine Spaltbarkeit sehr deutlich parallel der Längsfläche und eine andere nach der einen Prismenfläche; die Hornblende ist deutlich spaltbar parallel den Flächen des verticalen Prismas und nur bei gewissen Arten ist eine unvollkommene Spaltbarkeit nach der Querfläche erkennbar. Beim Augit findet sich gewönlich Quer- und Längsfläche (Fig. 184). Es ensteht dadurch ein achtseitiges Prisma mit vier Combinationskanten an der Querfläche und vier anderen an der Längsfläche, die ersteren sind schärfere, die letzteren stumpfere, weil die ersten Seitenkanten des verticalen Prismas $87^0\,6'$, die zweiten $92^0\,54'$ betragen. Bei dem Diopsid herrschen Quer- und Längsfläche vor und das Prisma kann auch ganz fehlen.

d) Treten noch andere verticale Prismen hinzu, so erscheinen sie, wie S. 137 beschrieben, Orthoklas $^1/_3\,g$ (Fig. 180).

e) Treten die Flächen der Grundform untergeordnet zu der Combination des verticalen Hauptprismas mit der Basis, so erscheinen die Flächen der erstern als Abstumpfungen der Combinationskanten, die des vordern schiefen Prismas als Abstumpfungen der vorderen, die des hintern als Abstumpfungen der hinteren.

Bei der Hornblende tritt das hintere schiefe Prisma o' an der Combination des verticalen Hauptprismas g, der Längsfläche b und Basis c auf (Fig. 185). Die Combination hat

Aehnlichkeit mit einer rhomboëdrischen Combination, dem Rhomboëder mit zweitem sechsseitigen Prisma, da auch die Winkel des verticalen Prismas wenig von 120° abweichen. Wie aber die verticalen Flächen zweierlei Art sind (S. 142), so sind es auch die am Ende liegenden. Die Flächen des schiefen Prismas o' sind symmetrisch rechts und links auf den hinteren Combinationskanten des verticalen Prismas mit der Längsfläche schief aufgesetzt, die Basis c ist gerade aufgesetzt auf der vordern Prismenkante.

Eine ganz ähnliche Combination kommt beim Orthoklas vor (Fig. 177), es treten zu der vorigen Combination noch zwei hintere schiefe Endflächen

$$d' \text{ und } 2\,d' = (a' : \infty\, b : c) \text{ und } (a' : \infty\, b : 2\,c)$$

hinzu, die erstere d' stumpft die Kante des hintern schiefen Prismas gerade ab, die letztere $2\,d'$ liegt unter d' als gerade Abstumpfung der von o' und g gebildeten Ecken, indem die einander gegenüberliegenden Combinationskanten $c/2\,d'$ und $c/2\,d'$ unter einander parallel sind.

Fig. 186 stellt Rothbleierz dar, das verticale Prisma g ist vorn durch die Flächen der Grundform o und hinten durch eine dreifach steilere schiefe Endfläche begrenzt

$$3\,d' = (a' : \infty\, b : 3\,c).$$

Beim Gyps (Fig. 183) bildet das vordere schiefe Prisma o allein die Endigung des verticalen g und der Längsfläche b, seine Kante geht parallel der Combinationskante mit der Längsfläche.

f) **An der Combination des verticalen Hauptprismas und der Basis bilden alle schiefe Prismen, welche ein gleiches Verhältniss der Nebenaxen haben, wie die Grundform, Abstumpfungen der Combinationskanten**, so beim Datolith (Fig. 188) die Flächen $\frac{1}{2}o\,(a : b : \frac{1}{2}c)$ Abstumpfungen der vorderen Combinationskanten; dass die Flächen $\frac{1}{2}o$ nicht der Grundform selbst angehören, erkennt man daran, dass die Flächen $d = (a : \infty\, b : c)$ die Kante von $\frac{1}{2}o'$ nicht gerade abstumpfen. Schiefe Prismen, welche ein von der Grundform verschiedenes Verhältniss der Nebenaxen haben, bilden Zuschärfungen der Combinationsecken, so beim Datolith die Flächen $s' = (a' : 2\,b : c)$, daraus, dass die Combinationskanten mit g oben hinten von der a-Axe aus nach oben laufen, folgt, dass die b-Axe länger ist, als die des Hauptprismas g.

g) Nicht selten treten auch die Flächen der Grundform zu der Combination des rectangulären Prismas mit der Basis und erscheinen dann als Abstumpfungen der Ecken, die Abstumpfungsflächen sind auf den verticalen Kanten schief aufgesetzt und schneiden die Basis in Kanten, die den Diagonalen der Basis parallel gehen (Fig. 179 und 179ᵃ, Diopsid). So erscheinen auch alle schiefen Prismen, welche eine verschiedene Hauptaxe von der der Grundform haben, wie hier beim Diopsid die Flächen 2 o'.

VI.
Triklinisches Krystallisationssystem.

Die Formen des triklinischen Krystallisationssystems sind durch drei Axen ausgezeichnet, die alle ungleichartig sind und sich sämmtlich unter schiefen Winkeln schneiden. Man wählt eine derselben zur Hauptaxe, die beiden anderen zur ersten und zweiten Nebenaxe; die Stellung der Axen ist indessen in diesen Systemen ganz willkürlich und weder durch ihre Beschaffenheit, noch durch einmal angenommene Regeln bestimmt. Die angenommene Hauptaxe wird wiederum mit c, die erste Nebenaxe mit a, die zweite mit b bezeichnet.

In Rücksicht der Ungleichheit der Axen sind die zu diesem Krystallisationssystem gehörigen Formen mit denen des rhombischen und monoklinischen zu vergleichen; wegen der Schiefwinkligkeit sämmtlicher Axen findet aber bei ihnen dieselbe Abweichung von der Symmetrie, die bei den monoklinischen Formen in der ersten Axenebene statt findet, auch in der zweiten und der basischen Axenebene statt, so dass auch die drei Axenebenen sämmtlich auf einander schiefwinklig stehen*).

---

*) Dadurch, dass zwei Axen aufeinander rechtwinklig stehen, wie z. B. beim Oligoklas, wird die triklinische Symmetrie nicht gestört; dies wäre auch nicht der Fall, wenn die beiden Axenebenen a, b und b, c auf einander senkrecht ständen, was bis jetzt noch nicht mit Sicherheit nachgewiesen ist. Mitscherlich glaubte, dass es beim unterschwefelsauren Kalk der Fall wäre und machte daraus ein besonderes Krystallisationssystem, das diklinische.

Denkt man sich bei einem bestimmten Verhältniss der Axen $a:b:c$ und bei bestimmten Winkeln, unter denen sie sich schneiden, die Axen durch Flächen begrenzt, so erhält man eine oktaëdrische Form, welche wegen der Schiefwinkligkeit der Axen eigenthümliche Eigenschaften besitzt und **triklinisches Oktaëder** genannt wird.

Das triklinische Oktaëder (Fig. 190) hat, wie die übrigen Oktaëder, 8 Flächen, 12 Kanten und 6 Ecken.

Die Flächen sind ungleichseitige Dreiecke von viererlei Art, die vordere rechte o verschieden von der hintern rechten o', und ebenso von der vordern linken $'o$ und der hintern linken $'o'$; eine jede hat auf der untern Seite ihre parallele. Die Kanten sind sämmtlich ungleichflächig; die vordere Endkante, D, ist verschieden von der hintern, D', die rechte Endkante, F, verschieden von der linken, F', die rechte Seitenkante, G, verschieden von der linken, G'. Die Ecken sind alle viererleikantig, sowohl die Endecken C, als auch die zweierlei Seitenecken A und B.

Die durch die Endkanten D und F und die Seitenkanten G gelegten Schnitte sind Rhomboïde, welche sämmtlich gegen die Horizontalebene schief geneigt sind, wesshalb das System auch das **klinorhomboidische** genannt wird.

Da diese triklinischen Oktaëder viererlei Seiten haben, so sind es keine einfachen Formen, sondern Combinationen von vier selbständigen Flächen. Trotzdem kann man sie wie im monoklinischen System als Grundform zur Ableitung aller übrigen Flächen benutzen, deren Axen bei einer bestimmten Mineralgattung immer in bestimmten einfachen und rationalen Verhältnissen zu den Axen der Grundform stehen. Für die Wahl der Grundform gilt dasselbe wie im monoklinischen System.

Zur Bestimmung der Grundformen müssen, ausser der Angabe der Werthe für die Axen, auch die drei Winkel, unter welchen sie sich schneiden, angegeben werden. Wegen der vielen zu bestimmenden Stücke hat man über nöthig, wenigstens fünf Kantenwinkel zu messen. Man stellt die Axen a und c der Grundform wie im monoklinischen System, die b-Axe so, dass der spitze Winkel b/c rechts liegt und bezeichnet den rechten Endpunkt mit b, den linken mit b'.

Die Flächen, die bei den Krystallen einer triklinischen Mineralgattung vorkommen, sind nun am leichtesten zu übersehen, wenn man sie mit den Formen des monoklinischen Systems vergleicht und bei diesen die Aenderungen vornimmt, die durch die Schiefwinkligkeit der b-Axe bedingt sind.

1) Den monoklinischen Oktaëdern entsprechen die triklinischen, deren Flächen die Axen in demselben Verhältnisse schneiden können, wie die Flächen der monoklinischen Oktaëder, zunächst die Grundform $(a:b:c)$, dann die abgeleiteten

$$(a:b:\tfrac{1}{m}c),$$
$$(a:\tfrac{1}{m}b:c),$$
$$(\tfrac{1}{m}a:b:c),$$
$$(\tfrac{1}{m}a:\tfrac{1}{n}b:c).$$

Während aber die monoklinischen Oktaëder nur in 2 schiefe Prismen zerfielen, so dass die Symmetrie rechts und links gleich war, so zerfallen hier in Folge der Neigung der b-Axe die Prismen wieder in einzelne Flächen, welche in ihrem Auftreten nicht aneinander gebunden sind, also das triklinische Oktaëder in 4 verschieden geneigte Flächen mit ihren parallelen, so dass auch rechts und links verschieden ist. Diese 4 Flächen der Grundform sind folgende:

$$o = (a:b:c),$$
$$'o = (a:b':c),$$
$$o' = (a':b:c),$$
$$'o' = (a':b':c).$$

In ähnlicher Weise werden auch die Flächen bezeichnet, die abgeleiteten Oktaëdern angehören.

2) Die verticalen und basischen Prismen zerfallen auch hier in 2 verschiedene rechte und linke Flächen; so dass also im triklinischen System nur einzelne Flächen auftreten können, worauf sich auch der Name 1 +1 gliedriges System bezieht.

3) Die Endflächen des monoklinischen Systems treten auch im triklinischen als vordere und hintere auf, aber die Diagonale, welche der Lage der horizontalen Diagonale der schiefen monoklinischen Endflächen entspricht, ist hier geneigt gegen die Horizontalebene.

4) Die Längs- und Querflächen schneiden sich im triklinischen System nicht unter rechten Winkeln, wie im monoklinischen, sondern unter schiefen.

Der triklinische Charakter der Krystalle tritt besonders deutlich hervor, wenn die einem rhombischen Prisma des monoklinischen Systems in der Lage entsprechenden Flächen auch nur zur Hälfte auftreten und die Axenwinkel weit vom rechten Winkel abweichen. Sind dagegen die sämmtlichen Flächen, wie sie im monoklinischen System vorkommen, auch im triklinischen der Lage nach vorhanden und zugleich die Winkel von b und c wie von a und b wenig von 90^0 abweichend, so haben die Krystalle eine grosse Aehnlichkeit mit monoklinischen, wie es beim Albit der Fall ist, Fig. 189, welche sehr einer Combination des Orthoklases ähnelt.

Aus der Vergleichung mit den einfachen Formen des monoklinischen Systems ergiebt sich, dass die im triklinischen System auftretenden Flächen eine dreifache Lage haben können, gegen alle 3 Axen geneigt, entsprechend den schiefen Prismen des monoklinischen Systems, nur gegen 2 Axen geneigt, der 3. parallel, entsprechend den verticalen und basischen Prismen, und nur gegen eine Axe geneigt, den beiden anderen parallel, wie die Längs-, Quer- und Endflächen.

1. **Flächen, die gegen alle drei Axen geneigt sind.**

Die zu einem triklinischen Oktaëder gehörigen Flächen treten nur selten in allen Octanten auf, am häufigsten nur in einem, so von der Grundform beim Axinit (Fig. 192) die Fläche $'o$, einem hintern schiefen rhombischen Prisma entsprechend beim Albit (Fig. 189) und Kupfervitriol (Fig. 190) $'o'$ und o'.

2. **Flächen, die gegen zwei Axen geneigt sind.**

Je zwei solcher Flächen mit ihren parallelen, welche der Lage nach einem rhombischen Prisma entsprechen, bilden ein Prisma, dessen rechtwinkliger Querschnitt ein Rhomboid ist, also ein rhomboidisches Prisma. Der rechtwinklige Querschnitt fällt nicht nur nicht mit dem Hauptschnitt zusammen, welcher durch die beiden Axen geht, die die Prismenflächen schneiden, sondern ist gegen denselben doppelt schief geneigt, so dass keine seiner Diagonalen mit den Diagonalen des Axenschnittes zusammenfällt. Die zu einem rhomboidischen Prisma gehörigen Flächen treten häufig zusammen auf. Es sind dreierlei:

1) **verticale rhomboidische Prismen**, deren Flächen der Hauptaxe parallel sind;

2) **rhomboidische Längsprismen**, deren Flächen der ersten Nebenaxe parallel sind;

3) **rhomboidische Querprismen**, deren Flächen der zweiten Nebenaxe parallel sind.

Die Bezeichnung der drei rhomboidischen Prismen der Grundform ist:
$$(a: b:\infty c),$$
$$(\infty a: b: c),$$
$$(a:\infty b: c),$$
der rhomboidischen Prismen im Allgemeinen:
$$(a:\tfrac{1}{m}b:\infty c),$$
$$(\infty a:\tfrac{1}{m}b: c),$$
$$(\tfrac{1}{m}a:\infty b: c).$$

Die rechten und linken Flächen der verticalen und der Längsprismen, sowie die vorderen und hinteren Flächen der Querprismen, unterscheidet man durch Accente, wie die entsprechenden Kanten der Grundform, so dass

$(a:b:\infty c)$ die Abstumpfungsfläche der rechten Seitenkante G der Grundform, oder die rechte Fläche des verticalen Prismas der Grundform;

$(a:b':\infty c)$ die Abstumpfungsfläche der linken Kante G' der Grundform, oder die linke Fläche des verticalen Prismas der Grundform;

$(\infty a: b :c)$ die Abst. der rechten Kante F der Grundform
$(\infty a: b':c)$ „   „   „   linken   „ F' „   „
$(a:\infty b :c)$ „   „   „   vordern „ D „   „
$(a':\infty b :c)$ „   „   „   hintern „ D' „   „
bedeutet. Ebenso bezeichnet man die übrigen rhomboidischen Prismen.

Da man bei den triklinischen Mineralien die am meisten vorherrschend entwickelten Flächen vertical stellt, so hat man es hier immer mit verticalen rhomboidischen Prismen zu thun, welche auch als Prismen zur Erscheinung kommen, so beim

Kupfervitriol (Fig. 191), Albit (Fig. 189) und Axinit (Fig. 192) die Flächen g und $'g$.

Beim Anorthit kommt das rhomboidische Längsprisma mit doppelter Hauptaxe vor, $(\infty a : b : 2c)$ und $(\infty a : b' : 2c)$.

Die rhomboidischen Querprismen-Flächen, theils auf der vordern und hintern Seite, theils nur auf der einen, sind auf den Kanten des verticalen rhomboidischen Prismas schief aufgesetzt.

Beim Albit bildet eine hintere schiefe Endfläche d' mit den Flächen der Grundform parallele Kanten $(a' : \infty b : c)$; in derselben Weise ist es beim Kupfervitriol der Fall. Beim Axinit tritt hinten die Fläche $2d'$ auf $= (a' : \infty b : 2c)$.

3. Flächen, die gegen eine Axe geneigt sind.

Dies sind die Flächen, die an der Grundform die schiefen Abstumpfungen der dreierlei Ecken bilden, nämlich:

1) die Längsfläche $b = (\infty a : b : \infty c)$, die Abstumpfungsfläche der Ecke B.

2) die Querfläche $a = (a : \infty b : \infty c)$, die Abstumpfungsfläche der Ecke A.

3) die basische Fläche $? = (\infty a : \infty b : c)$, die Abstumpfungsfläche der Ecke C.

Alle diese Flächen stehen aber schiefwinklig auf den Axen, welche sie schneiden; zwei derselben bilden daher untereinander eben solche rhomboidische Prismen, wie die Flächen, welche gegen zwei Axen geneigt sind. Sie haben demnach im Allgemeinen dieselben Eigenschaften, wie diese, und es hängt nur von der Wahl der Grundform ab, als welche Flächen sie angesehen werden müssen.

Die Längsfläche ist beim Albit (Fig. 189) häufig, die Querfläche beim Kupfervitriol und Axinit, die basische Endfläche zeigen die Figuren des Albit, Kupfervitriol und Axinit.

Google

Tabellarische

Uebersicht der Mineralien

nach den Krystallisationssystemen.

In der folgenden Zusammenstellung sind die Mineralien nach den Krystallisationssystemen, zu denen ihre Krystallformen gehören, in 6 Abtheilungen gebracht, und in diesen nach ihrer chemischen Zusammensetzung geordnet worden, wie in G. Rose's krystallo-chemischem Mineralsystem.

In jeder Abtheilung sind die Mineralien numerirt und diejenigen, welche seltener und weniger wichtig sind, sind kleiner und schwächer gedruckt. Die Mineralien mit hemiëdrischen Formen sind nicht von den mit holoëdrischen getrennt, sondern die Hemiëdrie ist durch Sternchen rechts oben an dem Namen des Minerals bezeichnet, ein Sternchen bedeutet geneigtflächige und rhomboëdrische Hemiëdrie; zwei parallelflächige (im hexagonalen System die hexagonale); drei die Tetartoëdrie.

Diejenigen Mineralien, welche zweifellos isomorph sind, sind durch Klammern verbunden. Die deutschen Namen sind vorangeschickt, die von Dana*) gewählten in Klammern hinzugefügt.

---

*) Dana, a System of Mineralogy, 5. Aufl. London 1868.

Uebersicht der Mineralien nach den Krystallisationssystemen.

1. Reguläres System.

1) Kupfer.
2) Silber.
3) Gold.
4) Platin.
5) Iridium.
6) Eisen.
7) Quecksilber.
8) Amalgam.
9) Arquerit.
10) Blei.
11) Diamant.*
12) Silberglanz (Argentit).
13) Bleiglanz (Galenit).
14) Manganglanz (Alabandit).
15) Selenblei (Clausthalit).
16) Selenkobaltblei (Tilkerodit).
17) Selenquecksilberblei (Lehrbachit).
18) Eisennickelkies (Pentlandit).
19) Blende (Sphalerit).*
20) Speisskobalt (Smaltit).
21) Chloanthit.
22) Eisenkies (Pyrit).**
23) Hauerit.**
24) Kobaltglanz (Kobaltit).**
25) Arseniknickelglanz (Gersdorffit).**
26) Antimonnickelglanz (Ullmannit).**
27) Corynit.
28) Tesseralkies (Skutterudit).
29) Fahlerz (Tetraëdrit).*
30) Tennantit.
31) Binnit, vom Rath.
32) Nickelwismuthglanz (Grünauit).
33) Buntkupfererz (Bornit).
34) Iulianit.
35) Kobaltnickelkies (Linneit).
36) Steinsalz (Halit).
37) Sylvin.
38) Salmiak.
39) Hornerz (Cerargyrit).
40) Chlorbromsilber (Embolit).
41) Bromsilber (Bromyrit).
42) Kremersit.
43) Flussspath (Fluorit).
44) Yttrocerit.
45) Ralstonit.
46) Rothkupfererz (Cuprit).
47) Periklas.
48) Bunsenit.

49) Arsenikblüthe (Arsenolith).
50) Senarmontit.
51) Spinell.
52) Zeilanit.
53) Chlorospinell.
54) Gahnit.
55) Dysluit.
56) Kreittonit.
57) Hercynit.
58) Magneteisenerz (Magnetit).
59) Chromeisenerz (Chromit).
60) Franklinit.
61) Perowskit.
62) Würfelerz (Pharmakosiderit).
63) Granat.
64) Sodalith.
65) Nosean.

66) Hauyn.
67) Lasurstein (lapis lazuli).
68) Analcim.
69) Faujasit.
70) Helvin.*
71) Danalit.*
72) Kieselwismutherz (Eulytit).*
73) Tritomit.*
74) Thorit.*
75) Borazit.*
76) Rhodizit.*
77) Pyrrhit.
78) Pyrochlor.
79) Mikrolith.
80) Pettkoit.
81) Ammoniakalaun (Tschermingit).
82) Kalialaun (Kalinit).
83) Voltait.

II. Quadratisches System.

1) Zinn.
2) Blättererz (Nagyagit).
3) Kupferkies (Chalkopyrit).*
4) Quecksilberhornerz (Calomel).
5) Chiolith.
6) Selläit.
7) Braunit.
8) Zirkon.
9) Zinnstein (Cassiterit).
10) Rutil.
11) Anatas.
12) Matlockit.

13) Hausmannit.
14) Bleihornerz (Phosgenit).
15) Xenotim.
16) Wiserin.
17) Romëlt.
18) Uranit (Torberit).
19) Zeunerit.
20) Leucit.
21) Gehlenit.
22) Humboldtilith (Mellilith).
23) Dipyr.
24) Vesuvian.
25) Sarkolith.

26) Meionit.
27) Skapolith.
28) Wernerit vom Gouverneur.
29) Mizzonit.
30) Marialith.
31) Apophyllit.
32) Edingtonit.*
33) Stroganowit.

34) Scheelit.**
35) Scheelbleierz (Stolzit).**
36) Gelbbleierz (Wulfenit).**
37) Azorit.
38) Tapiolit.
39) Fergusonit.**
40) Lowëit.
41) Honigstein (Mellit).

III. Hexagonales System.

1) Antimon.*
2) Arsen.*
3) Antimonarsen (Allemontit).*
4) Tellur.*
5) Tetradymit.*
6) Palladium.
7) Osmium-Iridium.
8) Zink.
9) Graphit.
10) Haarkies (Millerit).*
11) Kupfernickel (Niccolit).
12) Antimonnickel (Breithauptit).
13) Magnetkies (Pyrrhotit).
14) Greenockit.*
15) Zinnober (Cinnabarit).*
16) Molybdänglanz (Molybdenit).
17) Kupferindig (Covellit).
18) Dunkles Rothgiltigerz (Pyrargyrit).*
19) Lichtes Rothgiltigerz (Proustit).*
20) Xanthokon.*
21) Jodsilber (Jodyrit).

22) Fluocerit.
23) Eis.
24) Rothzinkerz (Zinkit).
25) Korund.*
26) Eisenglanz (Hematit).*
27) Titaneisen (Menaccanit).*
28) Plattnerit.
29) Quarz.***
30) Tridymit.
31) Schwartzenbergit.*
32) Brucit.*
33) Hydrargillit.
34) Hydrotalkit.
35) Pyroaurit.
36) Kalkspath (Calcit).*
37) Dolomit.*
38) Braunspath (Ankerit).*
39) Talkspath.*
40) Mesitinspath (Mesitit).*
41) Pistomesit.*
42) Eisenspath (Siderit).*
43) Manganspath (Rhodochrosit).*
44) Zinkspath (Smithsonit).*
45) Plumbocalcit.*
46) Parisit.

47) Apatit.***
48) Pyromorphit.
49) Mimetesit.
50) Kupferglimmer (Chalkophyllit).*
50) Natronsalpeter.*
51) Willemit.*
53) Troostit.*
54) Dioptas.***
55) Phenakit.*
56) Pennin.*
57) Leuchtenbergit.*
58) Cronstedtit.
59) Magnesiaeisenglimmer (Biotit).
60) Nephelin.
61) Turmalin.*
62) Beryll.
63) Levyn.*

64) Chabasit.*
65) Gmelinit.*
66) Eudialyt.*
67) Pyrosmalith.
68) Katapleiit.
69) Cancrinit.
70) Vanadinbleierz (Vanadinit).
71) Volborthit.
72) Coquimbit.
73) Reimondit.
74) Alaunstein (Alunit).*
75) Gelbeisenerz (Jarosit).
76) Dreelit.*
77) Susannit.
78) Connellit.
79) Beudantit.*
80) Svanbergit.*

IV. Rhombisches System.

1) Schwefel (rhombischer).
2) Kupferglanz (Chalkocit).
3) Silberkupferglanz (Stromeyerit).
4) Akanthit.
5) Tellursilber (Hessit).
6) Antimonsilber (Dyskrasit).
7) Antimonglanz (Stibnit).
8) Wismuthglanz (Bismuthinit).
9) Auripigment.
10) Arsenikeisen (Leukopyrit).
11) Arseniknickel (Rammelsbergit).

12) Markasit.
13) Arsenikkies (Arsenopyrit).
14) Glaukodot.
15) Schrifterz (Sylvanit).
16) Polybasit.
17) Sprödglaserz (Stephanit).
18) Geokronit.
19) Enargit.
20) Stylotypit.
21) Bournonit.
22) Nadelerz (Aikinit).
23) Dufrenoysit, vom Rath.
24) Jamesonit.
25) Skleroklas, vom Rath (Sartorit).

26) Zinkenit.
27) Kupferantimonglanz (Chalkostibit).
28) Kupferwismuthglanz (Emplektit).
29) Sternbergit.
30) Alloklasit.
31) Cotunnit.
32) Weissantimonerz (Valentinit).
33) Molybdänocher (Molybdit).
34) Brookit.
35) Polianit.
36) Mendipit.
37) Atakamit.
38) Chrysoberyll.
39) Diaspor.
40) Göthit.
41) Manganit.
42) Arragonit.
43) Witherit.
44) Strontianit.
45) Alstonit (Bromlit).
46) Weissbleierz (Cerussit).
47) Tarnowitzit.
48) Manganocalcit.
49) Lanthanit.
50) Soda mit 1aq. (Thermonatrit).
51) Polymignyt.
52) Triphylin.
53) Herderit.
54) Haidingerit.
55) Childrenit.
56) Wawellit.
57) Struvit.
58) Skorodit.
59) Libethenit.

60) Olivenit.
61) Adamine (Adamit).
62) Euchroit.
63) Phosphorochalcit (Pseudomalachit).
64) Kupferschaum (Tyrolit).
65) Peganit.
66) Fischerit.
67) Kalkuranit (Autunnit).
68) Kalisalpeter.
69) Chrysolith (Olivin).
70) Monticellit.
71) Forsterit.
72) Hortonolith.
73) Leukophan.
74) Humit, Chondrodit.
75) Enstatit.
76) Broncit.
77) Hypersthen.
78) Prehnit.
79) Gadolinit.
80) Staurolith.
81) Topas.
82) Andalusit.
83) Liëvrit.
84) Zoisit.
85) Cordierit (Iolith).
86) Kaliglimmer (Muscovit).
87) Magnesiaglimmer (Phlogopit).
88) Lithionglimmer (Lepidolith).
89) Margarit.
90) Kieselzinkerz (Calamin).
91) Hopëit.
92) Thomsonit (Comptonit).
93) Herschelit.
94) Skolezit.

95) Mesotyp (Natrolith).
96) Mesolith.
97) Epistilbit.
98) Desmin (Stilbit).
99) Gismondin.
100) Xanthophyllit (Seybertit).
101) Wöhlerit.
102) Guarinit.
103) Descloizit.
104) Pucherit.
105) Natriumsulphat (Thenardit).
106) Kaliumsulphat (Aphthitelit).
107) Anhydrit.
{ 108) Schwerspath (Baryt).
  109) Coelestin.
  110) Bleivitriol (Anglesit).
{ 111) Tantalit.
  112) Columbit.
113) Yttrotantalit.
114) Samarskit.
115) Mengit.
116) Euxenit.
117) Polykras.
118) Aeschymit.
119) Mascagnit.
120) Lecontit.
121) Kieserit.
122) Syngenit.
{ 123) Bittersalz (Epsomit).
  124) Zinkvitriol (Gosslarit).
125) Tauriscit.
126) Fauserit.
127) Felsöbanit.
128) Brochantit.
129) Langit.
130) Leadhillit.
131) Caledonit.
132) Napthalin.
133) Succinellit.

V. Monoklinisches System.

1) Schwefel (monoklinischer).
2) Realgar.
3) Plagionit.
4) Miargyrit.
5) Freieslebenit.
6) Feuerblende (Pyrostilpnit).
7) Rittingerit.
8) Meneghinit.
9) Pachnolith.
10) Thomsenolith.
11) Prosopit.
12) Rothspiessglanzerz (Kermesit).
13) Barytocalcit.
14) Soda mit 10 aq.
15) Gaylussit.
16) Trona.
17) Hydromagnesit.
18) Malachit.
19) Kupferlasur (Azurit).
20) Turnerit (Monazit).
21) Wagnerit.
22) Pharmakolith.
23) Lazulith.
24) Hureaulith.
{ 25) Vivianit.
  26) Kobaltblüthe (Erythrin).
  27) Cabrerit.
  28) Köttigit.

29) Nickelblüthe (Annabergit).
30) Linsenerz (Lirokonit).
31) Strahlerz (Klinoklasit).
32) Walpurgin.
33) Wollastonit.
34) Augit (Pyroxen).
35) Aigyrin.
36) Akmit.
37) Spodumen.
38) Hornblende (Amphibol).
39) Anthophyllit.
40) Arfvedsonit.
41) Klinochlor (Chlorit).
42) Korundophilit.
43) Pistazit.
44) Allanit (Orthit).
45) Partschinit.
46) Orthoklas.
47) Petalit.
48) Hyalophan.
49) Euklas.
50) Pektolith.
51) Laumontit.
52) Stilbit (Heulandit).
53) Brewsterit.
54) Harmotom.
55) Philippsit.

56) Titanit.
57) Keilhauit.
58) Datolith.
59) Tinkal (Borax).
60) Glauberit.
61) Rothbleierz (Krokoit).
62) Vauquelinit.
63) Wolfram.
64) Hübnerit.
65) Megabasit.
66) Gyps.
67) Glaubersalz (Mirabilit).
68) Kainit (Pikromesit).
69) Astrakanit (Blödit).
70) Eisenvitriol (Melanterit).
71) Kobaltvitriol (Bieberit).
72) Alunogen.
73) Römerit.
74) Botryogen.
75) Bleilasur (Linarit).
76) Uranvitriol (Johannit).
77) Whewhellit.
78) Scheererit.
79) Fichtelit.
80) Hartit.

VI. Triklinisches System.

1) Kryolith.
2) Amblygonit.
3) Babingtonit.
4) Paisbergit (Rhodonit).
5) Danburit.
6) Cyanit.
7) Axinit.

8) Albit.
9) Oligoklas.
10) Labradorit.
11) Anorthit.
12) Sassolin.
13) Kupfervitriol (Chalkantit).

Erklärung der Tafeln.

Tafel I.

1. Reguläres Krystallisationssystem.

A. Holoëdrische Abtheilung.

Fig. 1. Oktaëder o, S. 16, Spinell, Magneteisenerz.

Fig. 2. Combination des Oktaëders o und Hexaëders a, mit vorherrschenden Oktaëderflächen, S. 17, Bleiglanz.

Fig. 3. Dieselbe Combination im Gleichgewicht beider Formen, Mittelkrystall, S. 17, Bleiglanz.

Fig. 4. Combination des Oktaëders o und Dodekaëders d, mit vorherrschenden Oktaëderflächen, S. 18, Spinell von Ceylon.

Fig. 5. Dieselbe Combination mit Hexaëder a, S. 19, Bleiglanz, Alaun.

Fig. 6. Mittelkrystall mit Dodekaëder d, S. 19, Speisskobalt von Riechelsdorf.

Fig. 7. Dodekaëder d, S. 17, Granat.

Fig. 8. Combination des Dodekaëders d und Oktaëders o mit vorherrschenden Dodekaëderflächen, S. 18, Magneteisenerz von Normarken.

Fig. 9. Dieselbe Combination mit Ikositetraëder $1/s\ o$, S. 23, Magneteisenerz von Traversella.

Fig. 10. Combination des Dodekaëders d und Ikositetraëders $1/2\ o$ mit vorherrschenden Dodekaëderflächen, S. 21, Granat (Melanit) von Frascati.

Fig. 11. Combination des Oktaëders *o*, Hexaëders *a* und Ikositetraëders ¹/₂ *o* mit vorherrschenden Oktaëderflächen, S. 22, Rothkupfererz von Gumeschewskoj.

Fig. 12. Dieselbe Combination mit Dodekaëder *d*, S. 22, Rothkupfererz von Gumeschewskoj.

Fig. 13. Combination des Hexaëders *a* und Oktaëders *o* mit vorherrschenden Hexaëderflächen, S. 17, Bleiglanz.

Fig. 14. Hexaëder *a*, S. 17, Flussspath.

Fig. 15. Combination des Hexaëders *a* und Ikositetraëders ¹/₂ *o* mit vorherrschenden Oktaëderflächen, S. 22, Analcim aus dem Fassathale.

Fig. 16. Combination des Hexaëders *a* und Dodekaëders *d* mit vorherrschenden Hexaëderflächen, S. 18, Flussspath von Drammen.

Fig. 17. Dieselbe Combination mit Ikositetraëder ¹/₃ *o*, S. 24, Flussspath von Kongsberg.

Fig. 18. Combination des Oktaëders *o*, Dodekaëders *d* und Ikositetraëders ¹/₃ *o* mit vorherrschenden Oktaëderflächen, S. 23, Ceylanit vom Vesuv.

Fig. 19. Ikositetraëder ¹/₂ *o*, S. 19 und 21, Granat.

Fig. 20. Ikositetraëder ¹/₃ *o*, S. 19 und 22, Gold von Veröspatak, Silber von Kongsberg.

Fig. 21. Combination des Ikositetraëders ¹/₃ *o* und Oktaëders *o* mit vorherrschenden Ikositetraëderflächen, S. 23, Gold von Veröspatak, Silber von Kongsberg.

Fig. 22. Dieselbe Combination mit vorherrschenden Oktaëderflächen, S. 23, Magneteisenerz von Traversella.

Fig. 23. Combination des Dodekaëders *d*, Ikositetraëders ¹/₂ *o* und Triakisoktaëders ³/₂ *o* mit vorherrschenden Dodekaëderflächen, S. 26, Granat von Brosso.

Fig. 24. Combination des Hexaëders *a*, Oktaëders *o* und der beiden Triakisoktaëder 3 *o* und 2 *o*, S. 26, Bleiglanz von Andreasberg und Wittichen.

Tafel II.

Fig. 25. Triakisoktaëder 2 o, S. 24.

Fig. 26. Combination des Oktaëders o und Triakisoktaëders 3 o mit vorherrschenden Oktaëderflächen, S. 26, Flussspath von Kongsberg.

Fig. 27. Dieselbe Combination mit Hexaëder a und Triakisoktaëder 2 o, S. 26, Bleiglanz von Harzgerode.

Fig. 28. Combination des Dodekaëders d, Oktaëders o und Triakisoktaëders 3 o mit vorherrschenden Dodekaëderflächen, S. 26, Rothkupfererz vom Gumeschewskoj.

Fig. 29. Combination des Oktaëders o und Tetrakishexaëders $1/3 \, d$ mit vorherrschenden Oktaëderflächen, S. 29, Flussspath von Altenberg.

Fig. 30. Combination des Ikositetraëders $1/2 \, o$, Dodekaëders d und Tetrakishexaëders $1/2 \, d$ mit vorherrschenden Ikositetraëderflächen, S. 29, Granat von Donatzka.

Fig. 31. Tetrakishexaëder $1/2 \, d$, S. 27, Kupfer aus Cornwall, Gold aus dem Ural.

Fig. 32. Combination des Hexaëders a und Tetrakishexaëders $1/3 \, d$ mit vorherrschenden Hexaëderflächen, S. 29, Flussspath von Alston Moor.

Fig. 33. Combination des Hexaëders a, Oktaëders o, Dodekaëders d und Tetrakishexaëders $3/5 \, d$ mit vorherrschenden Hexaëderflächen, S. 29, Kupfer von Bogoslowsk, Flussspath aus England.

Fig. 34. Hexakisoktaëder s, S. 30 und 31.

Fig. 35. Hexakisoktaëder n, S. 30 und 32.

Fig. 36. Combination des Dodekaëders d, Ikositetraëders $1/2 \, o$ und Hexakisoktaëders s, S. 32, Granat von Långbanshytta und Arendal.

Fig. 37. Combination des Hexaëders *a* und Hexakisoktaëders *n* mit vorherrschenden Hexaëderflächen, S. 32, Flussspath aus dem Münsterthal.

Fig. 38. Combination des Hexaëders *a*, Dodekaëders *d*, Ikositetraëders $\frac{1}{3}$ *o* und des Hexakisoktaëders *n* und *v* mit vorherrschenden Hexaëderflächen, S. 33, Flussspath.[*]

Fig. 39. Combination des Dodekaëders *d*, Ikositetraëders $\frac{1}{3}$ *o*, Oktaëders *o*, Triakisoktaëders $\frac{5}{3}$ *o* und Hexakisoktaëders *t*, S. 33, Magneteisenerz.

B. Hemiëdrische Abtheilung.

a. Geneigtflächig-hemiëdrische Formen.

Fig. 40. Erstes Tetraëder *o*, S. 36.
Fig. 41. Zweites Tetraëder *o'*, S. 36.
Fig. 42. Combination des ersten Tetraëders *o* und zweiten *o'*, S. 37, Blende.
Fig. 43. Erstes Triakistetraëder $\frac{1}{2}$ *o*, S. 38.
Fig. 44. Zweites Triakistetraëder $\frac{1}{2}$ *o'*, S. 39.
Fig. 45. Combination des ersten Tetraëders *o* und ersten Triakistetraëders $\frac{1}{2}$ *o*, S. 40, Fahlerz.
Fig. 46. Erstes Deltoëder 2 *o*, S. 42.
Fig. 47. Zweites Deltoëder 2 *o'*, S. 42.
Fig. 48. Combination des ersten Tetraëders *o*, ersten Triakistetraëders $\frac{1}{2}$ *o* und Dodekaëders *d*, S. 40, Fahlerz.

---

[*] In der Figur sind die beiden unteren Buchstaben *n* und *v* zu vertauschen.

Tafel III.

Fig. 49. Combination des ersten Tetraëders o und Dodekaëders d mit vorherrschenden Tetraëderflächen, S. 37, Fahlerz.

Fig. 50. Dieselbe Combination mit Hexaëder a, S. 37, Fahlerz.

Fig. 51. Combination des ersten und zweiten Tetraëders o und o' und ersten Triakistetraëders $1/2\ o$ mit vorherrschenden ersten Tetraëderflächen, S. 40, Fahlerz.

Fig. 52. Combination des Tetraëders o und des Triakistetraëders $1/2\ o$ und $1/2\ o$, alle in erster Stellung, S. 41, Fahlerz von der Zilla.

Fig. 53. Combination des ersten Tetraëders o, ersten Triakistetraëders $1/2\ o$, Dodekaëders und zweiten Triakistetraëders $1/2\ o'$, S. 40, Fahlerz von Dillenburg.

Fig. 54. Die vorige Combination mit Hexaëder a und Tetrakishexaëder $1/2\ d$, S. 40, Fahlerz von Dillenburg.

Fig. 55. Combination des ersten Triakistetraëders $1/2\ o$, ersten Deltoëders $3/2\ o$ und Dodekaëders d mit vorherrschenden Triakistetraëderflächen, S. 43, Fahlerz von Horhausen.

Fig. 56. Combination des Tetraëders o, des Triakistetraëders $1/2\ o$, des Hexakistetraëders s, alle in erster Stellung und des Dodekaëders d, S. 45, Fahlerz von Ilanz.

Fig. 57. Combination des ersten Tetraëders o, ersten Hexakistetraëders u, zweiten Tetraëders o' und Hexaëders a mit vorherrschenden Tetraëderflächen, S. 45, Blende aus dem Binnenthal.

Fig. 58. Combination des Dodekaëders d und ersten Triakistetraëders $1/3\ o$, beide im Gleichgewicht, S. 41, Blende von Harzgerode.

Fig. 59. Dieselbe Combination mit erstem Tetraëder o, zweitem o', zweitem Triakistetraëder $1/2\ o$ und Hexaëder a, S. 41, Blende von Kapnik.

Fig. 60. Combination des Dodekaëders d, ersten Tetraëders o und Triakistetraëders $\frac{1}{2}o$, zweiten Tetraëders o' und Triakistetraëders $\frac{1}{2}o'$, Hexaëders a und Tetrakishexaëders $\frac{2}{3}d$ mit vorherrschenden Dodekaëderflächen, S. 42, Blende von Kapnik.

Fig. 61. Erstes Hexakistetraëder t, S. 43.

Fig. 62. Zweites Hexakistetraëder t', S. 44.

Fig. 63. Combination des Hexaëders a, Dodekaëders d, ersten Tetraëders o und Hexakistetraëders t, zweiten Tetraëders o' und Triakistetraëders $\frac{1}{2}o'$ mit vorherrschenden Hexaëderflächen, S. 45, Borazit von Lüneburg.

Fig. 64. Combination des Hexaëders a und ersten Tetraëders o mit vorherrschenden Hexaëderflächen, S. 37, Würfelerz aus Cornwall.

Fig. 65. Dieselbe Combination mit Dodekaëder d, S. 37, Borazit.

Fig. 66. Die vorige Combination mit zweitem Tetraëder o', S. 38, Borazit.

Fig. 67. Combination des ersten Tetraëders o und Hexaëders a mit vorherrschenden Tetraëderflächen, S. 37, Borazit.

Fig. 68. Combination des Dodekaëders d, Hexaëders a und ersten Tetraëders o mit vorherrschenden Dodekaëderflächen, S. 37, Borazit.

Fig. 69. Dieselbe Combination mit zweitem Tetraëder o' und Triakistetraëder $\frac{1}{2}o'$, S. 41, Borazit.

Fig. 70. Combination des ersten und zweiten Hexaëders a und a', beide im Gleichgewicht, S. 54 und 55.

Fig. 71. Combination des ersten und zweiten Dodekaëders d und d', beide im Gleichgewicht, S. 54 und 55.

Fig. 72. Combination des ersten und zweiten Tetrakishexaëders $\frac{2}{3}d$ und $\frac{2}{3}d'$, beide im Gleichgewicht, S. 54 und 55.

Tafel IV.

b. Parallelflächig-hemiëdrische Formen.

Fig. 73. Pentagondodekaëder (erstes Pyritoëder) ½ d, S. 46—48, Eisenkies.

Fig. 74. Combination des ersten Pyritoëders ½ d und Hexaëders a, S. 48, Eisenkies von Elba und Kobaltglanz von Tunaberg.

Fig. 75. Combination des ersten Pyritoëders ½ d und Dodekaëders d, S. 49, Eisenkies von Elba.

Fig. 76. Zweites Pyritoëder ½ d', S. 47, Eisenkies.

Fig. 77. Combination des zweiten Pyritoëders ½ d', zweiten Hexaëders a' und zweiten Oktaëders o' mit vorherrschenden Hexaëderflächen, S. 49, Eisenkies und Kobaltglanz.

Fig. 78. Combination des zweiten Pyritoëders ½ d' und zweiten Oktaëders o', beide im Gleichgewicht, S. 49, Eisenkies und Kobaltglanz.

Fig. 79. Combination des zweiten Oktaëders o' und zweiten Pyritoëders ½ d' mit vorherrschenden Oktaëderflächen, S. 48, Kobaltglanz von Tunaberg.

Fig. 80. Combination des ersten und zweiten Hexaëders a und a', beide im Gleichgewicht, S. 55.

Fig. 81. Combination des ersten und zweiten Dodekaëders d und d', beide im Gleichgewicht, S. 56.

Fig. 82. Combination des ersten und zweiten Oktaëders o und o', beide im Gleichgewicht, S. 56.

Fig. 83. Combination des ersten und zweiten Ikositetraëders ½ o und ½ o', beide im Gleichgewicht, S. 56.

Fig. 84. Combination des ersten und zweiten Triakisoktaëders 2 o und 2 o', beide im Gleichgewicht, S. 56.

Fig. 85. Erstes Diploëder *s*, S. 50 und 51, Eisenkies.

Fig. 86. Combination des ersten Diploëders *s* und Hexaëders *a* mit vorherrschenden Diploëderflächen, S. 52, Eisenkies.

Fig. 87. Combination des Hexaëders *a*, ersten Diploëders *s* und Oktaëders *o* mit vorherrschenden Hexaëderflächen, S. 52, Eisenkies von Facebay.

Fig. 88. Combination des ersten Pyritoëders $\frac{1}{2} d$ und Diploëders *s* mit vorherrschenden Pyritoëderflächen, S. 53, Eisenkies von Elba.

Fig. 89. Dieselbe Combination mit Oktaëder *o*, S. 53, Eisenkies von Elba.

Fig. 90. Combination des zweiten Oktaëders *o'*, zweiten Hexaëders *a'* und zweiten Diploëders *n'*, S. 53, Eisenkies.

Fig. 91. Zweites Diploëder *n'*, S. 50 und 51.

Fig. 92. Combination des zweiten Diploëders *n'* und zweiten Pyritoëders $\frac{1}{2} d'$ mit vorherrschenden Diploëderflächen, S. 53, Eisenkies.

Fig. 93. Combination des zweiten Ikositetraëders $\frac{1}{2} o'$ und zweiten Pyritoëders $\frac{1}{2} d'$ mit vorherrschenden Ikositetraëderflächen, S. 49, Eisenkies von Erbach.

C. Tetartoëdrische Abtheilung.

Fig. 94. Rechtes Tetartoëder 2. Stellung *n'r*, S. 56 und 57.

Fig. 95. Combination der beiden Tetraëder *o* und *o'*, des Hexaëders *a*, ersten Pyritoëders $\frac{1}{2} d$ und rechten Tetartoëders 2. Stellung *n'r* mit vorherrschenden ersten Tetraëderflächen, S. 57, salpetersaurer Baryt.

Fig. 96. Combination des ersten Tetraëders *o*, ersten Pyritoëders $\frac{1}{2} d$ und Hexaëders *a* mit vorherrschenden Hexaëderflächen, S. 58, chlorsaures Natron.

Tafel V.

II. Quadratisches Krystallisationssystem.

A. Holoëdrische Abtheilung.

Fig. 97. Quadratoktaëder o, Hauptoktaëder des Zirkons, S. 59.

Fig. 98. Combination des Hauptoktaëders o des Honigsteins, des zweiten quadratischen Prismas a und der geraden Endfläche c, S. 66 und 68.

Fig. 99. Combination des Hauptoktaëders o des Gelbbleierzes, des stumpfern Oktaëders gleicher Ordnung $1/3$ o, des ersten stumpfern Oktaëders d und des ersten spitzern Oktaëders $2/3$ d des Oktaëders $1/3$ o, S. 64.

Fig. 100. Combination des Hauptoktaëders o des Anatases, seines ersten stumpfern d und der geraden Endfläche c, S. 63.

Fig. 101. Combination des Hauptoktaëders o des Anatases, seines ersten spitzern Oktaëders $2\,d$ und des stumpfern Oktaëders 1. Ordnung $1/3$ o, S. 63 und 64.

Fig. 102. Combination des Hauptoktaëders o des Scheelit und dritten stumpfern Oktaëders $1/2$ d, S. 63.

Fig. 103. Combination des Hauptoktaëders o des Zirkons und des ersten quadratischen Prismas g, S. 67.

Fig. 104. Combination des Hauptoktaëders o des Zirkons und des zweiten quadratischen Prismas a, S. 67.

Fig. 105. Combination des Hauptoktaëders o des Apophyllits, des zweiten quadratischen Prismas a und der geraden Endfläche c, mit vorherrschenden Prismenflächen, S. 68.

Fig. 106. Combination des Hauptoktaëders o des Zinnsteins, des ersten stumpfern Oktaëders d, des ersten und zweiten quadratischen Prismas g und a, S. 62 und 67.

Fig. 107. Combination des Hauptoktaëders o des Vesuvians, des Dioktaëders s, des ersten und zweiten quadratischen Prismas g und a, des achtseitigen Prismas 2 g und der geraden Endfläche c, S. 70 und 71.

Fig. 108. Combination des Hauptoktaëders o des Apophyllits des zweiten quadratischen Prismas a und des achtseitigen Prismas 2 g, S. 71.

Fig. 109. Combination des Hauptoktaëders o des Zirkons, des zweiten quadratischen Prismas a und des Dioktaëders i, S. 70.

Fig. 110. Dioktaëder i des Zirkons, S. 68.

Fig. 111. Combination des Hauptoktaëders o des Leucits und des Dioktaëders n, S. 70.

B. Hemiëdrische Abtheilung.

a. Geneigtflächig-hemiëdrische Formen.

Fig. 112. Erstes Quadrattetraëder o des Kupferkieses, S. 74.

Fig. 113. Combination des ersten und zweiten Grundtetraëders o und o' des Kupferkieses und ersten spitzern Oktaëders 2 d, S. 75.

Fig. 114. Combination des ersten und zweiten Grundtetraëders o und o' des Cyanquecksilbers und zweiten quadratischen Prismas a mit vorherrschenden Prismenflächen, S. 75.

Fig. 115. Quadratisches Skalenoëder t des Kupferkieses*), S. 75.

Fig. 116. Combination des ersten Grundtetraëders o des Kupferkieses, Skalenoëders t, ersten stumpfern Oktaëders d, ersten spitzern 2 d, ersten Prismas g und der geraden Endfläche c, S. 76.

Fig. 117. Horizontalprojektion des Kupferkieses, Tetraëder, erstes stumpferes und erstes spitzeres Oktaëder d und 2 d und die gerade Endfläche c, alle in erster und zweiter Stellung, S. 77.

---

*) Fig. 115 ist statt des untern Y zu lesen X.

b. Parallelflächig-hemiëdrische Formen.

Fig. 118. Combination des ersten und zweiten Hauptoktaëders o und o' des Scheelit, beide im Gleichgewicht, S. 77.

Fig. 119. Combination des Hauptoktaëders o des Scheelit, ersten stumpfern Oktaëders d, ersten Oktaëders 3. Ordnung i und zweiten h', S. 78.

Fig. 120. Combination des Hauptoktaëders o des Gelbbleierzes und zweiten quadratischen Prismas 3. Ordnung $2\,g'$, S. 78.

Tafel VI.

III. Hexagonales Krystallisationssystems.

A. Holoëdrische Abtheilung.

Fig. 121. Hexagondodekaëder, Hauptdodekaëder r des Quarzes, S. 79.

Fig. 122. Combination des Hauptdodekaëders r des Quarzes und ersten sechsseitigen Prismas g, S. 83.

Fig. 123. Combination des Hauptdodekaëders r des Magnetkieses, des stumpfern erster Ordnung $^1/_2\, r$, des ersten stumpfern d, des ersten und zweiten sechsseitigen Prismas g und a und der geraden Endfläche c, S. 81, 82, 83.

Fig. 124. Didodekaëder s des Berylls, S. 84 und 85.

Fig. 125. Combination des Hauptdodekaëders r des Berylls, des spitzern erster Ordnung $2\, r$, des ersten stumpfern Dodekaëders $2\, d$ des Dodekaëders $2\, r^*$), des Didodekaëders s, des ersten sechsseitigen Prismas g und der geraden Endfläche c mit vorherrschenden Prismenflächen, S. 81 und 85.

Fig. 126. Combination des ersten sechsseitigen Prismas g, des zwölfseitigen $^1/_3\, g$ und der geraden Endfläche c, S. 86, Beryll.

B. Hemiëdrische Abtheilung.

a. Rhomboëdrische Formen.

Fig. 127. Hauptrhomboëder r des Quarzes, S. 88, 90.

Fig. 128. Gegenrhomboëder r' des Hauptrhomboëders des Quarzes, S. 88, 90.

---

*) Fig. 125 ist statt $^3/_2\, r$ zu lesen $2\, r$.

Fig. 129. Combination des Hauptrhomboëders *r* des Kalkspaths und der geraden Endfläche *c*, S. 94, 105.

Fig. 130. Combination des Hauptrhomboëders *r* des Kalkspaths und des ersten stumpfern Rhomboëders $\frac{1}{2}$ *r'* mit vorherrschenden Flächen des letztern, S. 92.

Fig. 131. Combination des Hauptrhomboëders *r* des Chabasits, erstern stumpfern und erstern spitzern Rhomboëders $\frac{1}{2}$ *r*, und 2 *r'* mit vorherrschenden Hauptrhomboëderflächen, S. 91 und 92.

Fig. 132. Combination des Hauptrhomboëders *r* des Kalkspaths und vierfach spitzern Rhomboëders erster Stellung 4 *r*, mit vorherrschenden Flächen des letztern, S. 91 und 92.

Fig. 133. Combination des ersten stumpfern Rhomboëders $\frac{1}{2}$ *r'* des Kalkspaths und ersten sechsseitigen Prismas *g* mit vorherrschenden Prismenflächen, S. 95.

Fig. 134. Combination des Hauptrhomboëders *r* des Dioptases und zweiten sechsseitigen Prismas *a* mit vorherrschenden Prismenflächen, S. 95, 96 und 105.

Fig. 135. Combination des Hauptrhomboëders *r* des Phenakits, des Hexagondodekaëders zweiter Ordnung $\frac{3}{2}$ *d* und des zweiten sechsseitigen Prismas *a* mit vorherrschenden Prismenflächen, S. 96.

Fig. 136. Combination des Hauptrhomboëders *r* des Eisenglanzes, des Hexagondodekaëders $\frac{4}{3}$ *d* und des zweiten stumpfern Rhomboëders $\frac{1}{4}$ *r*, S. 96 und 97.

Fig. 137. Combination des Hauptrhomboëders *r* des Korundes, des Hexagondodekaëders $\frac{4}{3}$ *d*, des zweiten sechsseitigen Prismas *a* und der geraden Endfläche *c*, mit vorherrschenden Prismenflächen, S. 97.

Fig. 138. Erstes Hauptskalenoëder *z* des Kalkspaths, S. 97 und 99.

Fig. 139. Combination des Hauptrhomboëders *r* des Kalkspaths und ersten Hauptskalenoëders *z* mit vorherrschenden Skalenoëderflächen, S. 100.

Fig. 140. Combination des Hauptrhomboëders *r* des Kalkspaths, des zweiten spitzern Rhomboëders 4 *r*, des ersten sechsseitigen Prismas *g*, des ersten Hauptskalenoëders *z* und des ersten Skalenoëders *w*, S. 101.

Fig. 141. Combination des zweiten spitzern Rhomboëders 4 r des Kalkspaths und des ersten Hauptskalenoëders z mit vorherrschenden Rhomboëderflächen, S. 100, 102 und 105.

Fig. 142. Combination des ersten Hauptskalenoëders z des Kalkspaths, des ersten Skalenoëders x und des ersten sechsseitigen Prismas g, S. 101 und 103.

Fig. 143. Combination des ersten Hauptskalenoëder z des Kalkspaths, des ersten sechsseitigen Prismas g und des ersten stumpfern Rhomboëders $\frac{1}{2}$ r', S. 100 und 101.

Fig. 144. Combination des Hauptrhomboëders r des Kalkspaths, ersten spitzern Rhomboëders 2 r', ersten Hauptskalenoëders z und zweiten Skalenoëders y, S. 102.

Tafel VII.

Fig. 148. Combination des ersten und zweiten Hexagondodekaëders 2. Ordnung d und d', beide im Gleichgewicht, S. 104.

b. Hexagonal-hemiëdrische Formen.

Fig. 145. Combination des Hauptdodekaëders r des Apatits, des spitzern gleicher Ordnung $2r$, des ersten stumpfern von letzterm $2d$, des ersten sechsseitigen Prismas g, der geraden Endfläche c, des ersten Hexagondodekaëders 3. Ordnung s und des zweiten sechsseitigen Prismas 3. Ordnung $1/s \, g'$, S. 106.

Fig. 151. Combination eines ersten und zweiten Hexagondodekaëders 1. Ordnung r und r', S. 106.

C. Tetartoëdrische Abtheilung.*)

Fig. 146. Rechtes Trigonoëder $d.r.$ des Quarzes, S. 107.

Fig. 147. Linkes Trigonoëder $d.l.$ des Quarzes, S. 107.

Fig. 149. Combination des Haupt- und Gegenrhomboëders r und r' des Quarzes, ersten sechsseitigen Prismas und des linken Trigonoëders $2d$, S. 108.

Fig. 150. Combination des Haupt- und Gegenrhomboëders des Quarzes r und r', ersten sechsseitigen Prismas g und des rechten Trigonoëders $2d$, S. 108.

Fig. 152. Rechtes Trapezoëder des Quarzes $y.r.$, S. 108.

Fig. 153. Linkes Trapezoëder des Quarzes $y.l.$, S. 108 und 109.

---

*) Der Gleichmässigkeit wegen mit den Fig. 149, 150 und 155, 156 sind die Fig. 146, 147 und 152, 153 umzustellen.

Fig. 154. Hauptrhomboëder *r* des Quarzes, dargestellt als Combination des rechten und linken tetartoëdrischen Rhomboëders, ersteres parallel der Seitenkante gestreift, letzteres glatt, S. 111.

Fig. 155. Combination des Haupt- und Gegenrhomboëders *r* und *r'* des Quarzes, des zweiten Rhomboëders 7 *r'*, des ersten sechsseitigen Prismas *g* und des linken Trapezoëders *x*, S. 110.

Fig. 156. Combination des Haupt- und Gegenrhomboëders *r* und *r'* des Quarzes, des zweiten Rhomboëders 7 *r'*, des ersten sechsseitigen Prismas *g*, des rechten Trapezoëders *x* und des linken dreiseitigen Prismas *a*, S. 108 und 110.

IV. Rhombisches Krystallisationssystem.

A. Holoëdrische Abtheilung.

Fig. 157. Rhombenoktaëder, Hauptoktaëder *o* des Schwefels, S. 113.

Fig. 158. Combination des Hauptoktaëders *o* des Schwefels, des dreifach stumpfern $1/3$ *o*, der geraden Endfläche *c* und des Haupt-Längsprismas *f*, S. 114, 119 und 124.

Fig. 159. Combination des Hauptoktaëders *o* des Topases, verticalen Hauptprismas *g* und des verticalen Prismas $1/2$ *g*, S. 117 und 118.

Fig. 160. Combination des Hauptoktaëders *o* des Liëvrits, des Haupt-Querprismas *d* und des verticalen Prismas $1/2$ *g*, S. 118 und 120.

Fig. 161. Combination des verticalen Hauptprismas *g* des Arsenikkieses, des Haupt-Längsprismas *f* und des schärfern Längsprismas 2 *f*, S. 119, 120 und 122.

Fig. 162. Combination des Hauptoktaëders *o* des Chrysoliths, des verticalen Hauptprismas *g*, des Haupt-Querprismas *d*, des Längsprismas 2 *f*, der Querfläche *b* und der geraden Endfläche *c*, S. 120 und 125.

Fig. 163. Combination des Hauptoktaëders *o* des Desmins, der Querfläche *a* und der Längsfläche *b*, S. 124.

Fig. 164. Combination des verticalen Hauptprismas *g* des Weissbleierzes, des Querprismas $1/2$ *d*, des Längsprismas $1/2$ *f* und der Längsfläche *b*, S. 122.

Fig. 165. Combination des Hauptoktaëders *o* des Weissbleierzes, des schärfern Längsprismas 2*f*, des verticalen Hauptprismas *g* und der Längsfläche *b*, S. 119 und 125.

Fig. 166. Combination des verticalen Hauptprismas *g* des Schwerspaths und der geraden Endfläche *c* mit tafelförmiger Entwickelung nach der letztern, S. 125.

Fig. 167. Combination des verticalen Hauptprismas *g* des Schwerspaths, des Querprismas $^1/_2$ *d* und der geraden Endfläche *c* mit vorherrschenden Flächen des Querprismas, S. 121 und 125.

Fig. 168. Combination des Haupt-Längsprismas des Schwerspaths *f*, des Querprismas $^1/_2$ *d* und der geraden Endfläche *c*, S. 121 und 125.

Tafel VIII.

Fig. 169. Combination des Haupt-Längsprismas f des Schwerspaths, des Querprismas $^1/_2\,d$ und der geraden Endfläche c mit vorherrschenden Flächen des Längsprismas, S. 125.

Fig. 170. Combination des Haupt-Querprismas d des Olivenerzes und des Hauptlängsprismas f, beide im Gleichgewicht (Oblongoktaëder), S. 121.

Fig. 171. Combination des Hauptoktaëders o des Skorodits, des verticalen Prismas $^1/_2\,g$, der Querfläche a und der Längsfläche b mit vorherrschenden Oktaëderflächen, S. 117 und 124.

B. Hemiëdrische Abtheilung.

Fig. 172. Combination des ersten und zweiten Haupttetraëders o und o' des Bittersalzes, des verticalen Hauptprismas g und der Längsfläche b, mit vorherrschenden Prismenflächen, S. 129.

Fig. 173. Zweites Haupttetraëder o' des Bittersalzes, S. 128.

Fig. 174. Erstes Haupttetraëder o des Bittersalzes, S. 128.

V. Monoklinisches Krystallisationssystem.

Fig. 175. Monoklinisches Oktaëder oo', Grundform des Gypses, S. 130.

Fig. 176. Verticalprojection auf die Axenebene $a\,b$ der beiden das monoklinische Oktaëder, Fig. 175, bildenden schiefen Prismen, S. 130.

Fig. 177. Combination des verticalen Hauptprismas *g* des Orthoklases, der Längsfläche *b*, der Basis *c*, der hinteren schiefen Endflächen *d'* und 2 *d'* und des hintern schiefen Prismas der Grundform *o'*, S. 142 und 143.

Fig. 177ª. Horizontalprojection der vorigen Figur, S. 140.

Fig. 178. Combination der Längsfläche *a*, Querfläche *b* und Basis *c* des Orthoklases, S. 141.

Fig. 179. Combination des monoklinischen Oktaëders *o*, *o'* der Grundform des Augit, des hintern schiefen Prismas 2 *o'*, der Basis *c*, der hintern schiefen Endfläche *d'*, des verticalen Hauptprismas *g*, der Querfläche *a* und der Längsfläche *b*, S. 139 und 144.

S. 179ª. Horizontalprojection der vorigen Figur, S. 140 und 144.

Fig. 180. Combination des verticalen Hauptprismas *g* des Orthoklases, des verticalen Prismas ⅓ *g*, der Längsfläche *b*, der Basis *c* und der hintern schiefen Endfläche 2 *d'*, S. 138 und 142.

Fig. 181. Combination des monoklinischen Oktaëders *oo'* der Grundform des Mesotyps und des verticalen Hauptprismas *g*, S. 133 und 138.

Fig. 182. Combination des monoklinischen Oktaëders *o o'* der Grundform des Gypses, des verticalen Hauptprismas *g* und der Längsfläche *b*, S. 138.

Fig. 183. Combination des vordern schiefen Prismas *o* der Grundform des Gypses, des verticalen Hauptprismas *g* und der Längsfläche *b*, S. 143.

Fig. 184. Combination des hintern schiefen Prismas *o'* der Grundform des Augits, der hintern schiefen Endfläche *d'*, des verticalen Hauptprismas *g*, der Querfläche *a* und der Längsfläche *b*, S. 138 und 142.

Fig. 185. Combination des hintern schiefen Prismas *o'* der Grundform der Hornblende, der Basis *c*, des verticalen Hauptprismas *g* und der Längsfläche *b*, S. 138, 142 und 143.

Fig. 186. Combination des vordern schiefen Prismas *o* der Grundform des Rothbleierzes, der hintern schiefen Endfläche 3 *d'* und des verticalen Hauptprismas *g*, S. 143.

Fig. 187. Combination des verticalen Hauptprismas *g* des Titanits, der Basis *c* und der beiden vorderen schiefen Endflächen *d* und ½ *d*, S. 141 und 142.

Fig. 188. Combination des verticalen Hauptprismas *g* des Datoliths, des vordern schiefen Prismas ½ *o*, des hintern schiefen Prismas *s'*, der Basis *c*, der vordern schiefen Endfläche *d*, des basischen Prismas ½ *f* und der Querfläche *a*, S. 133 und 140.

VI. Triklinisches Krystallisationssystem.

Fig. 189. Combination der hinteren oktaëdrischen Flächen *o' 'o'* der Grundform des Albits, der hintern schiefen Endfläche *d'*, der Basis *c*, des verticalen Hauptprismas *'g g* und der Längsfläche *b*, S. 147 und 149.

Fig. 190. Triklinisches Oktaëder *o 'o o' 'o'*, S. 145.

Fig. 191. Combination der oktaëdrischen Fläche *'o'* der Grundform des Kupfervitriols, der Basis *c*, der hintern schiefen Endfläche *d'*, des verticalen Hauptprismas *'g g*, der Querfläche *a* und der Längsfläche *b*, S. 147 und 149.

Fig. 192. Combination der oktaëdrischen Fläche *'o* der Grundform des Axinits, der Basis *c*, der hintern schiefen Endfläche 2 *d'*, des verticalen Hauptprismas *'g g* und der Querfläche *a*, S. 147 und 149.

Tafel IX.

Fig. 1. Deltoid, S. 19.
Fig. 2. Symmetrisches Fünfeck, S. 46.
Fig. 3. Linearprojection der holoëdrischen Formen des quadratischen Systems, S. 72.
Fig. 4. Linearprojection der parallelflächig-hemiëdrischen Formen des quadratischen Systems, S. 77.
Fig. 5. Linearprojection der holoëdrischen Formen des hexagonalen Systems, S. 86 und 87.
Fig. 6. Linearprojection der rhomboëdrischen Formen, S. 97 und 104.
Fig. 7. Hauptschnitt des Hauptrhomboëders und Hauptskalenoëders, S. 97 und 99.
Fig. 8. Hauptschnitt des Hauptrhomboëders, des Hauptskalenoëders und der beiden Endkantenrhomboëder des Hauptskalenoëders, S. 99.
Fig. 9. Hauptschnitt des Hauptrhomboëders, ersten stumpfern und ersten spitzern Rhomboëders, S. 93.
Fig. 10. Hauptschnitt des Hauptrhomboëders, S. 88 und 89.
Fig. 11. Linearprojection der rhombischen Formen, S. 126.
Fig. 12. Verticalprojection eines monoklinischen Oktaëders auf die Axenebene a/c, S. 131 und 132.

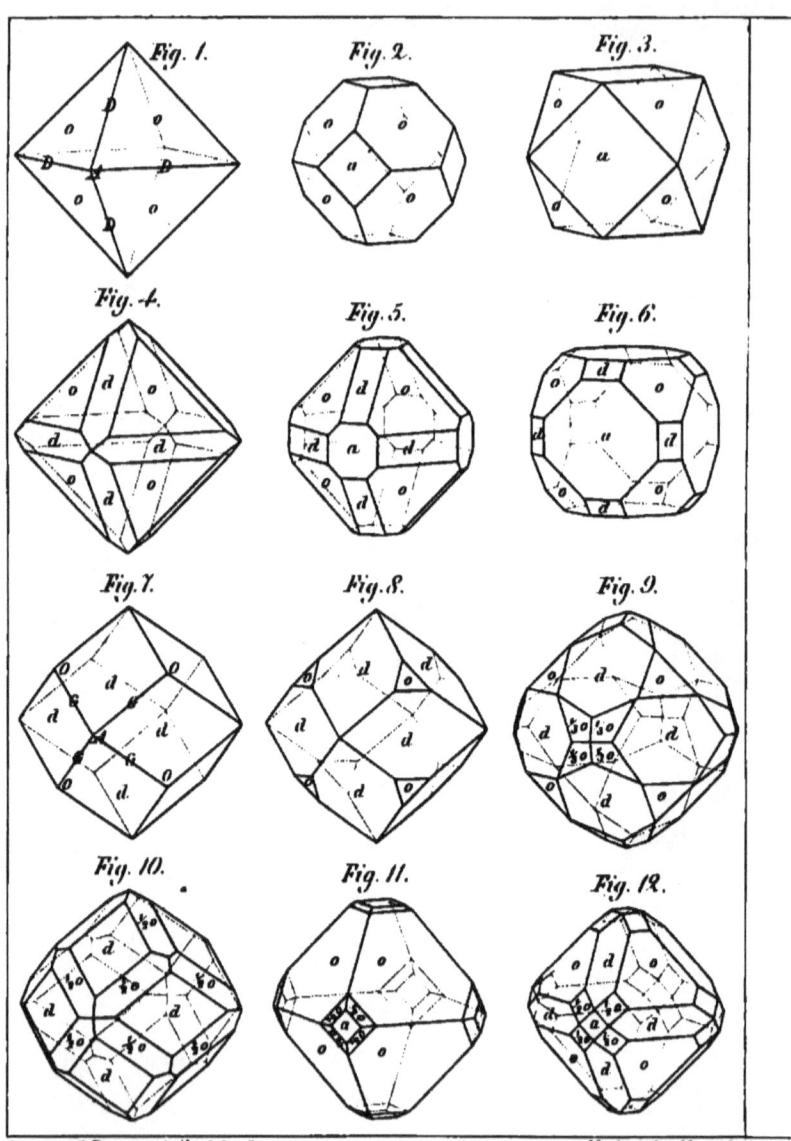

Gez. von G. Rose u. A. Sadebeck. Verlag der Königl. Hofb

Taf. 1.

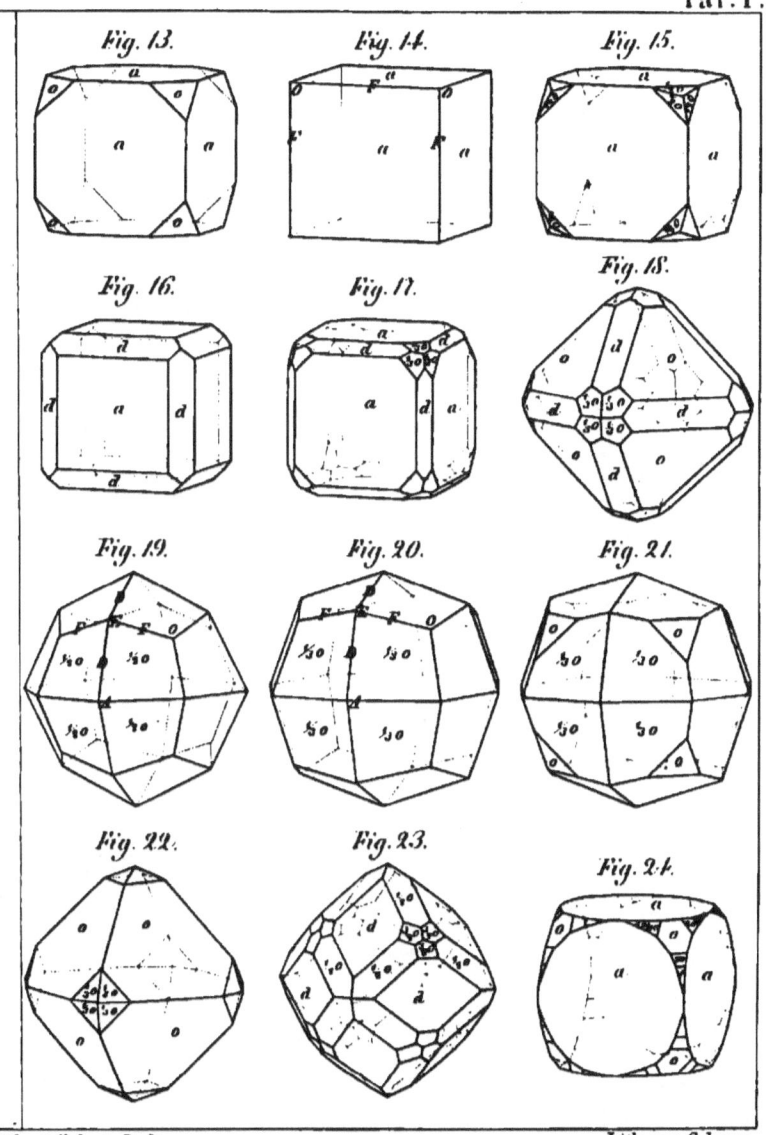

20

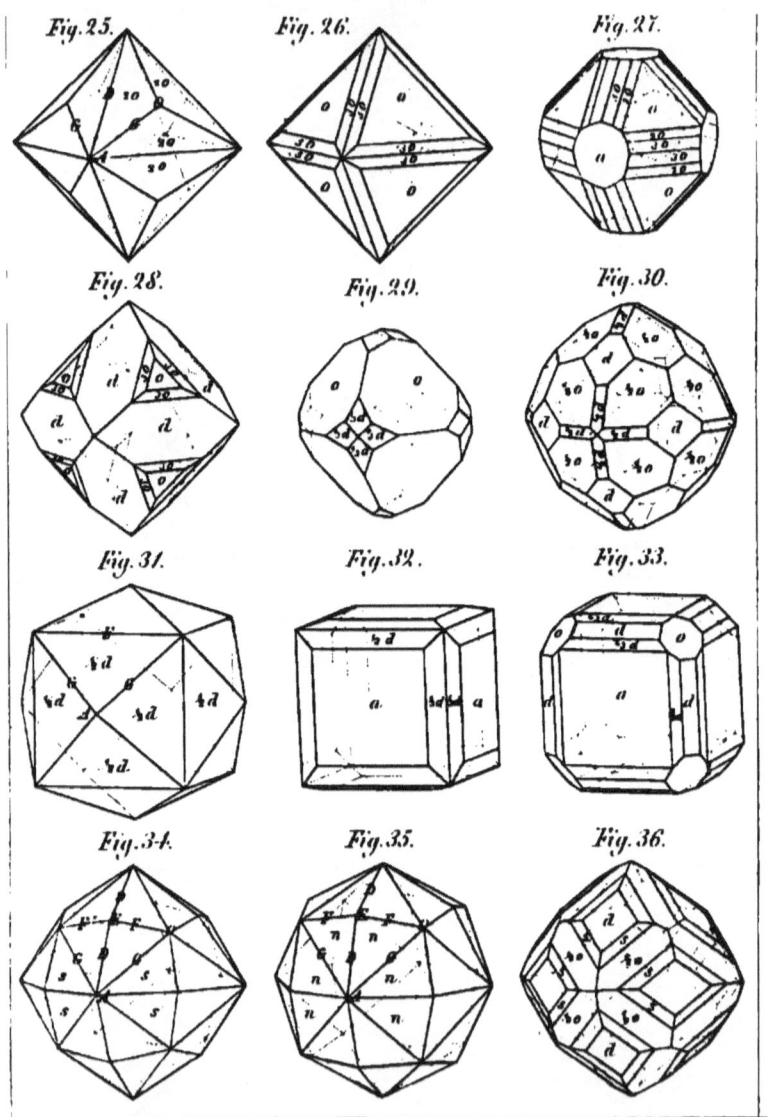

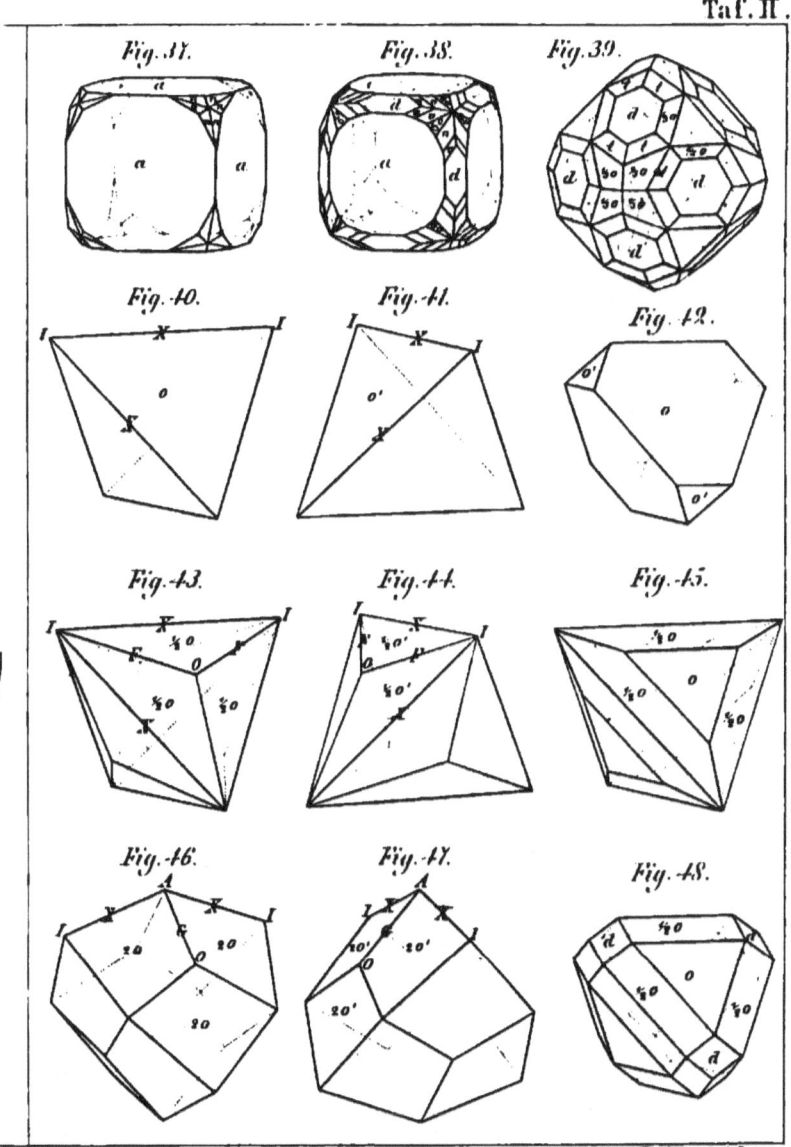

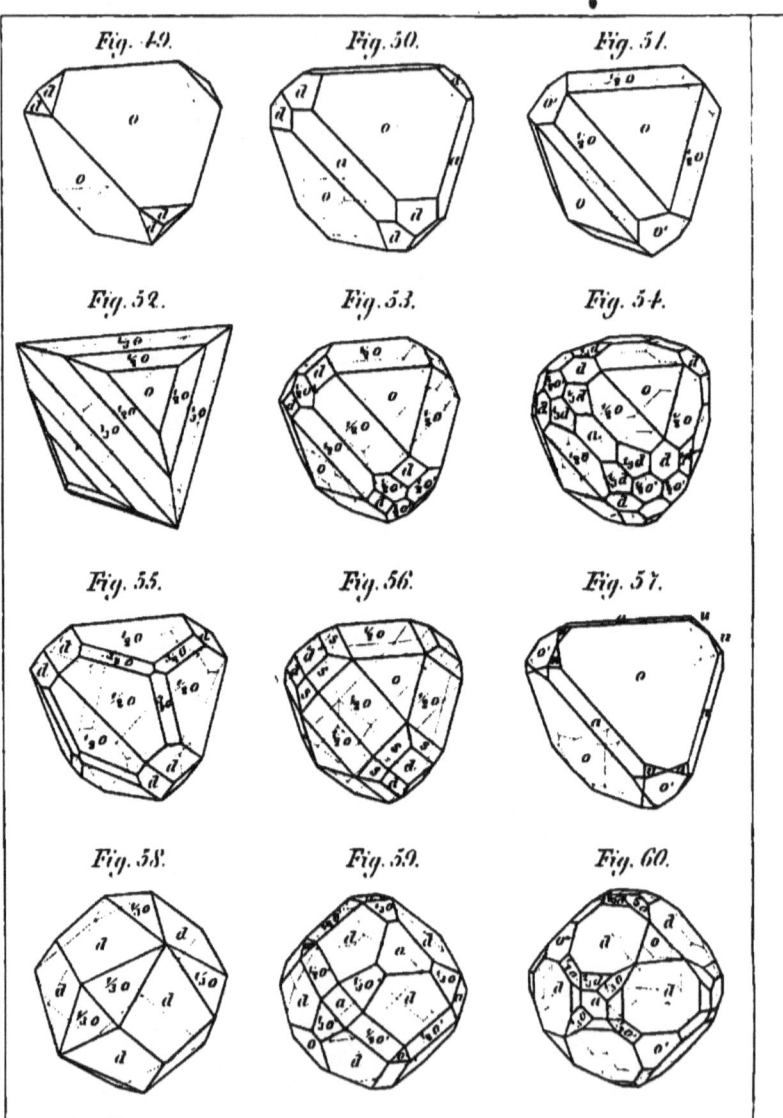

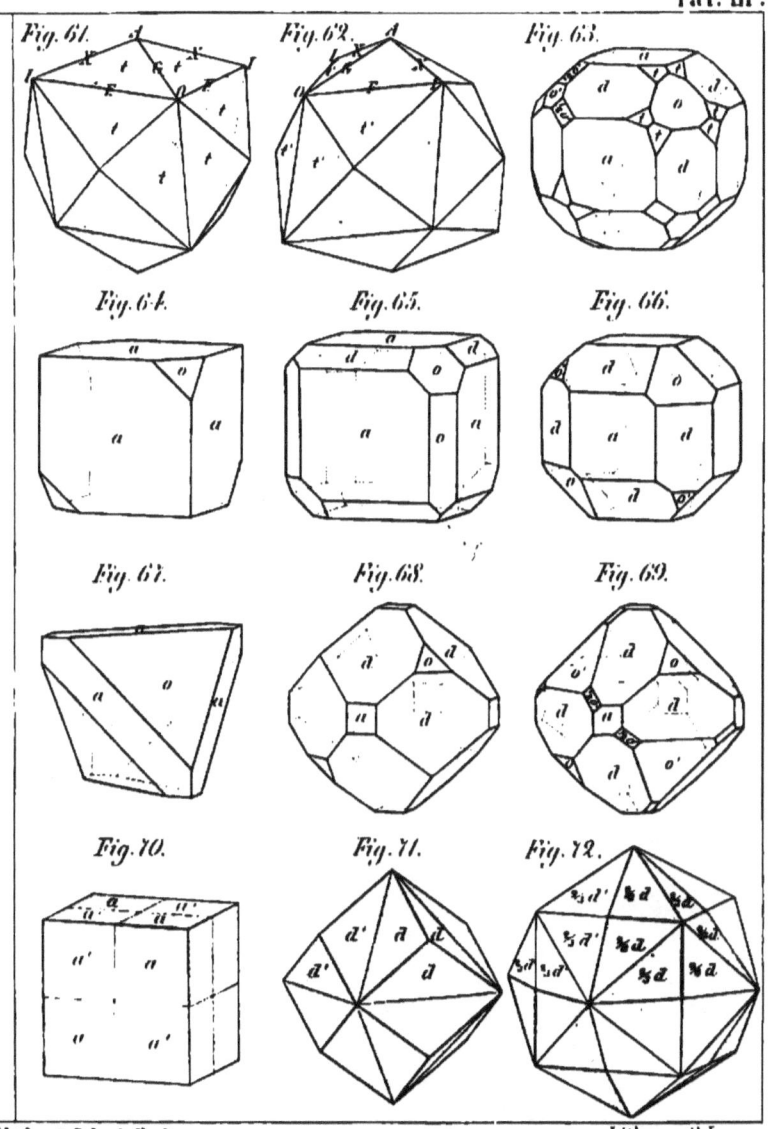

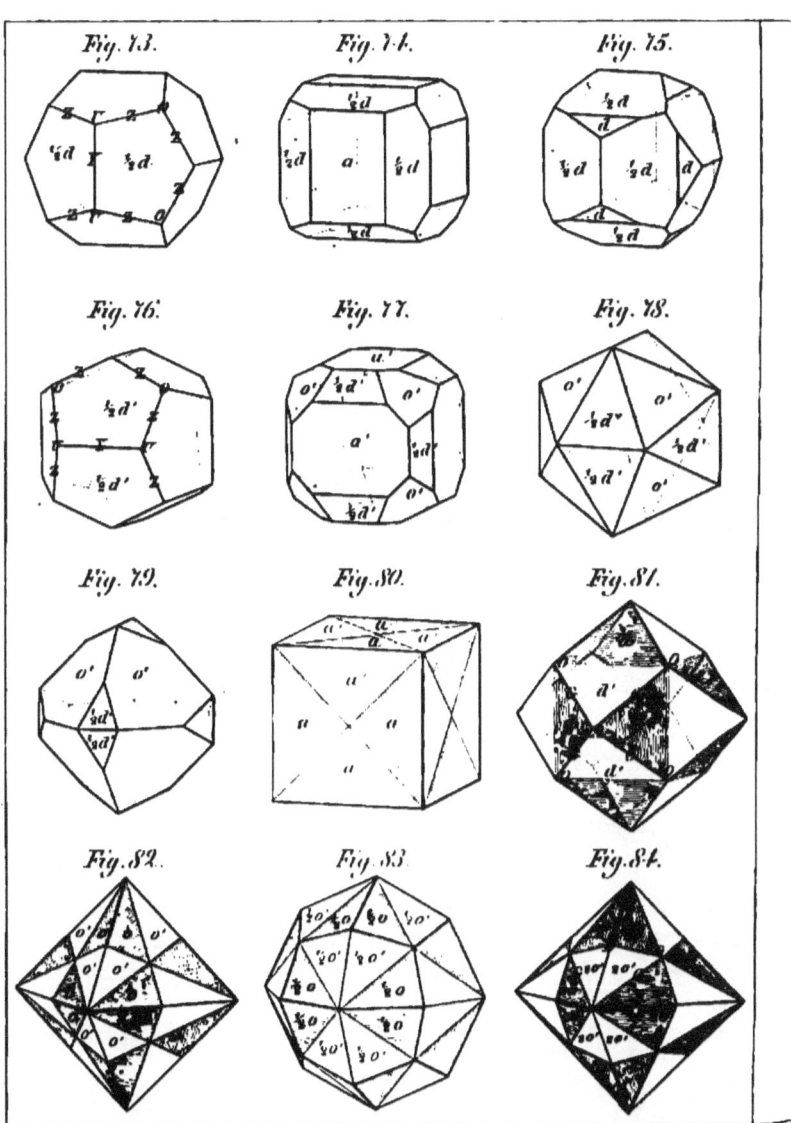

Taf. IV.

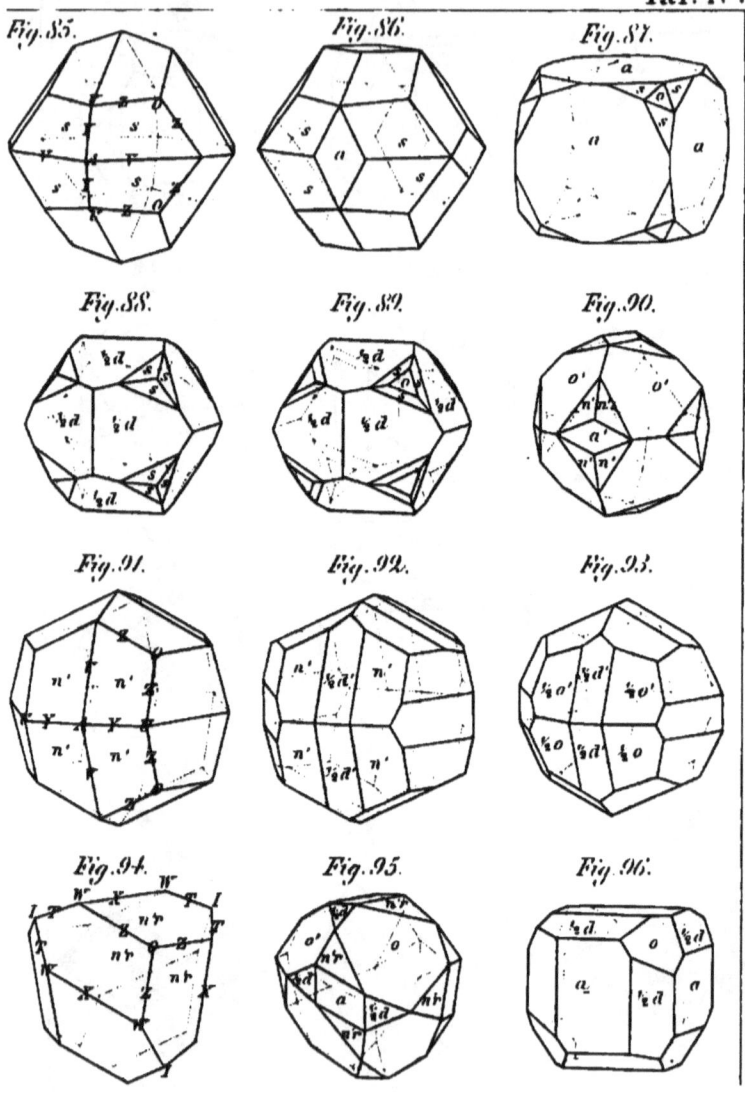

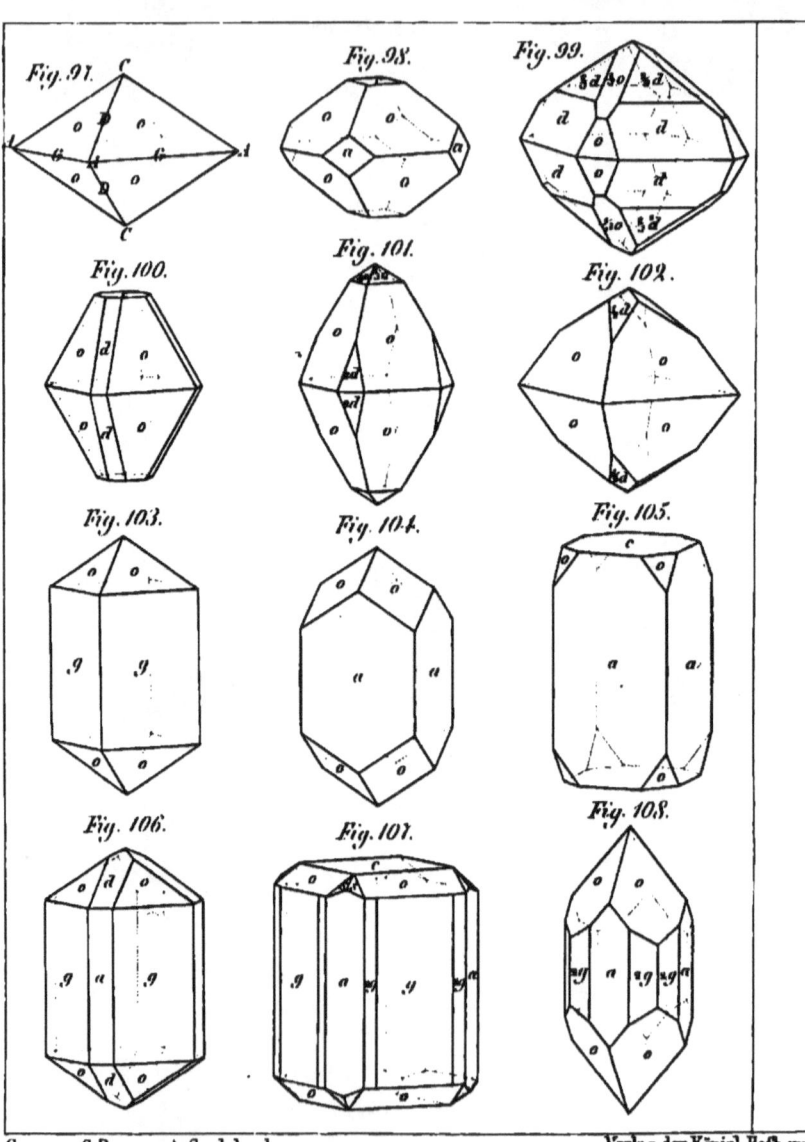

Gez. von G. Rose u. A. Sadebeck.   Verlag der Königl. Hofb. von

Taf. V.

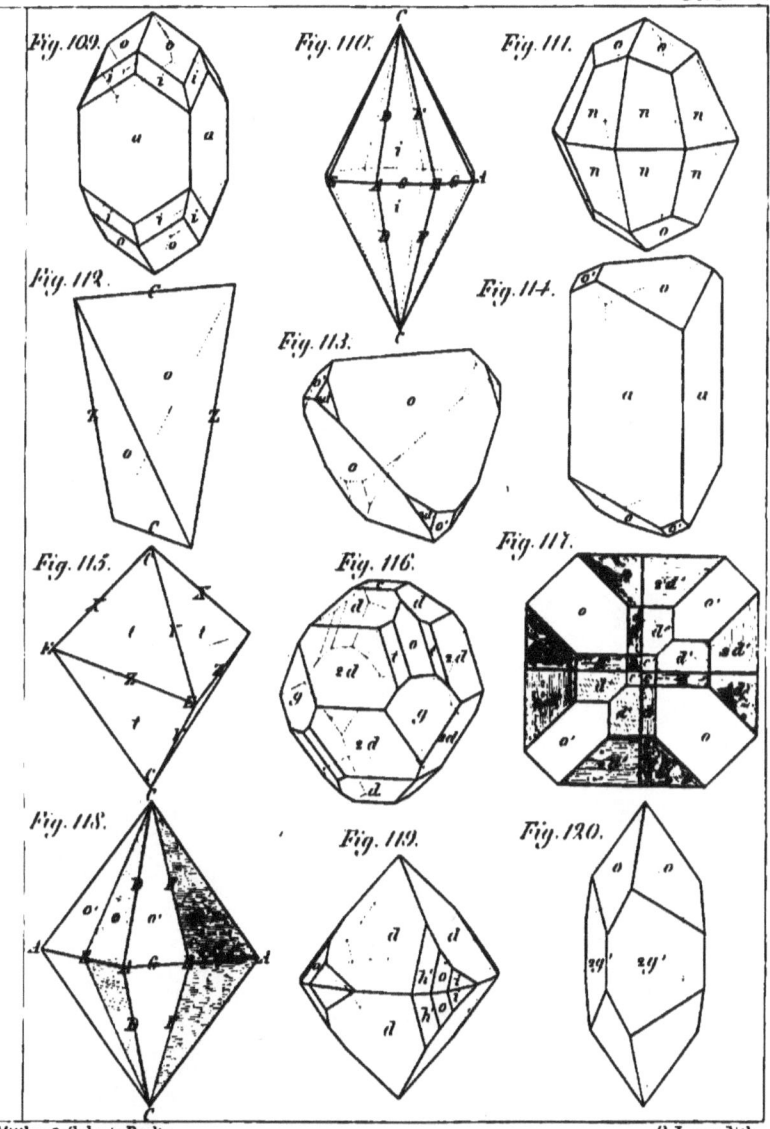

S. Mittler & Sohn in Berlin. C. Laue lith.

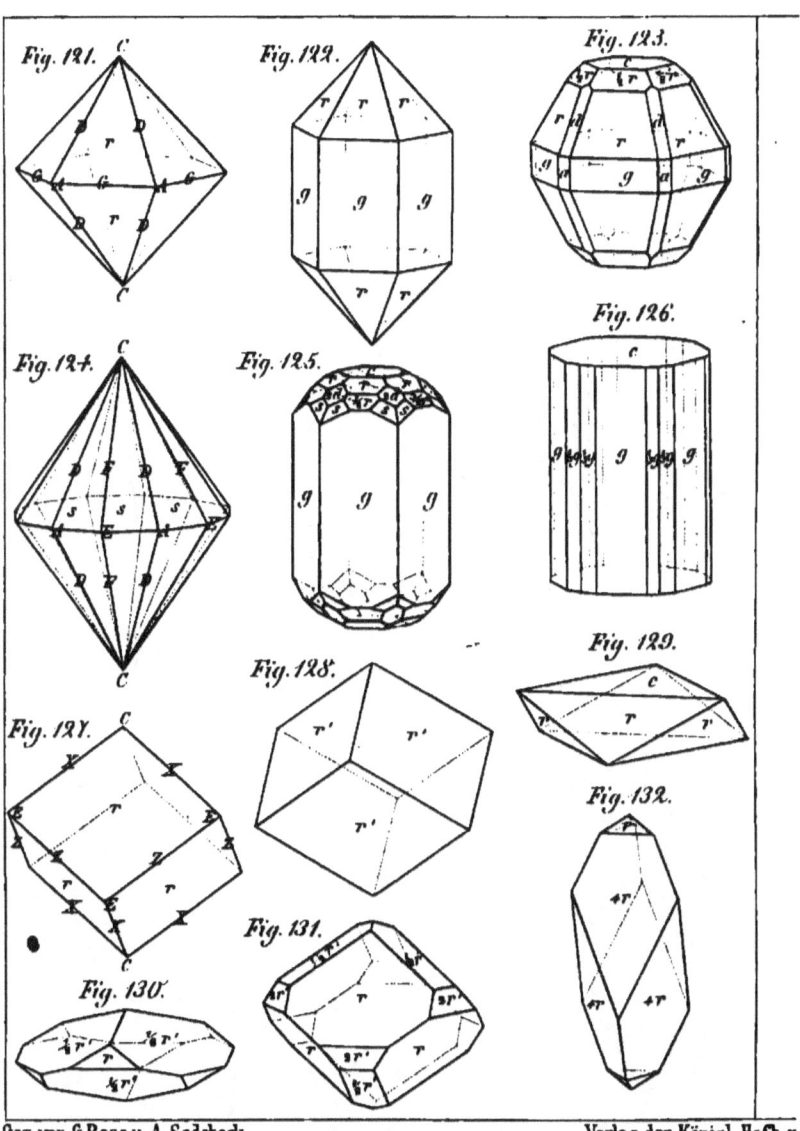

Gez. von G. Rose u. A. Sadebeck. Verlag der Königl. Hofb. v

Taf. VI.

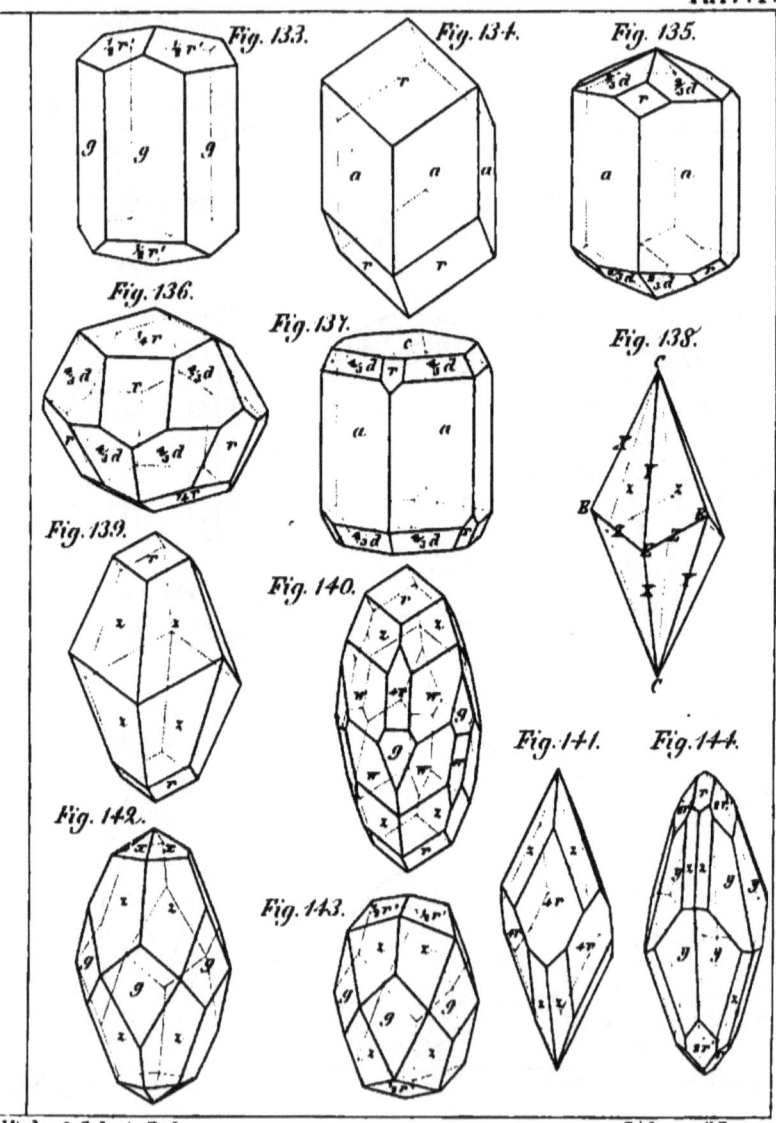

Mittler & Sohn in Berlin. Lith. von C. Laue.

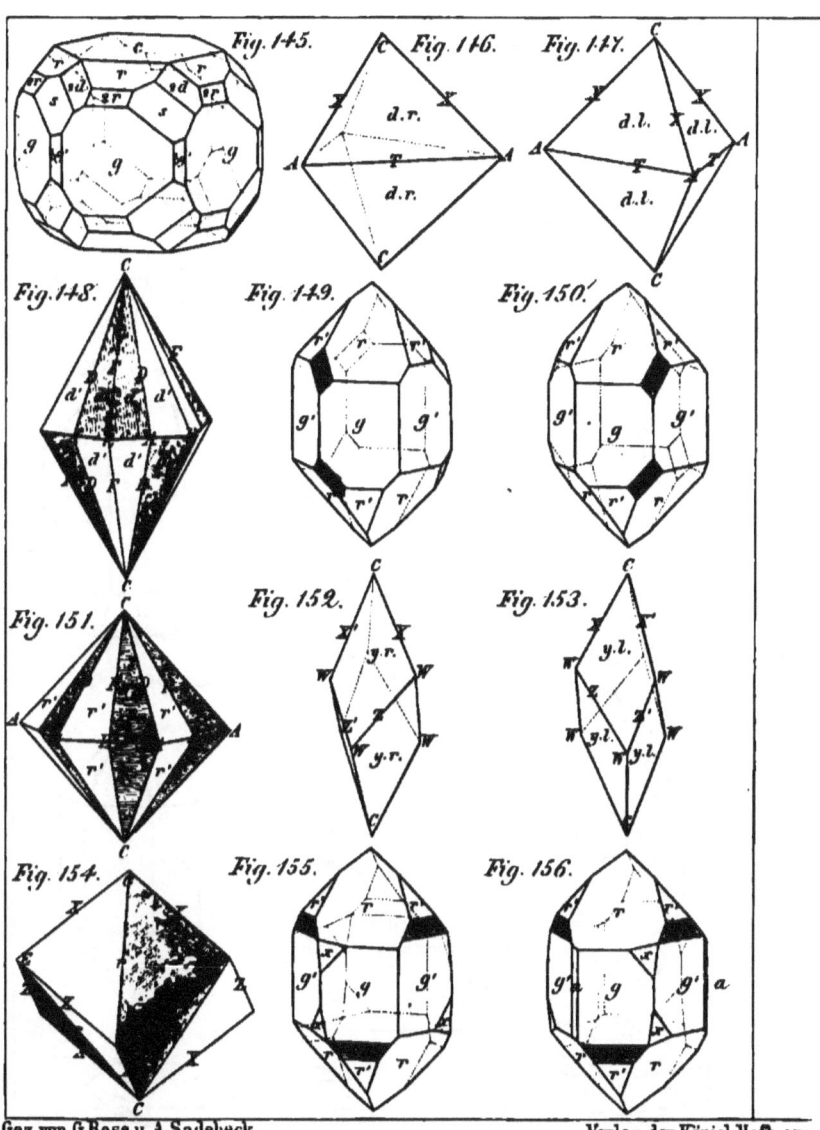

Gez. von G. Rose u. A. Sadebeck. Verlag der Königl. Hofb. von

Taf. VII.

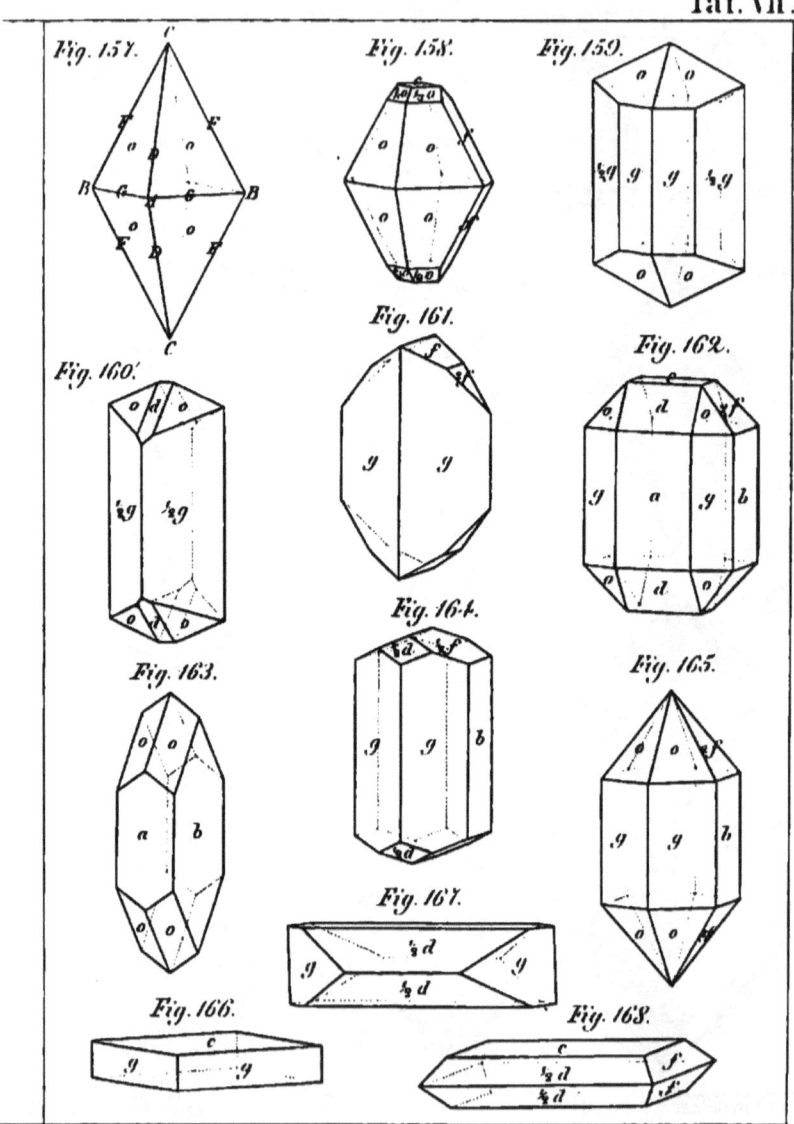

E.S. Mittler & Sohn in Berlin.   Lith. von C. Laue.

Google

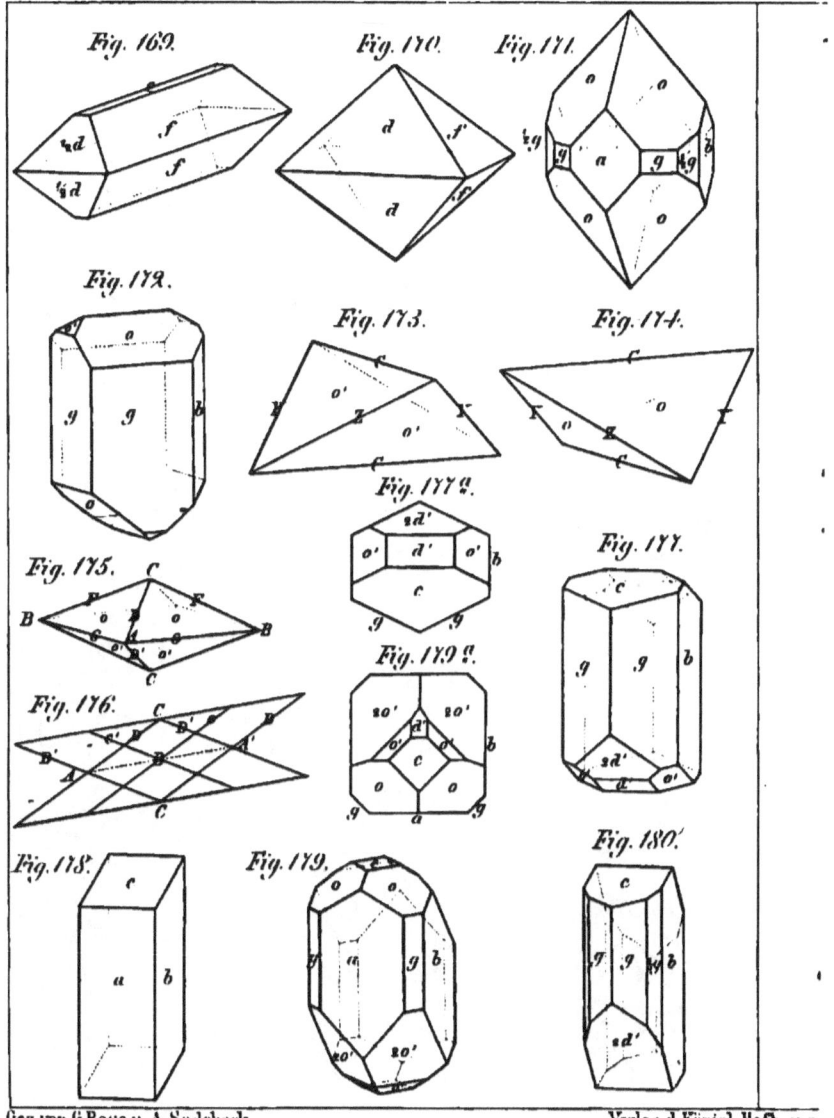

Taf. VIII.

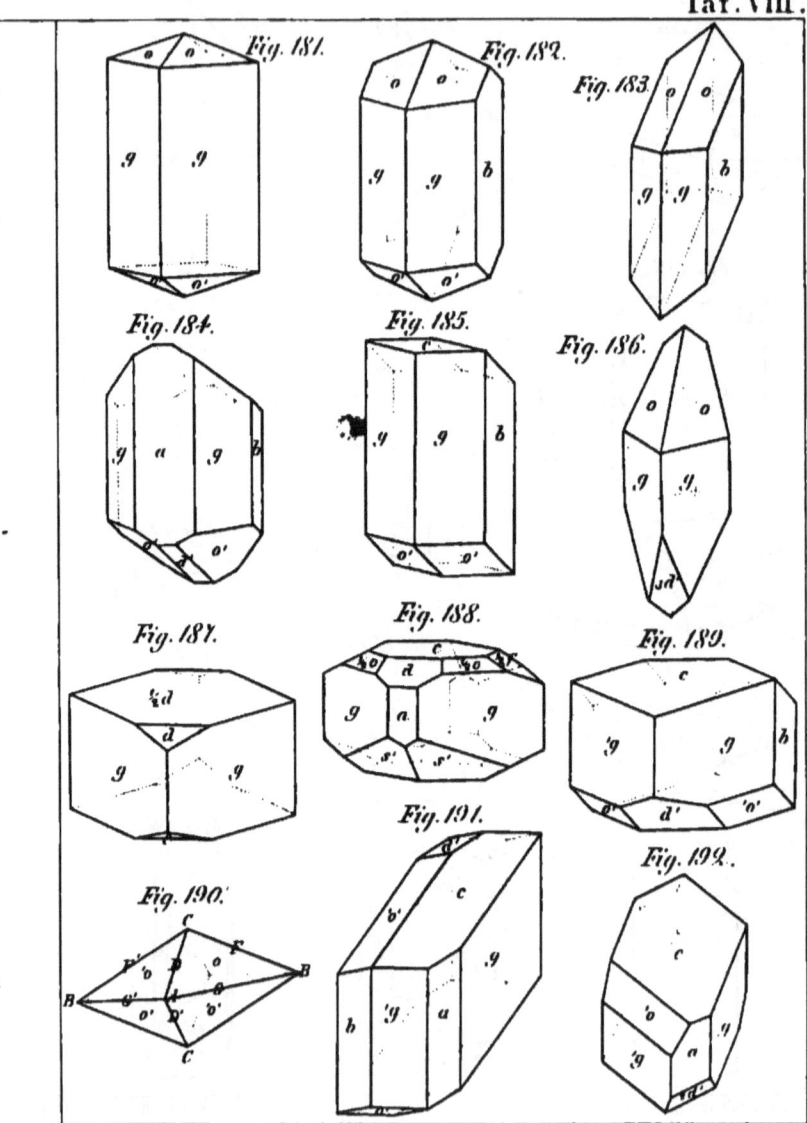

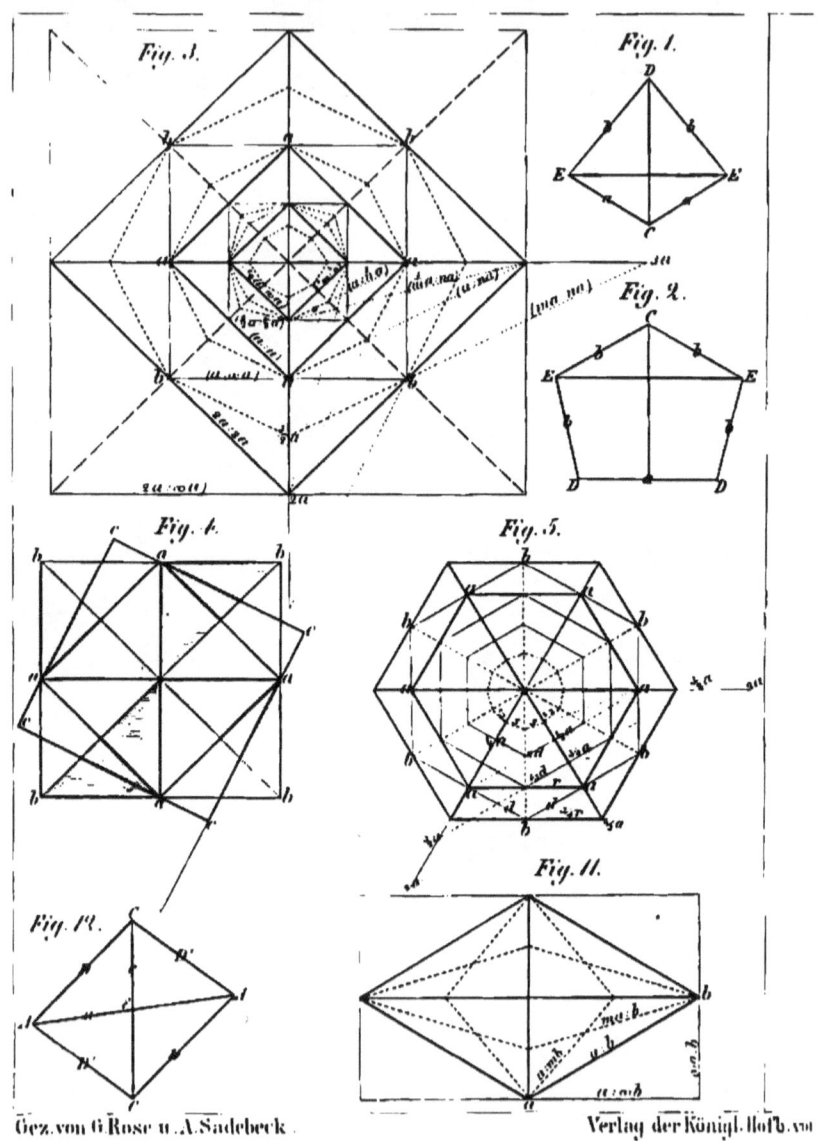

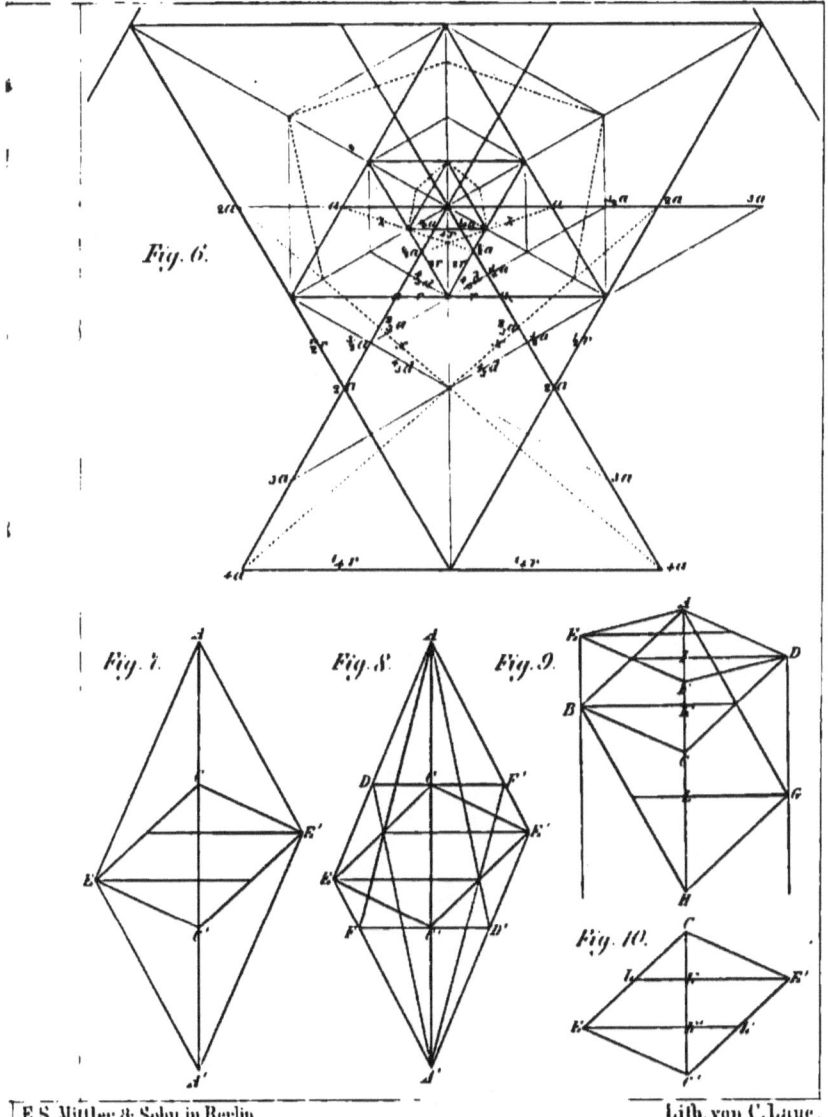

www.ingramcontent.com/pod-product-compliance
Lightning Source LLC
Chambersburg PA
CBHW031813230426
43669CB00009B/1124